U0921261

煤矿安全行政执法原理与操作

Principle and Operation of Coal Mine Safety Administrative Enforcement

和尚光 编著

云南出版集团
云南人民出版社

图书在版编目（CIP）数据

煤矿安全行政执法原理与操作 / 和尚光编著. —昆明：云南人民出版社，2016.4
ISBN 978-7-222-14560-3

Ⅰ.①煤… Ⅱ.①和… Ⅲ.①煤矿-矿山安全-行政执法-中国 Ⅳ.①D922.54

中国版本图书馆 CIP 数据核字（2016）第 062241 号

出 品 人：刘大伟
责任编辑：刘诚林
陈　晖
封面设计：麦点·李颖新
责任校对：陈　晖
责任印制：洪中丽

煤矿安全行政执法原理与操作
和尚光　编著

出　版　云南出版集团　云南人民出版社
发　行　云南人民出版社
社　址　昆明市环城西路 609 号
邮　编　650034
网　址　www.ynpph.com.cn
E-mail　ynrms@sina.com
开　本　787mm×1092mm　1/16
印　张　19.75
字　数　300 千
版　次　2016 年 4 月第 1 版第 1 次印刷
印　刷　云南新华印刷二厂
书　号　ISBN 978-7-222-14560-3
定　价　39.80 元

如有图书质量与相关问题请与我社联系
审校部电话：0871-64164626　印制科电话：0871-64191534

序

黄锦生

我国是产煤大国，2014 年全国煤炭产量达 37 亿吨，据有关专家估算，我国煤炭远景年需求量将超过 40 亿吨。而且，我国的能源构成极不平衡，到目前为止，煤炭在我国一次性能源消费构成中的占比仍然达 60% 以上，在短期内这种局面难以发生根本性的改变。因此，煤炭在我国能源战略中居于十分重要的地位，随着国民经济的发展，煤炭产量在一定时期内从总体上看还会有所增加，煤炭工业仍将在中国特色社会主义经济建设事业中发挥着不可替代的基础性作用。

然而，煤炭生产过程却伴随着瓦斯、水、火、顶板、煤尘等五大自然灾害，在生产活动中稍有不慎就极易引发人身伤亡事故，造成不可挽回的损失。我国一直十分重视煤矿安全生产工作，于 1999 年 12 月成立了由中央垂直管理的国家煤矿安全监察机构，对煤矿安全生产工作实施国家监察，2004 年 11 月又进一步明确了煤矿安全监察职责和地方煤矿安全监管职责。目前，我国较为完善的煤矿安全行政执法体系基本形成，煤矿安全行政执法力度不断加大，执法效果也十分显著，从总体上看，全国煤矿安全生产形势持续稳定好转，煤矿死亡人数逐年下降，2014 年全国煤矿百万吨死亡率 0. 255，煤矿死亡人数首次下降到了 1000 人以内。这样的成绩来之不易，这个成绩的取得与党中央、国务院的正确领导，与全国近 500 万煤矿从业人员及煤矿安全行政执法人员的辛勤努力是分不开的。

多年来，各级煤矿安全监察监管机构及其执法人员在推进我国煤炭行业依法治理、实现依法治安、促进煤矿安全发展方面，作出了十分重要的贡献，同时也创造和积累了丰富的煤矿安全行政执法经验。特别是近年来，按照我国法治政府建设及依法行政的要求，煤矿安全行政执法队伍建设力度不断加大，执法能力和执法水平不断提升，执法效能不断增强，煤矿安全生产法治秩序及安全生产内部制约机制正逐步建立。煤矿安全行政执法队伍已经成为我国促进煤矿生产安全不可或缺的重要保障力量。同时，我们还要看到，按照法治国家、法治政府、法治社会建设的要求，煤矿安全行政执法水平和能力还有待进一步提升，执法方式方法有待进一步改进。特别是煤矿安全行政执法理论的研究成果不多，执法过程中遇到的很多难点和疑点问题有待进一步解决。到目前为止，全国煤矿安全行政执法人员仍然没有一本符合行政执法实际的、实用的执法教材，执法实践多数情况下仍处于“摸着石头过河”的状态。

和尚光同志勤于学习、善于钻研，其多年担任省级行政机关公职律师、参与执法监督及煤矿安全行政执法，实践经验丰富，经不断总结、深入思考，利用数年业余时间写成了《煤矿安全行政执法原理与操作》一书，该书的出版填补了我国在煤矿安全行政执法理论及实务研究方面的空白，为煤矿安全行政执法人员的执法活动提供了一本特别实用的参考书，为煤矿安全行政执法事业做了一件非常重要、非常有意义的事，这种精神特别值得鼓励和学习。

《煤矿安全行政执法原理与操作》紧密结合煤矿安全行政执法实践需要，从煤矿安全行政执法权、行政执法行为、行政执法依据、行政执法程序、行政执法责任、行政执法监督、行政执法文书制作等七个方面，对煤矿安全行政执法工作作了系统的阐述。本书做到了理论与实践的有机结合，简明扼要、通俗易懂地介绍了煤矿安全行政执法基础理论，并结合当前煤矿安全行政执法实际，重点从实用的角度介绍了煤矿安全行政执法相关实践性的业务知识及基本执法技能。对于煤矿安全行政执法人员来讲，这是一本很好的执法参考教材，对于煤炭行业管理人员、其他执法人员、研究人员及有兴趣的人员来讲，这也是一本很接地气的参考资料。我期待本书的出版能够促使更多的人关注、研究、支持煤矿安全行政执法工作，并形成百花齐放的局面，不断涌现出新的执法理论研究成果与实践经验，不断促进煤矿安全行政执法能力、执法水平、执法效能的提高，为促进煤炭行业实现安全发展、科学发展作出积极贡献。

2015 年 12 月

目　录

第一章 煤矿安全行政执法权

没有煤矿安全行政执法权，就不会有煤矿安全行政执法活动，煤矿安全行政执法权是组织开展煤矿安全行政执法活动的前提条件和基础。同时，对煤矿安全行政执法权的准确理解和把握，会直接影响到煤矿安全行政执法活动的内容、质量和效能。所以，开篇第一章我们首先讨论煤矿安全行政执法权问题。

第一节 煤矿安全行政执法权的属性

我们都知道，我国有专门的煤矿安全行政执法机构，负责对煤矿安全生产工作进行监督检查，同时，煤矿一旦发生安全生产责任事故，我们从公布的调查处理结果中可以发现，除了追究煤矿企业及其相关责任人员的责任以外，煤矿安全行政执法人员也经常被追究相关的责任。为什么会是这样的呢？这就要从煤矿安全行政执法机构所负责行使的煤矿安全行政执法权的属性说起。

一、行政与行政权

讨论煤矿安全行政执法权的属性，绕不开“行政”和“行政权”这两个基础性的概念。在煤矿安全行政执法实践中，我们经常看到不少执法人员不能正确理解煤矿安全行政执法活动中的一些基本要求，常常犯一些常识性的错误，如无行政执法资格的人员实施行政执法活动、在实施行政执法过程中不听取相对人的陈述和申辩意见、作出的行政决定缺乏相关证据支持、随意创设行政许可条件等等，有的因此而引发了执法纠纷，造成了很坏的影响，其根本原因在于，对“行政”和“行政权”这两个概念的理解和把握有差距，不能正确领会其本质内涵，甚至做了错误的解读。为准确把握煤矿安全行政执法权的属性，下面我们首先对“行政”和“行政权”这两个基础性的概念做个简要的阐述。

（一）行　政

行政，又叫行政管理，是一个十分常见的概念，应用极为广泛。我们都知道，一方面，在我国，很多单位内部，特别是政府机关、国有企事业单位内部，都有一个称作“行政处”或“行政科”的部门，负责本单位的后勤保障服务工作，它们是附属于本单位而存在的，是为保障本单位的正常运转而提供辅助性服务工作的部门，而不是本单位的主体业务部门，一般称之为后勤服务部门。另一方面，各级政府机关及其有关部门又都称作行政机关，行政机关所实施的行为都称作行政行为。再一个方面，有的企事业单位把本单位内部事务性管理工作统称作内部行政事务，承担这一职责的部门也称作行政部门。从字面上看，它们用的都是完全相同的“行政”这两个字，没什么区别，但是，从实际活动的内容看，相互之间的差别又十分明显。那么，到底什么是“行政”，“行政”这一概念的本质内涵是什么呢？

其实，我们从人们使用“行政”这一概念的具体实践中就可看得出来，“行政”这一概念的基本含义是执行、管理，所以，在上述几种情形下都可使用“行政”这一概念。但是，在不同的语境下，“行政”这一概念的具体内涵又有很大的差异，对此，我们该如何进行辨别呢？

为了便于区分，根据“执行、管理”的主体及对象和内容的不同，我们可以把行政分为“公行政”和“私行政”，或者“国家行政”和“一般行政”。

“公行政”又称为国家行政或公共行政，即国家行政机关或者法律、法规、规章授权的组织运用公共权力对国家事务和社会公共事务进行管理的活动。"公行政"具有如下特点：第一，行政管理的主体是行政主体，即国家行政机关或者法律、法规、规章授权的组织，而不能是其他组织；第二，行政管理过程中运用的是国家公共权力，非运用国家公共权力的行为，即使是行政主体实施的，都不属于行政管理；第三，行政管理的事务仅限于国家事务和社会公共事务。根据"公行政"的含义，我们可以确定，煤矿安全行政执法活动中的"行政"指的是"公行政"。

"私行政"，是指企事业单位、组织的行政，也即企事业单位、组织的内部管理活动，包括行政机关的内部事务性及后勤保障服务管理活动。在本书中，我们要研究和探讨的"行政"是"公行政"，而不是"私行政"，所以，对"私行政"不做进一步的阐述。为了便于理解和把握，我们可以简单地把除"公行政"以外的"行政"都称作"私行政"。

（二）行政权

我们在前面探讨"公行政"含义的时候就知道，"公行政"最主要的特点是行政管理过程中运用的是"国家公共权力"。"国家公共权力"运用在行政管理过程中就称之为行政权力，即行政权。当然，除了行政权，"国家公共权力"还包括立法权、司法权、军事权等。由此可知，行政权是国家公共权力的一种，是行政主体根据宪法和法律的授权所取得的执行法律、对国家事务和社会事务进行管理的权力。

行政权具有如下特点：

1. 行政权是国家公共权力的一种，在国家公共权力体系中具有十分重要的地位。

2. 行政权直接来源于宪法和法律的授权，不能由行政主体自行设定。因此，对于行政主体而言，没有法律依据的权力是不能行使的，否则即为越权行为，越权行为不能产生预期的法律后果。

3. 行政权的内容是执行法律，对国家事务和社会公共事务进行管理活动。

4. 行政权在通常情况下只能由行政机关代表国家行使，其他社会组织只有在得到法律、法规、规章特别授权的情况下才能够行使。

了解了行政权的含义和特点以后，进一步深入了解行政权的内容是十分必要的。特别是对行政执法人员来讲，系统了解行政权的具体内容，有助于正确把握行政执法活动中的一些基本原则问题，比如，抽象行政行为是否属于行政执法行为等。根据行政权在行政管理活动中的具体表现，我们认为，行政权的内容主要包括行政立法权、行政决策权、行政决定权、行政命令权、行政执行权、行政许可权、行政处罚权、行政强制权、行政司法权等。

（三）行政职权

说到行政权，还要简要介绍一下“行政职权”这个概念。因为“行政职权”是行政主体及其公务人员最为熟悉也是最为关心的一个概念，他们都知道，相应行政职权的存在是行政主体存在的前提。特别是当前，在深入推进依法行政活动的大趋势下，他们首先要明确自己拥有什么样的行政职权，否则不可能实现依法实施行政管理活动的要求。那么，到底什么是行政职权，它与行政权之间是一种什么样的关系？

简言之，行政职权是行政权的转化形式，是指行政主体基于自己在行政主体体系中的地位所拥有的行政管理资格及其权能。说行政职权是行政权的转化形式，是指行政权的具体化，是行政权的定位，是将行政权配置给某一个具体行政主体所产生的结果。某一项行政权通过法定的方式配置给某一行政主体后，该项行政权就成了这一行政主体的行政职权。

一般来说，行政权是通过两种方式进行配置的。第一种是通过法律、法规、规章进行配置，也即在制定法律、法规、规章的时候就直接明确由哪个部门负责实施某个具体行政职权，如国务院行政法规《煤矿安全监察条例》就直接规定，国家煤矿安全监察权由国家煤矿安全监察机构负责实施。第二种是通过行政决定、命令进行配置，也即通过印发政府文件的形式，明确哪个部门负责实施某个具体的行政职权，如云南省人民政府就曾发文明确，云南省地方煤矿安全生产监督管理职权由省、州（市）、县（市、区）煤炭行业管理部门负责实施，后来又发文进行了调整。当然，第二种方式只适用于法律、法规、规章没有对行政权进行配置的情形。

二、行政执法权

其实，对于行政执法人员，特别是基层一线的行政执法人员来说，更为熟悉或者更为关注的应当是行政执法权。那么，行政执法权与行政权之间又是什么关系呢？下面我们做个简要的介绍。

为了准确阐述行政执法权的内涵，我们首先要对“行政执法”这一概念做个交代。“行政执法”也是个运用非常广泛的一个概念，行政执法人员对这个概念十分熟悉。但是，在不同的场合使用“行政执法”这一概念，其具体内涵差别也很大。本书所称行政执法，是指行政主体及其公务人员，为了实现国家行政管理目的，依照法定职权和法定程序，对特定的行政相对人所采取的具体的直接影响其权利义务的行为。行政执法是与行政立法、行政司法相对应的，行政执法既不包括行政机关制定行政法规和行政规章等行政立法行为，也不包括行政机关解决和处理行政争议的行政司法行为。

根据上述行政执法的含义，行政执法权是指行政主体及其公务人员依据法律授权或行政决定所享有的，为了实现国家行政管理目的，依照法定职权和法定程序，对特定的行政相对人采取具体的直接影响其权利义务行为的权力。行政执法权，也是与行政立法权、行政司法权相对应的，行政执法权既不包括制定行政法规和行政规章的行政立法权，也不包括解决和处理行政争议的行政司法权。

由上述可知，行政执法权是行政权的重要组成部分。在我国，只有法定的、极少数的行政机关享有行政立法权，也只有部分行政执法机关有行政司法权。但是，从权力的性质上讲，所有依法设立的行政执法机关都享有行政执法权，只是行政执法权的具体内容各有不同而已。而且，能否把书面上的法律制度真正变成实际运行有效的社会法律秩序，与行政执法权设定的科学性和行政执法权的实施效果有着紧密的联系。所以，行政执法权对保障国家行政管理目标的实现有着非常重要的意义。

三、煤矿安全行政执法权的属性

要准确认定煤矿安全行政执法权的属性，就要从煤矿安全行政执法权的产生过程说起。现代意义上的煤矿安全行政执法权并非从来就有，它的产生应当具备如下条件：一是应当有煤炭生产活动，特别是井工开采活动；二是要建立市场经济制度，实现市场主体多元化；三是要树立以人为本的理念，并有相应的制度支撑。只有上述三个条件同时具备，煤矿安全行政执法权才会产生。

依据上述条件，我们来观察一下我国的情况：

首先，煤炭生产过程，特别是井工开采过程，是与瓦斯灾害、顶板灾害、机电运输灾害、水灾害、火灾害等自然灾害相伴随的，所以，煤炭生产过程中，安全问题十分突出，极易发生生产安全事故。如果一个国家不出产煤炭，没有煤炭生产活动，也就不存在煤矿安全生产问题，各级政府也就不需要对煤炭工业进行管理，也不可能产生煤矿安全行政执法权。我国是世界产煤大国，煤炭产量居世界第一（2014年，我国煤炭产量已达37亿多吨）。同时，我国煤矿的自然灾害十分严重，安全生产问题也十分突出，各级政府都有责任对煤矿安全工作进行有效的监管。在现代法治社会，政府监管的基本方式就是实施行政执法。

其次，在计划经济时代，国营煤矿企业只是整个国家管理体系中的一个生产单位，主要任务是完成上级下达的各项生产计划，营利不是主要目的。各级政府主要是通过召开会议、下发文件的形式对煤矿企业进行管理，安全生产管理也是通过层层下达行政指令的形式来实现的。在这种体制下，所有国营煤矿企业生产一线班组都以认真贯彻落实国家的方针政策为基本的工作和政治要求，所以，国家的方针政策能直达国营煤矿企业的生产一线。因此，在计划经济时代，不会有煤矿安全行政执法活动，自然也就不会有煤矿安全行政执法权。而在市场经济条件下，市场主体实现了多元化，即便是国有企业也只是平等的市场主体之一，追求利润是其主要目的。市场主体在追求利润的过程中，为了实现利润的最大化，就可能以牺牲安全为代价压缩生产成本，追求最大利润。在这种情况下，只要没有外力的干预，市场主体就不会有动力主动地去保障生产安全，也不会主动地去贯彻落实国家的安全生产方针政策及法律法规，从而给从业人员的生命安全和健康造成危害。这时，国家公权力就要介入，以维护社会的公平和人民群众生命财产的安全，煤矿安全行政执法权就是介入到煤矿安全生产领域中来的国家公权力的重要组成部分。目前，我国已经基本建立起社会主义市场经济体制，作为市场主体之一的煤矿企业的性质也是多元化的，有的是国有企业，有的是私营企业；有的是公司制企业，有的是合伙企业，还有的是个人独资企业。虽然煤矿企业的性质是多元的，但在营利性上它们是相同的，都追求利润最大化。

再次，如果是在封建社会或者是奴隶社会，人与人之间的关系是不平等的，国家公权力是不会为被统治和被压迫的广大普通百姓服务的，它只会为少数统治阶级服务。而在人民当家做主的社会主义社会，人与人之间的关系是平等的，任何人、任何组织都无权以牺牲他人生命和财产的手段获取自身的利益。平等是人与人之间相互尊重的基础。当然，仅有平等的人与人之间的关系，并不必然会促使国家公权力介入到市场主体的安全生产活动领域中来，同样也不会必然地介入到煤矿安全生产活动领域中来。因为生产活动与安全问题是相伴随的，只要有生产活动，就有可能发生生产安全事故，只要不危及到国家和社会的稳定和发展，国家公权力也缺乏积极介入的动力。只有在平等的基础上，国家确立了以尊重和珍爱生命为核心的以人为本理念，并设定了相应的制度和措施给予有力的支撑，国家公权力才会积极地介入到市场主体的安全生产活动领域中来，包括介入到煤矿安全生产活动领域中来，促使市场主体在生产活动中充分保障从业人员的生命安全与健康的权利。我国已经确立了以人为本的理念，尊重和保障人权已经写入宪法，而且正在采取各种措施进行全面落实，公权力介入到煤矿安全生产活动领域中就是个具体的表现。就这样，我国的煤矿安全行政执法权产生了。

从上述可知，我国煤矿安全行政执法权的产生是有其客观原因的，只要上述条件存在，煤矿安全行政执法权就会存在，当然，具体的表现形式可以是多样的。

从煤矿安全行政执法权的产生过程中可知，煤矿安全行政执法权是我国行政权的重要组成部分，具有行政权的基本特征。同时，由于煤矿安全生产工作的特殊性，煤矿安全行政执法权与其他具体的行政执法权相比，又具有自身的特点。

我国的煤矿安全行政执法权除了具有行政权的基本特征外，还有如下特点：

1. 展示了以人为本的理念。与其他行政执法权相比，煤矿安全行政执法权充分展示了以人为本的理念。从煤矿安全行政执法权的产生过程中即可看出，如果没有确立以人为本的治国理政理念，国家行政权中就不可能细分出煤矿安全行政执法权。尊重人权、珍爱生命是以人为本理念的核心内容，人的生命高于一切是其基本要求。而设立煤矿安全行政权的主要目的，就是要通过国家公权力的介入，督促煤矿企业严格遵守煤矿安全生产法律法规及技术标准的要求，实现煤矿生产过程的本质安全，避免事故的发生，保护从业人员的生命安全和健康。完全可以说，设立煤矿安全行政执法权，就是在煤炭行业落实以人为本理念的具体表现。

2. 体现了科学发展的要求。安全发展是科学发展的重要内容，如果在发展的过程中不能实现安全发展，那么，发展的科学性就值得怀疑，就不是真正落实科学发展观。在工业生产领域，煤炭行业的安全生产问题是特别突出的，煤炭行业要贯彻落实好科学发展观，实现科学发展，安全发展，就必须解决好安全生产问题，确保从业人员的生命安全与健康。从企业逐利的特性来看，如果没有外力的介入，煤矿企业本身是缺乏安全生产的动力的，这从煤炭行业的发展史中即可看得出来。而具有巨大能量的国家公权力的介入，是推动煤矿企业实现安全生产的决定性外力。由此可见，设立煤矿安全行政执法权是在煤炭行业贯彻落实科学发展观的必然要求。

3. 展现了预防为主的特征。安全发展的基本要求，是在生产经营过程中避免事故的发生和人员的伤亡，这就要求生产经营单位既要做好生产经营过程中的安全管理，更要做好提前预防工作，只有提前制定好防范措施并在工作过程中严格予以落实，才能有效避免事故的发生。煤炭行业作为高危行业，要实现安全发展，在生产过程中，更要提前做好安全防范工作。从煤矿安全行政执法权的实施要求来看，煤矿安全行政执法工作虽然也重视事故发生后的惩处，但更为重视事前预防，如要求执法机构及其执法人员经常对煤矿企业的生产现场进行监督检查，发现隐患要责令立即整改甚至责令停产整顿，提前防范隐患演变为事故。

4. 遵循了煤矿安全的科学规律。煤矿采掘作业具有鲜明的专业技术特征，有其自身的发生、发展和变化规律，安全防范工作也必须遵循这些规律，否则煤矿企业就难以实现安全生产。从煤矿安全行政执法权的具体内容来看，煤矿安全行政执法机构及其执法人员对煤矿企业进行监督检查，严格遵循了煤炭行业自身的发展变化客观规律，如要求执法人员必须熟悉煤矿生产作业流程及相关要求。同时，运用行政许可、行政处罚、行政强制等多种行政手段及先进的执法工具，对煤矿采掘作业的全过程进行监督检查。

5. 构建了多元的执法主体。根据我国行政管理体制的特点，为了使煤矿行政执法权真正发挥出应有的作用，在设立煤矿安全行政执法权的同时，对煤矿安全行政执法权的实施主体作了科学的设计。目前，根据煤矿安全行政执法权有效实施的实际需要，按照相关法律法规及政府职能划分文件的规定，煤矿安全行政执法主体有三个，即县级以上地方人民政府、县级以上地方人民政府煤矿安全监督管理部门、国家煤矿安全监察机构。这三个煤矿安全行政执法主体各自的执法工作侧重点有所不同，他们各有自身的优势，他们从不同的角度共同推动煤矿企业认真贯彻落实国家有关煤矿安全生产法律法规及技术标准，不断减少煤矿生产安全事故的发生，实现安全发展，和谐发展。

第二节　煤矿安全行政执法权的实施主体

一、行政执法主体

行政执法，也即行政执法权的实施，事关行政权力的运作，需要有适格的组织作为其权力的载体，否则行政执法权就无法实施，这个适格的组织就是行政执法权的实施主体，也即行政执法主体。一般来讲，所谓行政执法主体，是指按照法律、法规、规章的规定，可以以自己的名义对外作出具体行政行为，从而对行政相对人的权利和义务产生影响，并能独立承担由此而产生的法律后果的组织。根据这一定义，行政执法主体应当具备如下条件：第一，必须是特定的组织。我们知道，现代行政管理是一种组织行为，而不是个人行为，行政执法权的实施也一样，要由特定的组织来实施。这里，我们要明确一点，虽然具体的行政执法活动是由行政执法人员来实施的，但是行政执法人员并不能以个人名义对外执法，而只能根据本人所属行政执法单位所享有的执法权，以执法单位的名义对外实施执法活动。因为每一个执法人员都只是组织中的一员，在执法活动中，执法人员只是执法组织的代表者，只能按照组织为其确定的岗位职责履行相应的行政执法活动。第二，要有相应的行政职权和职责。现代社会存在着各种各样的组织，即便是作为行政主体的组织也有多种形式。而作为行政执法主体的组织与其他组织的最主要区别，就是行政执法主体具有法定的行政职权和职责。对于行政执法主体来说，行政职权和职责是一个事物的两个方面，享有行政执法权的行政执法主体，既享有相应的行政权力，同时又承担着必须实施行政权力的行政责任。也即行政执法权既是一种权力，又是一种责任。如果行政执法主体消极推诿，不积极主动地实施行政执法权，就会构成行政“不作为”，并因此而产生相应的法律责任。第三，要能够以自己的名义对外开展行政执法活动，也即行政执法主体要能够独立地表达和实施自己的意志。很显然，能够行使行政执法权，但没有自己独立的意志能力的单位或者个人是不能成为行政执法主体的，因为只有拥有独立的意志能力的组织才能向行政相对人传达确定的信息，并促使行政法律秩序得以建立和完善。所以，行政执法机构的内设部门、行政执法人员和受委托实施行政执法活动的单位都不能成为行政执法主体。行政执法机构的内设部门和行政执法人员，不能脱离于行政执法机构对外表达独立的意志，它只是所属行政执法机构意志的执行者；而受委托实施行政执法活动的单位，由于它只能以委托行政执法机构的名义对外实施行政执法活动，也只能是委托行政执法机构意志的体现者，没有自己独立的意志。第四，要能够独立承担法律后果。这是行政执法主体按照自己独立意志行使行政权力所产生的必然要求。如果行政执法主体行使行政权力后，没有能力承担法律后果或者不需要承担法律后果，必然导致责任的缺失或者行政权力的滥用，从而引发行政侵权的普遍发生却又得不到救济，行政相对人的合法权益将无法得到保障。当然，这里所称法律后果，既包括有利的法律后果，又包括不利的法律后果，不利的法律后果即指应当承担的法律责任。那么，如何判断一个行政主体能否独立承担法律后果，特别是不利的法律后果呢？关键是看其是否具有法人资格、是否具备独立的组织机构、是否拥有可独立支配的经费、有无固定的办公场所，如果这些条件都具备，就可认定其有能力承担法律后果。总之，并不是任何拥有行政权力的组织都是行政执法主体，只有同时具备了上述四个条件，才可以被确认为是行政执法主体。

二、煤矿安全行政执法权的实施主体

煤矿安全行政执法权的实施主体，就是煤矿安全行政执法主体。当前，按照安全生产法、矿山安全法、煤炭法、煤矿安全监察条例、国务院关于预防煤矿生产安全事故的特别规定等相关法律法规的规定，我国的煤矿安全行政执法主体有三类，即县级以上地方人民政府、县级以上地方人民政府煤矿安全生产监督管理部门、国家煤矿安全监察机构。下面对三类煤矿安全行政执法主体分别予以阐述。

（一）县级以上地方人民政府

根据我国宪法和政府组织法的规定，国家行政权主要由中央人民政府和地方各级人民政府负责实施。所以，国务院、省（自治区、直辖市）人民政府、较大市人民政府、州（设区的市）人民政府、县（市、区、旗）人民政府、乡（镇）人民政府都可以作为行政执法主体。但是，按照我国现行行政管理体制，一般情况下，县级以上人民政府都会把行政权分解到政府的各个组成部门或直属机构，由它们具体负责行政权的实施。所以，绝大多数情况下，在县级以上人民政府中直接与行政相对人接触的是政府的各个组成部门或直属机构及其工作人员。当然，法律法规规定以人民政府为行政执法主体的，人民政府应当以自己的名义负责组织实施行政执法权。

根据安全生产法的规定，县级以上地方各级人民政府也是煤矿安全行政执法主体之一。当然，县级以上地方各级人民政府作为直接的、具体的行政执法主体的情形是有限的，县级以上地方各级人民政府在煤矿安全管理工作中更多承担的是督促检查和协调各方的职责。

根据安全生产法、矿山安全法、职业病防治法、煤矿安全监察条例、生产安全事故报告和调查处理条例、国务院关于预防煤矿生产安全事故的特别规定等相关煤矿安全生产法律法规的规定，县级以上地方各级人民政府在履行如下煤矿安全管理职责时是独立的行政执法主体。

1. 加强对煤矿安全生产工作的领导，组织制定和督促落实煤矿安全生产发展规划，组织开展煤矿安全事故隐患检查活动，支持、督促各有关部门依法履行煤矿安全监管监察职责，协调、解决煤矿安全监管监察工作中存在的重大问题。

2. 组织制定煤矿安全事故应急救援预案，按照国家有关规定向社会公布已经登记的煤矿安全事故危险源，组织、协调、指挥煤矿安全事故应急救援及善后工作，负责督促落实煤矿安全事故责任单位和责任人员的相关责任。

3. 对辖区内出现的非法煤矿采取有效措施予以制止。

4. 对依法被煤矿安全监管监察部门责令停产整顿的煤矿，经煤矿安全监管监察部门验收、审核合格后，决定是否批准其恢复生产。

5. 对经停产整顿验收不合格或由煤矿安全监管监察部门提请关闭的煤矿，决定是否进行关闭。

（二）县级以上地方人民政府煤矿安全生产监督管理部门

按照当前我国“国家监察、地方监管、企业负责”的煤矿安全生产管理工作格局，依据国家有关规定，产煤地区县级以上地方人民政府应当根据本地区煤矿安全生产管理工作的需要，明确一个部门或者设立一个煤矿安全生产监督管理部门，负责煤矿安全生产日常监督管理，加强对辖区内煤矿企业安全生产情况的监督管理工作，促进煤炭行业安全发展。

从全国各地的实践情况看，当前我国各地设立地方人民政府煤矿安全生产监督管理部门的模式各有不同，概括起来主要有以下三种：第一种模式，是单独设立政府煤炭行业主管部门，由煤炭行业管理部门承担煤矿安全生产监督管理职责。这种单独设立的政府煤炭行业管理部门有的是政府组成部门，有的是政府直属机构，具体名称在省一级政府中有的称作煤炭工业厅，有的称作煤炭工业局。有些地方在省一级政府中设立煤炭工业局与国家煤矿安全监察局设在本地的省级煤矿安全监察局合署办公。有的地方在县级政府及设区的市级政府煤炭工业局加挂煤矿安全生产监督管理机构的牌子。第二种模式，是不设立独立的政府煤炭行业管理部门，政府的煤炭行业相关管理职责由不同的职能部门承担，在一级政府下面设立煤矿安全生产监督管理机构，专门负责煤矿安全生产日常监督管理工作。在这种模式下，县级以上地方各级政府的煤矿安全生产监督管理机构往往与政府其他相关部门合署办公，从当前各地的实践情况看，主要是与政府安全生产综合监督管理部门合署办公。第三种模式，是在地方政府中既不设立独立的煤炭行业管理部门，也不设立专门的煤矿安全生产监督管理部门，而是明确政府煤炭行业管理及煤矿安全生产监督管理职责由某一个政府部门来承担，从具体的实践情况看，主要是由政府组成部门中的工业主管部门来承担煤炭行业管理及煤矿安全生产监督管理职责。从总体来看，虽然我国各产煤地区县级以上地方各级人民政府负责煤矿安全生产监督管理职责具体部门的设置各有不同，但有一点是确定的，就是产煤地区各县级以上地方人民政府都设立或明确由某个部门负责辖区内煤矿安全生产日常监督管理工作。

县级以上地方各级人民政府煤矿安全生产监督管理部门作为行政执法机构，其主要职责是对煤矿企业的安全生产情况进行日常监督检查，对执法中发现的问题和隐患，可以根据情况作出现场处理、行政处罚、行政强制等决定，以督促煤矿企业按照煤矿安全法律法规及技术标准的要求，加强安全管理，保持安全生产条件，为从业人员创造安全的生产环境，努力避免事故的发生。

（三）国家煤矿安全监察机构

国家煤矿安全监察机构是新成立的一个煤矿安全行政执法机构，也是一个具有中国特色的煤矿安全行政执法机构。1999 年，根据我国煤矿安全生产管理工作的需要，国务院决定新设立由国家垂直管理的国家煤矿安全监察行政执法机构，相对独立于地方各级人民政府，代表国家对全国煤矿安全生产情况进行监察执法，积极推动煤炭行业的安全发展科学发展。

国家煤矿安全监察局成立后，根据全国各地煤炭资源的分布及开发情况，在主要产煤省（自治区、直辖市）设立了煤矿安全监察机构，并在其辖区内主要产煤地区设置了省一级煤矿安全监察机构的派出机构——煤矿安全监察分局。

从全国的情况看，多数省一级的煤矿安全监察机构是相对独立的，但有的省份，结合本地实际，并报经国家同意，在省一级煤矿安全监察机构加挂了直属于地方省级人民政府的煤炭行业管理部门的牌子，有的是与地方省级人民政府安全生产综合监督管理部门合署办公。当然，无论是加挂牌子还是合署办公，煤矿安全监察机构的编制及行政执法地位都是独立的。

国家煤矿安全监察机构作为煤矿安全行政执法机构，其主要职责是按照国家有关规定，组织实施煤矿安全生产相关行政许可项目；分析辖区内煤矿安全生产情况，制定科学合理的监察执法计划，并按计划对辖区内煤矿企业的安全生产情况开展重点监察、专项监察和定期监察；检查指导地方各级人民政府及其煤矿安全生产监督管理部门履行好煤矿安全生产日常监督管理工作；牵头组织开展煤矿生产安全事故调查处理工作；对煤矿企业开展职业卫生工作情况实施监察执法活动。

三、煤矿安全行政执法人员

煤矿安全行政执法主体组织开展执法活动，都是由行政执法人员负责实施的，行政执法人员是煤矿安全行政执法权的具体落实者，所以，每一个行政执法主体都必须配备能够满足执法工作需要的煤矿安全行政执法人员。当然，行政执法人员开展执法活动都是以所属行政执法主体的名义进行的，所产生的法律后果也由所属行政执法主体承担。

具体来讲，煤矿安全行政执法人员是指具备煤矿安全相关知识，依法取得行政执法证，在法定的煤矿安全行政执法权限内从事具体行政执法活动的人员。从这一定义中，我们可以看出，煤矿安全行政执法人员具有如下特征：一是要具备相应的煤矿安全知识，这是作为煤矿安全行政执法人员的特别要求，因为煤矿安全工作具有鲜明的专业性特征，不了解煤矿安全相关知识，就难以胜任煤矿安全行政执法工作，当然，煤矿安全知识既包括煤矿安全技术知识，又包括煤矿安全法律知识以及其他与煤矿安全相关的知识，所以，对于不同岗位的具体执法人员，专业知识方面所要求的侧重点也有所不同；二是要取得相应的行政执法证，也即从事煤矿安全行政执法具体工作的人员要依法参加相关执法培训，并经考核合格，取得相应的执法证，才能从事煤矿安全行政执法活动，否则会影响到具体执法行为的效力；三是只能在煤矿安全行政执法权限定的范围内行使行政执法权，煤矿安全行政执法人员超越法定的权限范围行使行政执法权即为违法行为。

煤矿安全行政执法人员享有法定的权利，也要履行相应的义务。煤矿安全行政执法人员享有如下权利：第一，获得履行职责所应有的权力和工作条件；第二，非因法定事由和非经法定程序不得免职、辞退、取消煤矿安全行政执法资格等；第三，获得报酬，享受福利、保险待遇；第四，参加煤矿安全行政执法业务知识和政治理论培训；第五，对煤矿安全行政执法主体及其领导人员的工作提出批评和建议；第六，提出申诉和控告；第七，申请辞职；第八，宪法和法律规定的其他权利。

煤矿安全行政执法人员应当履行下列义务：第一，遵守宪法、法律和法规；第二，按照煤矿安全法律、法规、规章和技术标准的要求行使煤矿安全行政执法权；第三，密切联系群众，接受群众监督，努力为人民服务；第四，维护国家的安全、荣誉和利益；第五，忠于职守，尽职尽责，服从命令；第六，保守国家秘密和工作秘密；第七，清正廉洁，公道正派；第八，宪法和法律规定的其他义务。

四、煤矿安全行政执法相对人

在讨论煤矿安全行政执法权实施主体的时候，很有必要简要地介绍一下煤矿安全行政执法相对人，因为，在煤矿安全行政法律关系中，煤矿安全行政执法主体与煤矿安全行政执法相对人是相对应的两方当事人，煤矿安全行政执法权的实施与煤矿安全行政执法相对人有着必然的联系，如果没有行政执法相对人，煤矿安全行政执法权及其实施主体就失去了存在的意义，了解煤矿安全行政执法相对人，就是为了实施好煤矿安全行政执法权。

具体来讲，所谓煤矿安全行政执法相对人，是指参与到煤矿安全行政法律关系当中，与煤矿安全行政执法主体相对应的煤矿企业、煤矿安全中介机构及其从业人员。根据这一定义，准确地讲，煤矿安全行政执法相对人有两类，一类是组织，另一类是个人，其中组织类中包括煤矿企业和煤矿安全中介机构，个人类中的个人特指煤矿企业和煤矿安全中介机构中的从业人员，而不是泛指一般公民。下面分别予以阐述。

（一）煤矿企业

这里所称煤矿企业，是指依法成立，能够以自己的名义参与市场活动，并能独立承担因此而产生的法律后果，以煤炭生产经营为主业的营利性组织。

根据我国目前煤矿企业组织形式的特点，根据不同的标准，我们可以对煤矿企业作不同的分类。根据煤矿企业的性质划分，我国的煤矿企业可分为国有煤矿企业和私有煤矿企业，其中国有煤矿企业又可细分为中央直管煤矿企业和地方国有煤矿企业。根据煤矿企业的组织形式划分，可分为股份有限公司、有限责任公司、合伙煤矿企业、个人独资煤矿企业等。我们还可以根据其他的标准对煤矿企业进行不同的分类。分析煤矿企业类型的主要目的是为了更深入地展示作为独立市场主体的煤矿企业的多种存在形式。只要具备独立的市场主体资格，该煤矿企业就是煤矿安全行政执法相对人，反之，则不能成为煤矿安全行政执法相对人，如煤矿企业内设的安全生产管理部门、办公室等职能部门就不能成为煤矿安全行政执法相对人，煤矿安全执法机构不能对这些煤矿企业内设的职能部门实施行政行政处罚，它们在工作中产生的责任完全由煤矿企业来承担。

另外，当前有一种发展趋势需要引起煤矿安全行政执法机构的特别注意，根据国家有关规定，与煤炭资源开采活动紧密联系在一起的一些相关生产经营单位，也列入了煤矿安全行政执法相对人的范围，如煤层气开采企业，今后，对煤层气开采企业的安全生产情况，煤矿安全执法机构也要进行监督检查。

（二）煤矿安全中介机构

煤矿安全中介机构是社会主义市场经济条件下产生出来的新生事物，也是在我国深化政府行政管理体制改革、转变政府职能的过程中催生出来的新事物，产生的时间并不长，目前还正处于深入发展与不断完善之中。

简单地说，所谓煤矿安全中介机构，就是指经依法取得国家行政许可而成立的，利用自身在煤矿安全知识、技术或装备方面的优势，为煤矿企业提供有偿专业服务的组织。根据这一定义，煤矿安全中介机构有如下特点：第一，必须取得国家行政许可，也即没有取得国家的特别许可，任何单位都不得从事煤矿安全中介服务工作。这是因为煤矿行业具有鲜明的专业性特征，而且中介机构所提供的服务与煤矿从业人员的生命安全有着直接的联系，所以，中介机构如果不具备一定的专业能力，无法胜任工作，也不应该让其从事这一工作，因此，国家对从事煤矿安全中介服务工作设定了严格的行政许可制度。第二，必须具有煤矿安全方面的专业优势，也即煤矿安全知识、技术或装备方面的优势，能够为煤矿企业提供安全生产工作所需的高质量的专业服务。第三，按照平等协商的市场原则，根据服务内容和服务质量，可以收取相应的服务费用。

目前，我国的煤矿安全中介机构主要有煤矿安全评价机构、煤矿安全检测检验机构等，这些中介机构充分发挥自身的专业优势，通过提供高质量的专业服务，为煤矿企业的安全发展发挥了积极的作用。

（三）从业人员

这里的从业人员是指煤矿企业或煤矿安全中介机构的从业人员，通常称为职工，包括固定工和临时工。由于煤矿企业或中介机构的各项工作是由从业人员具体负责操作或实施的，从业人员的工作业务能力和责任心，与实现生产过程中的安全有着特别重要的关系，所以，当存在重大事故隐患、重大违法行为或发生生产安全责任事故的时候，根据相关法律法规的规定和过错的大小，从业人员也要承担一定的责任，这时，从业人员就是行政执法相对人。要特别注意，对从业人员，我们要从广义的角度进行理解，也即只要在煤矿企业或中介机构从事相关工作，不管是否与单位签订劳动合同，也不管其在本单位工作时间的长短，只要是与煤矿企业或中介机构存在事实劳动关系，就应该认定为从业人员。当然，安全生产的主要责任应当由从业人员所属单位承担。

第三节　煤矿安全行政执法权的内容

根据煤矿安全相关法律法规的规定，煤矿安全行政执法权的内容十分丰富，体系十分完整，为促进建立有效的煤矿安全法律秩序，实现煤炭行业的安全发展、科学发展、和谐发展，提供了强有力的行政权力支撑。由于煤矿安全行政执法权有三个实施主体，而且，三个主体开展执法活动的角度和侧重点各有不同，所以，具体来讲，三个执法主体分别所享有的执法权的内容也有差异，但是，三个执法主体的执法目的是完全一致的，就是促使煤矿企业实现生产安全，充分保障从业人员的生命安全与健康。因此，为了便于阐述，将三个执法主体负责实施的煤矿安全行政执法权的主要内容简要综述如下。煤矿安全行政执法权的主要内容包括行政许可权、现场检查权、现场处理权、行政处罚权、行政强制权、安全规划权、安全指导权、提出执法建议权、计划执法权、行政命令权、事故应急救援、事故调查处理等，为避免与后面相关内容重复，这里仅简要介绍行政许可权、现场检查权、安全规划权、安全指导权、提出执法建议权、计划执法权、行政命令权、事故应急救援和事故调查处理等，煤矿安全行政执法权其他内容详见后面相关章节。

一、行政许可权

按照行政许可法的规定，行政许可是指行政机关根据公民、法人或者其他组织的申请，经依法审查，准予其从事特定活动的行为。行政许可权就是行政机关按照法律法规的规定实施具体行政许可项目的权力，包括行政许可申请的受理、行政许可条件的审查、作出是否授予行政许可的决定以及对被许可人实施行政许可事项的活动进行监督检查等。

国家设定行政许可是为了维护公共利益和社会秩序，促进经济、社会和生态环境的协调发展，而且，由于行政许可为公民、法人或者其他组织从事某项特定活动设定了一定的准入条件，不具备相应的条件就不会被准予从事该项活动，在一定程度上限制了从事该项活动的自由，所以，行政许可不是随意可以设定的。根据行政许可法的规定，法律、行政法规、地方性法规可以设定行政许可；省（自治区、直辖市）人民政府规章可以设定临时性行政许可，但是，临时性行政许可实施满一年需要继续实施的，应当提请本级人民代表大会及其常务委员会制定地方性法规。国家部委规章和其他规范性文件都不能设定行政许可。

另外，也不是所有事项都可以设定行政许可，根据行政许可法的规定，可以设定行政许可的事项的范围为：①直接涉及国家安全、公共安全、经济宏观调控、生态环境保护以及直接关系人身健康、生命财产安全等特定活动，需要按照法定条件予以批准的事项；②有限自然资源开发利用、公共资源配置以及直接关系公共利益的特定行业的市场准入等，需要赋予特定权利的事项；③提供公众服务并且直接关系公共利益的职业、行业，需要确定具备特殊信誉、特殊条件或者特殊技能等资格、资质的事项；④直接关系公共安全、人身健康、生命财产安全的重要设备、设施、产品、物品，需要按照技术标准、技术规范，通过检验、检测、检疫等方式进行审定的事项；⑤企业或者其他组织的设立等，需要确定主体资格的事项；⑥法律、行政法规规定可以设定行政许可的其他事项。

煤炭行业是高风险行业，在煤炭资源开采过程中，伴随着多种自然灾害，随时威胁着从业人员的生命安全与健康，安全生产问题十分突出，所以，煤矿安全生产管理工作显得尤为重要。由于煤矿安全工作直接涉及煤矿企业从业人员的生命安全与健康，事关从业人员家庭幸福与社会和谐稳定，根据煤矿安全工作的实际需要，从不同的角度、在不同的环节，国家设定了多项行政许可，并明确了各项行政许可的具体实施机关，其中大多数行政许可项目是由煤矿安全行政执法机构负责实施的，它们在实施这些行政许可项目时所享有的行政权力就是行政许可权。

按照相关法律法规的规定，目前，由煤矿安全执法机构负责实施的有关煤矿安全的行政许可项目主要有：煤矿安全生产许可证颁发、煤矿建设项目安全设施设计审批、矿用产品安全标志认证、煤矿安全评价机构资格认定、煤矿安全检测检验机构资质认可、煤矿特种作业人员操作资格证颁发、煤矿职业卫生服务机构资质认可等。从目前的实践情况看，这些行政许可项目的设定和实施，提高了煤炭行业的安全准入门槛，为保障煤矿生产安全，保护从业人员的生命安全与健康，促进煤矿安全发展、科学发展，发挥了十分重要的作用。

二、现场检查权

顾名思义，所谓现场检查权，是指煤矿安全执法机构根据工作需要，对煤矿企业或煤矿安全中介机构的作业或工作现场，进行查看、检测、勘察、翻阅并复制有关书面资料、询问有关当事人等权力。现场检查权要求煤矿企业或煤矿安全中介机构应当积极配合和支持煤矿安全执法机构依法开展的现场检查活动。

为什么现场检查也是一种权力呢？这要从作为独立市场主体的执法对象所享有的权利说起。依法成立的市场主体享有法律赋予的各种法定权利，非因法定事由，任何组织和个人都不得侵犯，否则将要承担相应的法律责任。其中，一项重要权利，就是任何单位不得非法干涉或影响煤矿企业和煤矿安全中介机构正常的生产经营或服务活动。煤矿安全执法机构要到生产或服务现场了解相关情况，必然会在一定程度上影响执法相对人的法定权利，但是，不到现场进行检查，煤矿安全执法机构就无法全面正确地了解和掌握执法相对人的安全生产实际工作情况，无法作出正确的判断。所以，煤矿安全执法机构肯定要到生产或服务现场进行检查，这时就要有相应的法律依据，也即有相关的法律法规规定煤矿安全执法机构可以对执法相对人的生产或服务现场进行检查。有了这个规定，煤矿安全执法机构对执法相对人的生产服务现场进行检查时，就算影响了执法相对人的生产或服务活动，也是合法的，因为它们享有现场检查权。

由此可见，现场检查权是一项非常重要的行政权力，它是煤矿安全执法机构有效组织开展现场执法活动的重要基础。按照相关规定，煤矿企业和煤矿安全中介机构应当支持和配合煤矿安全执法机构对它们进行的现场检查活动。

根据执法工作的需要，现场检查的方式有很多种。常见的方式有：查看有关书面材料；查看生产系统布局；查看安全生产监测监控系统等有关安全保障设施的建设和使用情况；查看作业人员的作业过程；查看生产设备，仪器的配备、使用及完好情况；查看作业环境的状况；使用专用仪器仪表进行检测检验；查问检验从业人员掌握相关知识的情况；询问了解和核实现场发现的有关情况；收集有关物证资料；等等。在实际开展现场检查活动过程中，根据执法内容的不同，具体的检查方式也会有所不同，上述方式只是基本的检查方式，执法人员在执法实践中要学会灵活运用。

三、安全规划权

安全规划是个大概念，既包括各级行政机关根据本地安全发展工作实际制定的安全生产发展规划，又包括各生产经营单位根据本单位实际制定的安全生产发展规划。这里我们要讨论的是行政机关的煤矿安全发展规划，属于行政规划的范畴。

制定煤矿安全发展规划是产煤地区各级人民政府及其有关部门的重要职责。制定煤矿安全发展规划的意义在于：一是促使各级政府及其有关部门对本地区煤矿安全生产状况进行全面深入的分析，准确把握煤矿安全生产实际情况，为行政机关作出有关决策提供客观依据，因为总结过去与分析现状是制定下步发展规划的前提和基础；二是能够使各级政府及其有关部门的煤矿安全监管监察工作紧密联系实际，突出重点，层层推进，有效避免见子打子、忙于应付、缺乏长远眼光等现象；三是能够为煤矿安全工作提供一个政府主导性的指引，为煤矿企业的安全生产工作提供一个明确的努力方向，促使煤矿企业不断强化安全生产工作，不断提高安全生产能力和水平；四是向社会展示了各级政府及其有关部门重视和加强煤矿安全工作的决心和措施，能够有效引导全社会都来关注和关心煤矿安全工作，为煤炭行业实现安全发展、科学发展营造良好的社会舆论氛围。

煤矿安全发展规划的制定，可以采取将其纳入当地经济社会总体发展规划或安全生产总体发展规划，也可以根据本地实际制定单独的煤矿安全发展规划。规划的制定既要有一定的前瞻性，同时也要能够落实得下去，也即要实事求是，客观科学，符合实际。

四、安全指导权

在煤矿安全工作领域，安全指导包括三个层面的内容：第一，上级政府及其有关部门对下级政府及其有关部门煤矿安全监管监察工作方面进行的指导；第二，国家煤矿安全监察机构对地方政府及其煤矿安全监管部门的指导；第三，国家煤矿安全监察机构和地方政府及其煤矿安全监管部门对煤矿企业安全生产工作方面的指导。从行政执法的角度讲，主要是指行政机关对煤矿企业的指导。

行政机关对煤矿企业的安全生产工作进行指导既是一种权力，也是一种义务。从权力的角度讲，行政机关有权对煤矿企业的安全生产工作进行指导，煤矿企业要支持和配合行政机关的指导活动；从义务的角度讲，行政机关在对煤矿企业的安全生产工作进行监督检查的同时，要对发现的问题及其处理方法对煤矿企业进行讲解和说明，以便煤矿企业认识到过错所在并及时进行整改。我们在开展煤矿安全执法活动的时候，经常会提到“要做到监督与服务相结合”，这里所说的“服务”其实主要就是指要对煤矿企业的安全生产工作情况给予行政指导。

行政机关对煤矿企业安全生产工作的指导，分为综合性指导和个别性指导。综合性指导是指行政机关根据国家经济社会发展的需要以及煤矿安全工作中存在的共性问题，对辖区内所有煤矿企业及相关单位的安全工作提出的指引性、普遍性的意见和要求。综合性指导一般以下发文件的形式进行。顾名思义，个别性指导就是指对某一个煤矿企业或相关单位，根据现场检查中发现的问题，提出有针对性的具体的解决办法和意见，促使煤矿企业及相关单位不断提高安全管理水平。个别性指导主要发生于煤矿安全执法过程中，所有执法人员都可以针对现场发现的实际问题，对煤矿企业及相关单位进行个别性指导。个别性指导充分体现了执法为民的精神。

五、提出执法建议权

这里所说的执法建议是指国家煤矿安全监察机构根据煤矿安全执法情况，向煤矿企业所在地县级以上人民政府提出的正式的改进煤矿安全生产工作的建议。对国家煤矿安全监察机构提出的建议，当地人民政府应当认真组织研究和落实，对建议内容的落实情况，要及时回复提出建议的国家煤矿安全监察机构。

提出执法建议的意义在于：一是能够使不同的行政机关之间实现煤矿安全执法信息的及时交流；二是能够使当地人民政府及时掌握辖区内煤矿安全生产状况；三是通过建议内容的落实，能够积极促进当地煤矿安全生产工作；四是能够形成执法合力，不同的行政机关从不同的角度采取相应的措施，共同推进煤炭行业安全发展。

另外，国家煤矿安全监察机构还可以直接向县级以上地方人民政府煤矿安全监管部门提出加强和改进煤矿安全监管工作的执法意见。对于国家煤矿安全监察机构提出的执法意见，煤矿安全监管部门应当认真落实，并将落实情况及时反馈给提出执法意见的国家煤矿安全监察机构。

六、计划执法权

所谓计划执法，是指煤矿安全执法机构每年都应当制定年度、季度、月执法计划，并严格按计划开展执法活动。一般来讲，煤矿安全执法机构的执法计划要经有权机关批准后方可实施。下级国家煤矿安全监察机构的执法计划应当报经上一级国家煤矿安全监察机构批准；地方县级以上人民政府煤矿安全监管机构的执法计划应当报经同级人民政府批准。执法计划一旦确定，应当严格按计划实施。在执行执法计划过程中，发现确实需要变更执法计划的，应当及时上报变更申请，经原批准机关同意，方可按变更后的执法计划实施。对于未能完成执法计划的，应当说明理由。

开展计划性执法，是由煤矿安全行政执法机关的工作特点所决定的。我们都知道，安全与生产是紧密联系在一起的，只有在生产过程中，讨论安全才有意义，离开了生产活动，也就没有了安全生产的问题。而煤矿企业的生产活动是不断持续的，煤矿企业通过采取轮流倒班的劳动组织方式，可能每天 24 小时都在进行生产活动，也即煤矿企业的安全生产管理活动也应当全天不间断地开展，也只有这样才能全程实现生产安全。这样，人们会问，煤矿安全执法机构是否也要每天 24 小时都要对煤矿企业的生产活动进行检查执法？回答当然是否定的，因为安全生产的责任主体是煤矿企业，煤矿企业应当对整个生产过程进行全天候的安全管理，而作为行政机关的煤矿安全执法机构主要是对煤矿企业遵守煤矿安全生产相关法律制度、技术规范等情况进行检查督促，其目的是通过执法活动，促使煤矿企业依法办矿、安全办矿、科学办矿、和谐办矿，真正把安全生产主体责任落实到位。所以，煤矿安全执法机构只可能对煤矿企业的生产现场的安全工作情况进行定期、不定期的抽查，而不是每天 24 小时都对煤矿企业生产现场进行监督检查。另外，从行政效率的角度讲，行政机关不可能、也不应该包办应当由煤矿企业自己承担的日常安全管理工作，否则配备多少个执法人员都不可能满足工作要求，而且也混淆了煤矿企业与执法机构各自的角色和职责，违背了科学管理的基本精神。因此，计划执法是煤矿安全执法机构的主要工作方式，也是在社会主义市场经济及依法治国的大环境下科学的执法工作方式。

当然，执法计划的制定要有客观的基础，要能够通过执法计划的执行，产生较好的执法效能，实现执法目的。执法计划的制定要以当地煤矿安全生产现状及煤矿安全执法机构的执法能力为依据，最好的办法是以充分的调查研究数据材料为基础做一个综合性的评估，再根据评估结果制定执法计划，这样，执法计划的客观性和针对性都会更强些。总之，制定好的执法计划，一要能够落实得下去，二要能够产生预期的执法效果。

七、行政命令权

行政命令是行政机关在开展行政管理活动中常用的一种行政权力运用方式。在我国，从行政命令的运用实践中可看出，对于行政命令这一概念，既可从形式意义上进行理解，也可以从实质意义上进行理解。从形式意义上的理解，凡是在形式上带有“命令”“令”等的行为统称为行政命令，如公告令、嘉奖令、任免令等等。显然，这种意义上的行政命令，不属于我们所要探讨的范围。这里所称的行政命令是指实质意义上的行政命令，而不是行为形式意义上的行政命令。

从实质意义上理解的行政命令是指，行政执法主体根据法定的权限，要求相对人为一定行为或者不为一定行为的意思表示。特别要提示的是，现场执法活动中的现场处理也是一种行政命令，但是，对于这种行政命令已经在现场处理一节中做了专门的阐述，所以，这里所称行政命令特指地方各级人民政府所作出的含有行政命令内容的煤矿安全执法行为。

作为地方各级人民政府煤矿安全执法行为的行政命令具有如下特征：第一，行政命令由地方各级人民政府作出；第二，行政命令的内容为要求煤矿企业及相关单位为一定行为或者不为一定行为；第三，行政命令在本质上是要求煤矿企业及相关单位履行一定的义务，而不是赋予它们一定的权利；第四，行政命令属于具体行政行为，而不是抽象行政行为；第五，如果煤矿企业及相关单位违反行政命令，煤矿安全执法主体可对其实施相应的行政制裁，但不可直接实施行政强制；第六，一般来说，行政命令是依职权作出的；第七，行政命令一般以书面文件的形式作出，如“命令”“通知”“布告”等。

由于作为煤矿安全行政执法行为的行政命令的主要内容，是要求煤矿企业及相关单位为一定行为或者不为一定行为，因此，行政命令也只能有两种：一种是要求煤矿企业及相关单位为一定行为的行政命令，可称作“令”，如命令煤矿企业在规定的时间内达到一定级别的安全标准；另一种是要求煤矿企业及相关单位不为一定的行为，如命令煤与瓦斯突出矿井在一定期限内停止生产。

由于行政命令具有很强的约束力，一经作出，煤矿企业及相关单位必须按照要求为一定行为或者不为一定行为，否则，煤矿安全行政执法主体即可采取相应的制裁措施。因此，一方面地方各级人民政府要运用好行政命令这种执法措施；另一方面，在作出行政命令前，要作充分的调查研究，使行政命令的内容符合煤矿安全发展的客观规律，促进煤炭行业的健康发展。

八、事故应急救援

事故救援既是地方各级人民政府的一项重要权力，更是一项重要职责。煤矿事故应急救援是指，当发生煤矿安全事故时，各级政府根据初步确定的事故级别，紧急启动事故应急预案，并根据实际救援工作的需要，及时调动相关救援力量，组织救援遇险人员的各项活动。

事故应急救援的主要任务，一是救出遇险人员；二是防止发生次生事故，避免扩大事故灾害；三是做好社会稳定工作。当然，事故应急救援的第一任务，是尽力采取各种措施将遇险人员救出来，同时，还要采取有效措施，充分保障参与救援人员的人身安全，杜绝发生次生事故。

当事故发生时，能否及时作出反应，能否组织好事故应急救援工作，关键还是要看平时的准备工作做得怎么样。

首先，各级政府要按照国家相关要求，设立煤矿安全事故应急救援机构。这是强制性的要求，地方各级人民政府都必须落实。当然，具体的机构如何设置可根据本地区煤炭产量及煤矿企业的数量来确定，可以单设，也可以由综合性的应急机构来承担煤矿安全事故应急救援任务，但无论如何都应该有一个机构来履行这一职责。有了机构，还要配备相应的人员，当前存在的最大问题是，有机构但没有相应的专业人员的情况比较普遍，实际工作难以开展。煤矿安全事故应急救援工作专业性很强，没有相关专业知识和能力，很难胜任工作，所以，应当为煤矿安全应急救援机构配备相关的专业人员。

其次，要制定煤矿安全事故应急救援预案。煤矿安全事故应急救援预案是分层次制定的，地方各级人民政府要制定，地方各级人民政府煤矿安全监管机构要制定，煤矿企业也要制定，当然制定内容的侧重点各有不同。地方各级人民政府的应急救援预案可以单独制定，也可以结合本地实际制定一个综合性的安全生产事故应急救援预案或矿山生产安全事故综合应急救援预案；地方各级人民政府煤矿安全监管机构要制定单独的煤矿安全事故应急救援预案；所有煤矿企业都要制定安全事故应急救援预案。煤矿安全事故应急救援预案制定好后，还要根据实际情况及时进行修改完善，以保证预案能反映实际应急救援工作的需要，确保预案的可操作性和实效性。特别要引起重视的是，预案制定出来后，还要定期组织演练，通过演练发现存在的问题，及时进行改进，使预案能够在发生事故的时候，启动得起来、落实得下去，真正发挥出应有的作用。

再次，要加强煤矿安全事故应急救援队伍建设。我们通常都把煤矿安全事故应急救援队伍称为煤矿救护队或矿山救护队，它是开展煤矿安全事故应急救援工作的主力军。按照国家有关规定，每一个煤矿都应当有一个专业煤矿救护队为其提供应急救援服务，有条件的煤矿可以自己设立煤矿救护队，没有条件的煤矿按照就近就便的原则，应当与有相应能力的煤矿救护队签订救护协议。各级政府要根据本地区煤炭产业发展状况，积极推动煤矿救护队建设，煤矿救护队的建设要能够满足煤矿安全事故应急救援工作的需要。

煤矿救护队要具备从事煤矿事故救援工作的能力。要为煤矿救护队配备相应的救援装备，同时，要加强救护队员的体能和技能训练，使其具备较强的救援能力，并随时保持旺盛的战斗力。

另外，从云南实施兼职救护队建设的实践结果看，为了增强煤矿企业的自我救援能力，增强事故应急救援的及时性，保证事故应急救援工作的顺利进行，在加强专业救护队伍建设的基础上，应当大力推行煤矿企业兼职救护队伍的建设工作，大力增强煤矿企业自我救援及辅助支持专业救护队开展救援工作的能力，提高事故应急救援的效率和质量，最大限度减少事故灾害造成的损失。

九、事故调查处理

煤矿安全事故的调查处理是一项十分重要的煤矿安全行政执法活动，是查清事故发生原因，总结事故教训，对事故责任单位和责任人员追究相应责任等各项活动的总称。按照国务院行政法规《国家煤矿安全监察条例》及《生产安全事故报告和调查处理条例》的规定，煤矿安全事故的调查处理活动，根据事故的级别，由各级国家煤矿安全监察机构负责牵头组织实施。

那么，国家为什么要对煤矿安全事故进行调查处理，其意义在哪里呢？

第一，是落实以人为本理念的必然要求。尊重生命，珍爱生命，是以人为本理念的核心内容，它要求在任何生产经营活动中都要把保证从业人员的生命安全与健康放在首要的位置。发生了安全事故，从业人员的生命受到了严重的侵害，应当予以足够的重视，搞清事故发生的原因和过程，分清事故责任并追究相应责任，对在事故中受了严重伤害和牺牲的生命有一个严肃的交代，这是尊重和珍爱生命的基本要求。

第二，是查明事故原因并总结教训的实际需要。人类认识自然总是有一个由浅入深、由简单到复杂、由现象到本质的过程，对煤矿安全事故的认识也是一个不断深化的过程。煤矿安全事故的发生，有的可能是由已知原因造成的，有的也可能是由未知的原因造成的，对于因此前所未知的原因造成的事故，通过深入的分析和研究，采取相应的有效措施，往后就可避免类似事故的再次发生。对于由已知原因所造成的事故，通过调查分析，可以使我们进一步深化对它的认识。事实上，目前我们在煤矿安全工作中使用的《煤矿安全规程》，从某种意义上讲，就是从事故教训中不断总结出来的，是煤矿从业人员用鲜血和生命换来的，是确保煤矿生产安全的行为准则，要认真予以落实。

第三，是追究责任及惩戒警示的重要基础。事故发生后，如果是责任事故，就要追究责任单位和责任人员的责任，这是惩戒警示的需要。如果发生责任事故后，任何单位和人员都不需要承担相应责任的话，那么，事故只会越来越多，煤矿从业人员的生命和健康就会受到严重的威胁。所以，只要是责任事故，就应当追究责任单位和责任人员的相应责任，让当事者付出代价，同时也警示其他煤矿企业引以为戒，吸取教训，提前防范类似事故的发生。而要分清并追究责任，开展深入的调查，全面搞清事故发生的真实情况，是其重要基础及前提条件。

第四，是维护社会稳定的基本要求。社会稳定是社会发展的基本前提，没有稳定就不会有社会的发展进步和人民群众安居乐业的幸福生活。所以，保持社会稳定是各级人民政府的重要职责。煤矿安全事故的发生，牵涉到方方面面，特别是重特大事故的发生，如果处置不当，很容易引发社会群体事件，影响社会稳定。所以，事故救援工作一结束，就要及时开展事故的调查处理工作。事故调查处理工作一方面确定了事故原因及事故的相关责任单位和责任人员，对社会及有关各方都有了一个明确的交代；另一方面，为事故赔偿提供了相关依据，为及时解决事故善后有关事宜创造了条件。实践证明，政府及其有关部门及时组织开展事故调查处理工作，是积极引导社会舆论，有效避免社会群体事件发生，维护社会稳定的重要途径。

需要注意的是，煤矿安全事故调查组的组成方式与其他生产安全事故调查组不同，煤矿安全事故调查组是由国家煤矿安全监察机构牵头组织调查的，而其他生产安全事故根据事故级别由一级政府或其委托的部门牵头组织调查处理。另外，特别值得一提的是，所有的生产安全事故调查组都是由政府相关部门组成的临时性组织。煤矿安全事故调查组也一样，是一个由国家煤矿安全监察机构牵头，有当地政府相关部门参加的临时性组织。

但是，事故调查组在事故调查处理过程中却扮演着十分重要的角色。首先，事故调查组是一个法定的临时性组织，它是依据相关的法律规定依法成立的，它的行为具有独立的法律效力；其次，事故调查组经过调查后形成的调查报告对事故原因的鉴定、事故责任划分，是追究事故责任的重要依据；再次，经批复的事故调查报告及其相关附件，可以直接作为追究相关责任的重要证据使用。

第二章　煤矿安全行政执法行为

国家设定了煤矿安全行政执法权以后，还要通过煤矿安全行政执法机构及其执法人员实施法定的各种执法行为，积极督促各煤矿企业及煤矿安全中介机构将各项煤矿安全法律制度落实到实际的生产经营活动中，才能建立起有效的煤矿安全生产法律秩序，促进煤炭行业实现安全发展、和谐发展。

第一节　煤矿安全行政执法行为概述

一、煤矿安全行政执法行为的概念

我们认为，煤矿安全行政执法行为是指煤矿安全行政执法机构以自己的名义针对煤矿安全行政执法相对人行使法定的煤矿安全行政执法权，以促进煤矿安全生产，实现国家煤矿安全行政管理目的，并能够直接产生外部法律后果的行为。根据这一定义，我们可以得知煤矿安全行政执法行为这一概念包含以下几层意思：

1. 煤矿安全行政执法行为是法定的煤矿安全行政执法机构行使煤矿安全行政执法权的行为。一方面，目前我国设有五级人民政府，县级以上各级人民政府还设有多个工作部门，但是，并不是各级人民政府及其工作部门都有煤矿安全行政执法权，只有法定的煤矿安全行政执法机构才有权实施煤矿安全行政执法行为；另一方面，煤矿安全行政执法机构实施的行为也并不都是行政执法行为，煤矿安全行政执法机构有时也会实施民事法律行为。比如，采购办公用品、签订供用水电合同等，这些行为也会产生法律后果，却不属于行政执法行为。只有煤矿安全行政执法机构基于行使煤矿安全行政执法权而实施的行为才可能是行政执法行为。如果离开了煤矿安全行政执法权的具体运用，煤矿安全行政执法行为便无从谈起。当然，法律法规特别授权或者受委托执法的有关组织，根据授权或者受委托行使煤矿安全行政执法权时，也可实施煤矿安全行政执法行为。

2. 煤矿安全行政执法行为是以煤矿安全行政执法机构名义实施的行为。我们知道煤矿安全行政执法行为都是由煤矿安全行政执法人员负责具体实施的，但是，煤矿安全行政执法人员实施的行为，并不都是执法行为，只有以煤矿安全行政执法机构名义实施的行为才是煤矿安全行政执法行为。一般情况下，判断煤矿安全行政执法人员实施的某一行为是否以煤矿安全行政执法机构名义实施的标准，就是看执法文书或者相关文件、证书等是否加盖了煤矿安全行政执法机构的印章。特别是行政处罚决定书等重要的执法文书，如果没有加盖执法单位印章，就不可能产生法律效力。受委托实施煤矿安全行政执法权的组织，只能加盖委托机关的印章。当然，有些文书除了加盖单位印章外，还要有单位负责人签名。比如，煤矿安全行政执法机构申请人民法院强制执行时，强制执行申请书应当由执法机构负责人签名，并加盖执法机构印章。

3. 煤矿安全行政执法行为是能够直接影响到执法相对人权利义务的行为。煤矿安全行政执法行为的实施，即意味着煤矿安全行政执法机构与执法相对人之间行政法律关系的产生、变更或消灭，也必然直接导致执法相对人权利义务的变动：要么获得或丧失某项权利，要么承受或免除某项义务。不能对执法相对人的权利义务产生影响的行为不属于行政执法行为，充其量只能是事实行为。比如，煤矿安全行政执法机构组织开展一些煤矿安全生产宣传教育活动或者针对一些煤矿安全生产或煤矿安全执法方面的问题到煤矿企业进行调研座谈等活动。

4. 煤矿安全行政执法行为是能够产生外部法律后果的行为。煤矿安全行政执法机构实施的行政执法行为是能够产生法律后果的行为，但是，并不是所有煤矿安全行政执法机构实施的能够产生法律后果的行为都属于煤矿安全行政执法行为。煤矿安全行政执法机构实施的产生法律后果的行为既可以是产生内部法律后果的行为，也可以是产生外部法律后果的行为。产生内部法律后果的行为，最典型的就是煤矿安全行政执法机构对违反行政纪律的执法人员给予行政处分，这种法律后果只及于执法机构内部人员或部门，所以，它属于内部行为。而煤矿安全行政执法行为将直接导致执法相对人权利义务的产生、变更或者消灭，是能够对外部执法相对人产生法律后果的行为。

上述四层意思是每一个煤矿安全行政执法行为都必须具备的条件，缺少任何一个条件的行为，都不属于煤矿安全行政执法行为。

二、煤矿安全行政执法行为的特征

作为一类专业性比较强的行政执法行为，煤矿安全行政执法行为具有以下特征。

（一）单方意志性

煤矿安全行政执法行为的单方意志性，是由煤矿安全行政执法活动中双方当事人法律地位的不平等性所决定的。煤矿安全行政执法机构作出行政执法行为，不以行政执法相对人是否同意为条件，不需要征得行政执法相对人的同意，也即煤矿安全行政执法机构享有单方面决定自己与行政执法相对人法律地位的特权。当然，煤矿安全行政执法行为的单方意志性并不意味着煤矿安全行政执法机构可以恣意妄为，煤矿安全行政执法机构实施行政执法行为应当严格遵守法定的程序，行政执法相对人可以对煤矿安全行政执法行为依法行使申请行政复议或提起行政诉讼等行政救济权利。

（二）对象的确定性

按照相关法律法规的规定，煤矿安全行政执法行为所指向的对象的类型是确定的，就是煤矿企业和煤矿安全中介机构及其从业人员。当然，煤矿安全行政执法机构在实施某一具体煤矿安全行政执法行为时所指向的具体对象可能是不相同的，可能是某一煤矿企业，可能是某一煤矿安全中介机构，也可能是某一煤矿企业或煤矿安全中介机构的某一从业人员，但是，始终不会超出煤矿企业和煤矿安全中介机构及其从业人员这一特定的对象范围。也就是说，只要煤矿安全行政执法机构所实施的行政执法行为所指向的对象超出了上述范围，煤矿安全行政执法机构即属越权执法，是不允许的。

（三）形式的多样性

煤矿安全生产涉及广大人民群众生命安全与健康，而煤矿安全行政执法活动在促进煤矿生产安全方面具有十分重要的意义，为了保证执法效果，使各项煤矿安全法律制度得到全面落实，形成有效的煤矿安全生产机制，避免生产安全事故的发生，国家为煤矿安全行政执法机构设定了多种执法方法和手段，因此，煤矿安全行政执法活动也呈现出多样性。常见的煤矿安全行政执法行为有：行政许可、现场检查、现场处理决定、行政处罚、采取行政强制措施、行政强制执行、行政指导、事故应急救援、事故调查处理等等。

（四）内容的专业性

我们知道，煤矿安全行政执法行为的主要内容，就是监督检查煤矿企业在生产建设过程中的安全保障状况，并对发现的违法行为依法予以查处，所以，在实施煤矿安全行政执法活动过程中，必然会涉及很多煤矿安全生产方面的专业性技术问题。如果执法人员不具备煤矿安全生产方面的专业技术知识，就不可能发现煤矿企业生产活动过程中存在的事故隐患，就无法判定煤矿企业的生产活动过程是否符合安全生产的要求，执法目的也就不可能实现，执法活动也失去了意义。因此，煤矿安全行政执法人员应当具备相关的煤矿安全生产专业技术知识和安全生产工作经验。当然，煤矿安全行政执法人员除了要掌握煤矿安全生产技术知识，还要掌握煤矿安全生产相关法律知识，只有二者有机结合在一起，才能成为一名优秀的煤矿安全行政执法人员。

（五）效力先定

与其他行政执法行为一样，煤矿安全行政执法行为一经作出即假定其符合相关法律法规的规定，对煤矿安全行政执法相对人和煤矿安全行政执法机构以及其他国家机关都具有约束力，都必须予以遵守和服从。这种约束力在该行政执法行为没有被有权机关依照法定程序宣布无效之前是一直存在的。当然，煤矿安全行政执法相对人可以对煤矿安全行政执法机构作出的行政执法行为依法申请行政复议或者提起行政诉讼，但是，在行政复议或者行政诉讼期间，煤矿安全行政执法机构不停止行政执法行为的执行。显然，这与平等主体之间发生的民事法律行为有着巨大的差别，民事法律行为当事人不仅可以对民事法律行为提出异议，而且当民事法律行为当事人提出异议时，民事法律行为可暂不执行或者不执行。

三、煤矿安全行政执法行为的效力

一般来讲，煤矿安全行政执法行为的效力，是指煤矿安全行政执法机构已经实施完毕的煤矿安全行政执法行为，根据其外形特征和实际内容所具有的能够产生一定法律效果的特殊作用力。这种特殊作用力对煤矿安全行政执法机构及其执法相对人都会产生重要的影响，对煤矿安全行政执法机构来说，执法行为是否有效，直接涉及执法目的能否实现的问题，对执法相对人来说，直接涉及是否需要承担相关法律责任的问题。所以，煤矿安全行政执法机构在开展执法活动中，应当尽力确保执法行为的有效性。

煤矿安全行政执法行为的效力由公定力、不可改变力、执行力和不可争力四种子效力构成。

公定力，是一种预先假定合法的效力，也即煤矿安全行政执法行为一经作出，不管其是否真正合法，除自始无效外，即获得合法性推定，从而具有要求任何机关、社会组织或公民个人对其给予承认、尊重和服从的效力。当然，煤矿安全行政执法行为经有权机关依法撤销后，该执法行为即失去了公定力。需要明确的是，无效的煤矿安全行政执法行为没有公定力等效力，任何单位和个人都有拒绝服从或者执行的权利。

不可改变力，是指煤矿安全行政执法行为一经作出，非依法定程序，限制煤矿安全行政执法机构随意对其予以改变的作用力。煤矿安全行政执法机构作出行政执法行为以后，不管是作出该行政执法行为的机构，还是其上级机构或者其他行政机关，都必须承认其效力，不得随意对它进行改变，除非该行政执法行为被有权机关依法予以撤销或者变更。这就要求煤矿安全行政执法机构在实施行政执法活动过程中必须做到审慎、严谨、实事求是，确保执法行为的有效性。

执行力，是指已生效的煤矿安全行政执法行为具有要求相对人自行履行或者强制相对人履行其所设定义务的作用力。煤矿安全行政执法行为是煤矿安全行政执法机构代表国家对煤矿安全生产活动进行行政管理过程中作出的，是国家意志的体现，具有强制性，所以，煤矿安全行政执法行为为相对人所设定的义务必须得到实实在在的履行，这样，国家对煤矿安全生产活动进行行政管理的目的才能得以实现。煤矿安全行政执法机构所作出的行政执法行为为相对人设定的义务，行政执法相对人应当自行主动履行，如果行政执法相对人不履行所设定的义务，煤矿安全行政执法机构应当采取相应的手段，使行政执法行为所规定的内容得到完全的实现。

不可争力，又可称为形式上的确定力，是指煤矿安全行政执法行为所具有的排除相对人在法定期限届满之后对其提起争讼的作用力。不可争力是对煤矿安全行政执法相对人行使法定救济权的一种限制。现代行政管理的效率原则要求行政执法行为必须具有确定性，而不能久拖不决，所以，煤矿安全行政执法相对人如果对煤矿安全行政执法行为存有异议，应当在法定期限内向法定机关提出相应的救济请求，否则，将丧失这些救济权利。比如，按照相关法律法规的规定，超过法定的期限，煤矿安全行政执法相对人就失去了申请听证、申请行政复议、提起行政诉讼的权利，也即一旦超过法定时效，煤矿安全行政执法相对人就不可能通过申请听证、申请行政复议、提起行政诉讼等救济手段对煤矿安全行政执法行为的效力进行攻击。

煤矿安全行政执法行为的效力通常有四种表现形态，即无效、生效、有效和失效，其中无效是非正常状态，生效、有效和失效则是其常态。

无效，是指因欠缺法定实质要件，煤矿安全行政执法行为自作出之时即不发生法律效力的状态。每一种煤矿安全行政执法行为都有其法定的实质要件，欠缺任一要件都可能导致执法行为的无效。比如，重大实体和程序违法、超越法定职权、执法主体不明确等等情形都可导致煤矿安全行政执法行为自始不发生任何法律效力。对于无效的煤矿安全行政执法行为，执法相对人可以无视它的存在，从而拒绝服从和执行，也不会因此而承担任何法律责任。对于已经履行的煤矿安全行政执法行为，如果被有权机关依法确认为无效，执法相对人据此取得的权益应当依法收回，所承担的义务应当解除，所遭受的损失应当得到赔偿。

生效，是指煤矿安全行政执法行为因符合特定条件而开始产生形式效力的状态。生效是煤矿安全行政执法行为自身运行进程中的一个关键环节，对煤矿安全行政执法机构和煤矿安全行政执法相对人都具有十分重要的意义。对于煤矿安全行政执法机构和煤矿安全行政执法相对人来说，煤矿安全行政执法行为生效的时间是不一样的，这也是生效能成为煤矿安全行政执法行为效力的一种独立形态的原因。对于煤矿安全行政执法机构来说，煤矿安全行政执法行为一旦作出即对煤矿安全行政执法机构自身产生形式上的效力，也即煤矿安全行政执法行为的成立与生效是完全一致的；但是，对于煤矿安全行政执法相对人来说，煤矿安全行政执法行为的成立并不会立即导致对其产生效力，只有在行政执法相对人知悉该行政执法行为以后才会对其产生形式效力。由此可见，煤矿安全行政执法行为效力的产生，在煤矿安全行政执法机构与煤矿安全行政执法相对人之间总是存在着一定的时间差的。这就要求煤矿安全行政执法机构要谨慎运用行政执法权，严肃、规范实施行政执法行为，依法履行告知等义务。

有效，是指已经生效的煤矿安全行政执法行为因符合法定要件而具备实质效力的状态。已经生效的煤矿安全行政执法行为具有形式效力，但是并不一定具有实质效力，也即生效的煤矿安全行政执法行为并不一定都有效，只有符合法定条件的煤矿安全行政执法行为才会成为有效的煤矿安全行政执法行为，否则，就有可能被行政执法相对人通过法定救济途径或者有权机关通过法定手段予以推翻。一般来讲，合法有效的煤矿安全行政执法行为应当同时具备主体合法、权限合法、内容合法和程序合法等四个要件，缺少任一要件都不是合法有效的煤矿安全行政执法行为。需要指出的是，一些不完全具备有效要件的煤矿安全行政执法行为，如果执法相对人在法定时效届满时未提出救济请求的，除了无效的行政执法行为以外，一般应视为有效。应当说，有效的行政执法行为是煤矿安全行政执法机构所积极追求的一种状态，因为只有有效的行政执法行为才能体现出行政执法行为的严肃性，才能真正实现行政执法的目的，才能树立和维护煤矿安全行政执法机构的执法权威。

失效，是指由于某些主、客观原因的出现或发生，使已经生效的煤矿安全行政执法行为不产生实质效力或产生后归于消灭的状态。所以，失效又可称作煤矿安全行政执法行为效力的“终止”或“消灭”。失效既包括煤矿安全行政执法行为形式效力的丧失，也包括煤矿安全行政执法行为实质效力的消灭。根据失效的具体原因的差异性，失效的表现形式有客观失效和主观失效两种。客观失效是由某些客观事实的出现而引起的煤矿安全行政执法行为的失效，具体表现为煤矿安全行政执法行为因内容的实现、对象的不存在或所附条件的满足等而失效。比如，煤矿安全行政执法机构依法对煤矿企业存在的安全生产违法行为作出罚款的行政处罚，因煤矿企业严格按要求缴纳了罚款而导致其效力的自然消灭；主观失效则是因有权机关的撤销、废止或变更而引起的煤矿安全行政执法行为的失效。比如，上级煤矿安全行政执法机构依照法定职权和程序撤销下级煤矿安全行政执法机构所做的已经生效的煤矿安全违法行政行为，使下级煤矿安全行政执法机构所做的煤矿安全违法行政行为丧失效力。

第二节　现场检查

一、现场检查的目的

现场检查是煤矿安全日常行政执法活动中最为常见的行政执法行为，

也是最为重要的行政执法行为。一般来说，煤矿企业具有独立组织生产、进行管理的权力，只要不违反包括煤矿安全生产方面的相关法律法规的规定和要求，煤矿安全行政执法机构是不会对其生产活动进行干预的。但是，煤矿安全行政执法机构如何才能了解和掌握煤矿企业实际的安全生产情况呢？重要的途径就是对煤矿企业的生产活动现场进行定期或不定期的检查。所以，煤矿安全行政执法机构对煤矿企业生产活动情况进行现场检查的目的，就是按照行政执法职责及时了解和掌握煤矿企业在生产活动中遵守安全生产相关法律法规及技术标准的实际情况，督促煤矿企业认真落实相关安全生产制度和要求，确保生产安全，努力避免生产安全事故的发生。

根据现场检查的目的，我们可以得知，现场检查是煤矿安全行政执法机构必不可少的行政执法行为，是履行好煤矿安全行政执法职责的重要方式。没有以现场检查中掌握的事实为基础，煤矿安全行政执法机构就不可能正确实施现场处理、行政处罚、行政强制等其他行政执法行为。

由此可见，在煤矿安全行政执法活动中，每一个煤矿安全行政执法人员都要高度重视现场检查工作，都要按照检查方案和工作分工，认真检查煤矿企业生产现场安全情况，为全面履行好煤矿安全行政执法职责奠定坚实的基础。

二、现场检查的特征

在煤矿安全行政执法活动中，现场检查具有以下特征。

（一）行政性

现场检查是煤矿安全行政执法机构及其执法人员依法实施的行政执法行为，是行使行政权力的行为，具有典型的行政性。因此，并不是任何单位、任何人都可以随随便便地对煤矿企业进行现场检查的。煤矿安全行政执法机构要组织实施行政执法权，首先要取得相关法律法规明确的授权，煤矿安全行政执法人员要实施行政执法行为，也要依法先取得行政执法资格，并持有相应的执法证件。所以，现场检查应当由具有行政执法权的煤矿安全行政执法机构组织具备相应执法资格的执法人员或委托相关专业机构及专业人员依法实施。

（二）主动性

这是由行政执法行为的特性所决定的，一般来说，现场检查是煤矿安全行政执法机构及其执法人员依照法定职责主动实施的行政执法行为，它不以煤矿企业、煤矿安全中介机构等执法相对人的申请或要求为前提。煤矿安全行政执法机构及其执法人员只有积极主动地实施现场检查活动，才能及时掌握煤矿企业实际生产安全状况，也才能有效履行好煤矿安全行政执法职责。

（三）多样性

煤矿安全行政执法机构及其执法人员组织开展现场检查活动的方式是灵活多样的，既可以是全面检查，也可以是专项检查；既可以检查人的行为、物的状态，也可以检查安全组织管理情况；既可以用观察的方式进行检查，也可以用仪器仪表检测的方式进行检查。总之，只要是有助于准确判断煤矿企业现场安全生产状况，且符合相关法律法规的规定，即是执法人员可以采用的现场检查方式。

（四）专业性

这是煤矿安全生产活动的专业性所决定的，一方面，煤矿安全行政执法人员要具备相应的专业技术知识，否则难以发现煤矿企业实际生产活动中存在的安全方面的问题；另一方面，煤矿安全行政执法人员要学会熟练操作风表、瓦斯检测仪、温度感应器等等专用的检测检验仪器仪表，结合现场情况使用相应的仪器仪表进行检测检验，并记录检测检验结果数据。这就要求煤矿安全行政执法人员重视相关专业知识的学习，学会操作各种专用仪器仪表，不断提高自身专业能力和业务水平，努力做一个合格的行政执法人员。

三、井工煤矿现场检查的主要内容

对井工煤矿的现场检查，应当结合执法工作实际，主要围绕下列内容进行。

（一）主体资格

这里所说的主体资格是煤矿企业及其有关人员应当具备的安全生产相关资格，不具备相关资格，煤矿企业及其有关人员就不能从事煤炭生产活动。按照相关法律法规的规定，煤矿企业要组织煤炭生产活动，煤矿企业应当取得采矿许可证、安全生产许可证、工商营业执照，上述证照不仅要齐全，而且都要在有效期限内，否则，煤矿企业就不能组织生产活动。同时，煤矿企业的相关人员也要取得相应的资格证，否则将承担相应的法律后果。比如，特种作业人员要取得特种作业操作证，其他从业人员要经安全培训考核合格，否则不得上岗。

另外，煤矿企业还要进行矿井瓦斯等级鉴定、矿井生产能力确认、煤尘爆炸性鉴定和煤层自燃性鉴定，并持有相应的鉴定核定结果。煤矿企业应当按照经过鉴定的瓦斯等级采取相应的瓦斯治理措施，特别是突出矿井，要制定并严格落实区域和局部综合防突措施。煤矿企业应当按照确认的生产能力组织采掘活动，严禁超能力生产。对于经鉴定煤尘具有爆炸性的，煤层具有自燃性的，要采取相应的防治措施。

（二）机构设置

所有煤矿企业除了根据需要设置生产、技术管理机构外，都必须按规定设置安全生产管理机构，并配备适应工作需要的安全生产管理人员和装备，这是煤矿企业抓好安全生产工作的重要前提和基本要求。当然，仅仅有了机构和能满足工作需要的专业人员还不够，还要有有效的工作运行机制，只有这样，煤矿安全生产工作才能落到实处，才能抓出成效。

（三）人员配备

煤矿企业必须配备具有煤炭生产相关专业和实践经历的管理团队。煤矿必须配备矿长、总工程师（或技术负责人）和分管安全、生产、机电的副矿长，以及负责采煤、掘进、机电运输、通风、地质测量等工作的专业技术人员。矿长、总工程师和分管安全、生产、机电的副矿长严禁在其他煤矿兼职；专业技术人员必须具备煤炭生产相关专业中专以上学历或注册安全工程师资格，且有3年以上井下工作经历。

（四）制度建设

煤矿企业应当建立健全安全生产责任制、安全目标管理制度、安全办公会议制度、安全投入保障制度、矿领导下井带班制度、安全检查制度、事故隐患排查治理制度、安全质量标准化建设管理制度、安全技术措施及作业规程审批制度、矿用设备器材使用管理制度、事故应急救援制度、入井检身与出入井人员清点制度、安全奖惩制度等安全生产管理制度。制度的制定既要符合相关法律法规的要求，又要结合煤矿的实际安全生产工作需要。制度制定出来后，要重在落实，务必使每项制度都发挥出应有的作用。制度要随着相关法律法规的立、改、废和安全生产实际情况的变化，及时进行修改和完善。

（五）通风管理

煤矿矿井必须采用机械通风，主要通风机和局部通风机选型符合通风设计和供风标准，主要通风机必须安装在地面并符合相关要求，局部通风机的设备要齐全并进行吊挂或垫高。煤矿矿井必须有完整的独立通风系统，每一水平、每一翼必须有进、回风道并构成通风系统；矿井生产水平和采区要实行分区通风，采区进、回风巷必须贯穿整个采区，严禁一段进风、一段回风。煤矿矿井的通风能力要与通风网络的通过能力相匹配，矿井、采区的通风能力要能满足生产需求；井下通风巷道要畅通，净断面能满足通风、行人、运输和设置安全生产设施的需要；矿井井巷中各地点风流速度和采掘工作面、硐室的供风量要符合相关规定。煤矿井下风门、密闭、风窗、风桥等通风设施设置合理、构筑规范、管理到位，能满足通风要求；矿井每一进风和回风井都要建立永久测风站并符合相关要求。煤矿矿井盲巷必须切断电源，撤出设备，设置栅栏或进行密闭并揭示警标。

（六）瓦斯治理

煤矿矿井必须按要求进行瓦斯等级鉴定。煤矿矿井采煤工作面或掘进工作面用通风方法解决瓦斯问题不合理的、矿井绝对瓦斯涌出量达到规定条件的或者开采有煤与瓦斯突出危险煤层的，要建立地面永久抽放瓦斯系统或井下临时抽放瓦斯系统，并实行先抽后采。煤矿必须建立并严格执行瓦斯检查制度，井下所有作业地点和容易积聚瓦斯的地点，应当定人、定时巡回检查瓦斯，严禁瓦斯超限作业。煤矿瓦斯检查员必须持证上岗，瓦斯检查记录做到“三对口”“三签字”，对瓦斯异常情况及时按规定进行处理。煤矿瓦斯检查仪的数量、种类应当符合相关要求，瓦检仪必须定期校验，在用瓦检仪必须完好。煤矿突出矿井必须按要求加强煤与瓦斯突出防治工作。

（七）火灾防治

煤矿矿井必须制定井上、井下防灭火制度及相关措施。煤矿矿井应当设有地面消防水池，井下消防管路系统应当完善可靠。煤矿井口房和通风机房附近20米内不得有烟火或用火炉取暖；煤矿木料场、矸石山、炉灰场距离矿井进风井不得小于80米，木料场距离矸石山不得小于50米。煤矿应当建立并严格执行入井检身制度，严禁入井人员携带烟草、点火物品或者穿着化纤衣服。煤矿井口房、通风机房、绞车房、矿灯房应当按照规定配备灭火器；煤矿井下爆炸材料库、机电设备硐室、检修硐室、材料库、井底车场、使用带式输送机或液力偶合器的巷道以及采掘工作面附近的巷道中，必须按照规定配备灭火器、沙箱。煤矿矿井开采容易自燃及自燃煤层或者自燃发火严重的，应当制定并严格落实综合预防自燃发火措施。煤矿矿井应当按要求加强火区管理。

（八）粉尘防治

煤矿矿井应当建立健全粉尘防治管理制度，每年编制综合防尘措施、预防和隔绝煤尘爆炸措施。煤矿矿井必须建立完善的防尘供水系统；矿井主要进、回风巷道，采区进、回风巷道，采掘工作面、掘进巷道的进、回风流中，均要设置防尘管路及能封闭巷道全断面的水幕；井下煤仓放煤口、溜煤眼放煤口、输送机转载点等地点要安设喷雾洒水装置，采掘机械要有完好的喷雾洒水装置；没有防尘供水管路的采掘工作面不得组织生产。开采有煤尘爆炸危险煤层的矿井，必须有预防和隔绝煤层爆炸的措施；矿井每周应当至少检查1次煤尘隔爆设施的安装地点、数量、水量或岩粉量及安装质量是否符合要求。矿井岩巷、半煤岩巷的掘进作业应当采用湿式打眼，爆破使用水炮泥。煤矿应当建立冲刷巷道制度，定期冲刷矿井巷道积尘，矿井主要进风巷每月至少冲刷一次积尘，采区巷道每月清扫一次积尘。煤矿应当为每个矿井配备能够满足防尘工作需要的测尘仪表。

（九）机电管理

煤矿企业除年产量6万吨以下的生产矿井可以用备用电源外，其他所有生产矿井须有来自区域变电所或发电站的两回路电源。煤矿井上下供电必须分开，严禁由地面中性点接地的变压器或发电机直接向井下供电；严禁井下配电变压器中性点直接接地。煤矿井下配电网应装设过流、短路保护装置；井下应有完善的接地网。煤矿井下机电设备硐室的支护和配套设施的配备要符合相关要求。煤矿井下用电缆、电气设备应当符合煤矿用安全要求。煤矿应当建立健全机电设备管理规章制度并认真予以执行。煤矿井下不能带电检修、搬迁电气设备、电缆等；非专职人员或非值班电气人员不得擅自操作电气设备。煤矿井上下、矿内外和重要场所电话通讯应当齐全可靠。煤矿应当对矿灯进行集中统一管理，并保证完好的矿灯能够满足生产活动需要。

（十）提升运输管理

煤矿矿井提升运输各项管理制度、岗位责任制、各工种的操作规程应当齐全完整并上墙。煤矿立井、斜井提升系统应当装设欠电压保护、过电流保护、过卷保护，通信信号应当符合要求，信号与控制回路闭锁；立井提升装置的过卷高度和过放距离符合相关规定；斜井提升“一坡三挡”设施应当完善、可靠，矿车之间的连接、矿车与钢丝绳之间的连接能够避免自行脱落并加装有保险绳；斜井上下车场及中间通道必须使用声光行车报警并有“行车不行人”的醒目标志；斜井上下坡口应有照明灯；提升斜井必须有转动灵活的滚。煤矿矿井平巷运输时，采用人力推车的巷道坡度，推车数量、间距应当符合相关规定，杜绝放飞车现象。矿井平巷采用人车运送人员时，每班发车前应当检查各车的连接装置、轮轴和车闸等；严禁同时运送有爆炸性的、易燃性的或腐蚀性的物品，或附挂物料车；列车行驶速度不得超过 4 米/秒；人员上下车地点应有照明，架空线必须安设分段开关或自动停送电开关，人员上下车时必须切断该区段架空线电源；双轨巷道乘车场必须设信号区间闭锁，人员上下车时，严禁其他车辆进入乘车场。煤矿提升，运输机械的使用、安装和运行应当符合相关要求；提升绞车要有深度指示器，防护设施、保护装置齐全完好；主要提升装置配有正、副司机；斜巷跑车防护装置、窄轨机车制动距离、斜坡运输车辆连接器静拉力按规定进行试验，并有完整的测试记录和试验报告；胶带输送机应当使用阻燃胶带，有打滑、断带、堆煤、跑偏、温度及烟雾保护，有自动洒水装置，输送机机头有防护栏，机尾有护罩，行人需跨越处设过桥，输送机机头机尾固定牢靠；刮板输送机液力耦合器，应当使用水（或耐燃液）介质，使用合格的易熔塞和防爆片；矿井应当按规定对提升绞车、钢丝绳、连接装置等定期检查维护；矿井运输机车或列车必须前有照明，后有红灯，机车警铃或警笛应当齐全完好，撒砂装置正常，刹车装置灵活可靠。

（十一）采掘管理

煤矿生产矿井必须有两个能行人的通达地面的安全出口；生产水平、采区及采煤工作面必须有两个以上便于行人的、畅通的安全出口；井巷巷道断面符合相关规定；采区巷道高度符合相关要求，巷道布置合理，系统畅通。矿井采煤工作面回采作业和掘进工作面作业管理应当符合回采和掘进作业规程的规定。煤矿井下所有巷道必须按规定进行支护，支护方式、支护材料和支护质量要符合相关要求，有科学依据确定巷道不设支护时，必须制定安全措施。煤矿井下采掘工作面最大控顶距离应当符合作业规程规定；采煤工作面所有安全出口与巷道连接处 20 米范围内，必须加强支护；采煤工作面和掘进工作面应当及时支护，严禁空顶作业。矿井巷道检修应当编制安全措施并严格按措施作业；井下倾角大于 25 度小眼、煤仓上口、溜煤眼上口、人行道、上山、下山的上口必须设有防止人员坠落的设施并设置扶手、梯道。煤矿矿井严禁超层越界组织开采。

（十二）水害防治

煤矿矿井井口和工业广场应设置在高于历史最高洪水水位的地方，井口位置要避免受到山洪、泥石流、滑坡等自然灾害影响；矿井井田范围内不应当存在河流堵塞及非法占用河道情况。煤矿矿井水文地质复杂的要配备防治水机构或人员，并按照规定设置防治水设施和配备有关技术装备。煤矿应当编制中长期防治水规划和年度防治水计划，并建立相关岗位责任制。煤矿应当开展矿区附近地面水流系统的汇水、流水能力以及矿区范围内老窑积水的调查工作；煤矿应当有防止井田范围内塌陷区内外积水溃入井下的安全技术措施；矿井进行“三下”采煤时应当严格按照设计规范实施。煤矿矿井应当分设有主副水仓，且有效容量能满足 7 小时正常涌水量；矿井必须有工作、备用和检修的水泵，并设置有工作和备用两趟水管，水泵和工作水管的能力应当符合相关要求。煤矿井下组织采掘作业，必须坚持“有疑必探、先探后掘”探放水原则；井下发现突水预兆应当停止作业、采取措施、立即汇报和立即发出撤人警报。煤矿存在突水危险的矿井，必须按相关规定设置防水闸门。煤矿井下严禁开采隔水煤柱，严禁采用危及相邻煤矿生产安全的决水等危险方法进行采矿作业。

（十三）爆破管理

煤矿企业应当建立健全爆破材料领退、销毁、运输、丢失处理等各项规章制度，并予以严格执行。煤矿爆炸材料的贮存应当符合相关规定。煤矿用人力运送爆炸材料时，爆炸材料应当装在非金属容器内，并严禁将电雷管和炸药装在同一容器内或将爆炸材料装在衣袋内；电雷管应当由爆破工运送。在矿井井筒内运送爆炸材料时，应当分开运送电雷管和炸药；交接班、人员上下井时间内不得运送爆炸材料；严禁将爆炸材料存放在井口房、井底车场或其他巷道内。煤矿井下爆破作业应当使用煤矿许用炸药和电雷管。煤矿作业场所应当使用专用放炮器、专用爆破母线；放炮发爆器的把手、钥匙或电力起爆器接线盒的钥匙应当由爆破工随身携带。煤矿井下放炮作业，应当使用水炮泥，并严格执行“一炮三检”“三人联锁”等制度，严禁明火明电放炮。

（十四）劳动保护

煤矿企业必须为所有煤矿从业人员免费提供符合要求的工作服、水鞋、安全帽、防尘口罩、自救器等劳动保护用品。所有煤矿必须按规定建设完善井下安全避险“六大系统”，即监测监控系统、人员定位系统、紧急避险系统、压风自救系统、供水施救系统和通信联络系统，并达到“系统可靠、设施完善、管理到位、运转有效”的要求。煤矿采掘作业点都要采取粉尘防治措施，并定期组织从业人员进行职业健康检查，加强尘肺病防治工作。煤矿企业应当为所有从业人员办理工伤保险。

四、露天煤矿现场检查的主要内容

对露天煤矿的现场检查，应当结合执法工作实际，主要围绕下列内容进行：煤矿是否按照相关要求设立安全管理机构并配备管理人员，建立健全安全管理规章制度并严格予以执行。煤矿是否根据采用的开采工艺和设备编制作业规程和各工种安全技术操作规程，并严格贯彻执行。煤矿是否按照相关规定组织采剥作业，采场挖掘机采装的台阶高度是否符合规定；采场最终边坡台阶坡面和边坡角是否符合最终边坡设计要求，对边坡稳定性是否定期进行分析和评价；最小工作平盘宽度，能否保证采掘、运转设备安全运行和供电线路、电信线路、供水管路、排水沟的正常布置；挖掘机、装载机、推土机和穿孔机等机械设备的使用是否符合有关规定。煤矿爆炸材料的购买、运输、贮存、使用和销毁以及爆炸材料库的设置是否符合有关规定。煤矿铁路运输是否严格遵守相关规定，铁路的建设、使用和保养维护是否符合相关要求，铁路运输设备是否定期检修和保养，各种信号机及表示器在正常情况下的显示距离是否符合要求。煤矿采用汽车运输的，矿山汽车道路高度、宽度、坡度等是否符合相关规定，矿内各种汽车道路弯度、坡度、危险地段是否设置反光路标和限速标志，工作面装车是否符合规定，卸料平台是否有信号、安全标志、照明和足够的调车宽度，道路是否洒水降尘。煤矿采用带式输送机运输的，其保护装置是否齐全、可靠，运行、维修是否符合相关规定。煤矿排土场卸载区是否有通信设施或联络信号，夜间是否有照明。煤矿是否建立健全防、排水制度，防、排水设备设施是否完善、可靠。煤矿是否制定地面和采场内的防火措施并严格执行，有自燃发火倾向的煤层是否建立防灭火系统。煤矿电气设备的操作、维护和调整是否符合相关规定。煤矿易受雷电袭击的建筑物，是否装设防雷电装置。

五、现场检查的方式

在煤矿安全行政执法活动中，煤矿安全行政执法人员可以采用的现场检查方式有很多种，常见的现场检查方式主要有查看、询问、检测、抽验、调阅、查问相关人员，以及参会等。根据每次执法活动具体内容的不同，实际采用的检查方式也会有所差别，上述方式也只是基本的检查方式，执法人员应当在执法实践中不断学习总结各种检查方式并予以灵活运用。根据执法工作需要，各种现场检查方式可以单独使用，也可以结合在一起使用。

（一）查　看

查看是一种运用最为频繁的现场检查方式，这里所称查看就是指煤矿安全行政执法人员检查、观察煤矿实际生产活动现场，以确定煤矿企业在组织生产活动中是否严格遵守安全生产相关法律法规、标准规定要求的活动。在煤矿安全行政执法活动中，煤矿安全行政执法人员可以查看煤矿企业与生产活动有关的所有现场的情况，包括生产系统布局情况、安全生产监测监控系统等有关安全保障设施的建设和使用情况、生产作业人员的作业过程、生产设备的配备及使用情况、生产作业环境的状况等。当然，根据执法活动具体任务的不同，每次执法活动查看的侧重点可以有所不同。

（二）询　问

现场检查中的询问就是煤矿安全行政执法人员通过与煤矿企业管理人员或现场作业人员进行交谈，以了解有关安全生产事项真实情况的活动。询问是煤矿安全行政执法活动中比较灵活方便的现场检查方式，不受场地、时间等的限制。通过询问，执法人员可以了解到肉眼观察不到的情况和非现场时间段里的有关情况，以便全面、准确判断现场安全生产有关情况。当然，执法人员在询问时应当注意把握好询问对象提供情况的可信程度。

（三）检　测

检测就是煤矿安全行政执法人员对一些肉眼无法观察到的物质和现象运用现代仪器仪表进行检查测定，以确定其是否符合相关要求的活动。检测是运用现代先进的科技手段开展现场检查活动的具体表现，也是煤矿安全行政执法活动中运用较为普遍的现场检查方式。现场检测的最大优点，就是能够在煤矿生产活动现场迅速确定一些有毒有害气体及其他危险因素的变化情况，准确判断出现场安全生产状况。比如，在煤矿安全行政执法活动中，执法人员运用现代仪器仪表，可以当场检测确定生产作业现场空气中瓦斯、CO（一氧化碳）等有毒有害气体的含量，并据此判断出生产现场的实际安全生产状况。需要注意的是，运用检测方式进行现场检查时，所使用的仪器仪表本身要符合要求，否则，检测出的数据不一定准确、可靠。

（四）抽　验

抽验就是煤矿安全行政执法人员从矿灯、灭火器等数量比较多的检查对象中抽取一部分进行检查验证，以确定其是否符合相关要求的活动。抽验一般适用于煤矿生产活动中使用数量比较多的检查对象，比如矿灯、灭火器、自救器、防爆开关、火工品、劳保用品等等，因为执法人员不可能对这些数量比较多的检查对象全部进行检查，所以，只能采取随机的方式抽取一部分进行检查验证，只要抽取部分经检查验证后符合相关要求就认定所有检查对象符合要求。

（五）调　阅

调阅就是煤矿安全行政执法人员在现场调取与安全生产有关的书面材料并阅读了解有关内容的活动。调阅是一种十分重要的现场检查方式，通过调阅相关资料，执法人员可以比较全面、准确地判断出一定时期内煤矿企业的真实安全生产状况。调阅资料的范围是十分广泛的，凡是与安全生产活动有关的书面材料，执法人员都可以调阅，煤矿企业及其相关人员应当如实提供。执法人员调阅资料要细致，要通过阅读有相互联系的不同材料，检查和发现存在的问题，并养成一边阅读一边记录所发现问题的习惯。调阅资料要注意甄别资料的真伪，对需要提取的资料要及时复印留存或办理提取原件手续。

（六）查　问

这里所称查问专指煤矿安全行政执法人员就现场发现的有关问题检查盘问相关人员，或者针对特定人员掌握相关安全生产知识情况进行检查提问的活动。查问不同于询问，询问的目的是了解有关情况，所以，询问是双向性的交流活动；而查问的目的是查明有关问题了解特定人员掌握相关安全生产知识的情况，所以，查问是单向性的活动，在查问过程中，执法人员是提出问题者，被查问人是回答问题者，被查问人必须如实回答执法人员提出的问题。在现场检查过程中，当执法人员发现现场存在重大安全生产问题时，应当及时仔细查看现场并查问相关人员，以查明有关情况，为后续执法措施的顺利实施做好充分准备。在查问过程中，当就特定人员掌握相关安全生产知识情况进行检查提问时，提出的问题应当有针对性，比如，要求煤矿领导回答的问题和要求现场作业工人回答的问题的侧重点应当有所不同，向不同岗位作业人员提出的问题也应当有所差异，否则，查问的目的难以达到。

（七）参　会

参会，顾名思义就是参加会议。这里所称参会特指煤矿安全行政执法人员现场参加煤矿召开的有关安全生产会议，借以了解其有关安全生产工作情况的活动。这里所说的会议既可以是全矿性的安全生产工作会议，也可以是部门性的安全生产分析会议。通过参加煤矿有关安全生产会议，执法人员可以较为全面地了解煤矿重视安全生产的程度、安全管理状况和安全生产方面存在的突出问题。当然，执法人员不能仅仅通过参加会议来对煤矿企业的安全生产情况下结论，会议上了解到的情况，还要通过其他现场检查方式予以进一步核实。需要注意的是，执法人员参加煤矿有关安全生产会议，不能影响煤矿正常的工作秩序。

第三节　现场处理

一、现场处理的性质

根据行政处罚法、煤矿安全监察条例等相关法律法规的规定，这里所谓现场处理，又称为现场处理决定，它是指煤矿安全行政执法机构在对煤矿企业生产活动现场进行检查过程中，针对发现的安全生产问题，责令煤矿企业及其现场作业人员为或者不为一定行为的非处罚性行政执法活动。

从上述关于现场处理的定义可知，现场处理是一种与行政处罚、行政强制等行政执法行为相并列的独立煤矿安全行政执法行为。所以，在煤矿安全行政执法活动中，我们既不能用现场处理替代行政处罚、行政强制等其他行政执法行为，也不能用行政处罚、行政强制等其他行政执法行为替代现场处理，当需要作出现场处理的时候，应当根据相关法律法规的规定作出现场处理。当然，在实际执法活动中，现场处理可以与行政处罚或行政强制等其他行政执法行为结合使用。

那么，现场处理的价值在哪里呢？事实上，当我们开展煤矿安全行政执法活动的时候，并不是所有在煤矿企业生产活动现场发现的违法违规行为或事故隐患都应当给予行政处罚或行政强制，对有些情节轻微、危害不大的违法违规行为或事故隐患，只要责令煤矿企业及其从业人员停止实施该违法违规行为或采取相应措施消除事故隐患即能实现执法的目的，这时，煤矿安全行政执法机构所应当采取的行政执法措施就是现场处理，这就是现场处理的独立价值之所在。现场处理措施的存在，有效避免了煤矿安全行政执法活动中的空白点。同时，通过采取现场处理措施，既能及时有效制止现场检查中发现的违法违规行为、消除事故隐患，又没有对煤矿企业及其从业人员实施惩罚，有效减缓了煤矿安全行政执法机构与执法对象之间的对立紧张情绪，往往能够取得较好的执法效果。需要强调的是，虽然现场处理不是一种惩罚，但是，煤矿安全行政执法机构依法作出的现场处理决定，煤矿企业及其从业人员必须严格按要求予以执行，否则煤矿安全行政执法机构可据此采取相应的行政处罚措施。

二、现场处理的特征

在煤矿安全行政执法活动中，现场处理具有以下特征。

（一）现场性

现场处理的现场性体现在两个方面，一是现场处理所针对的安全生产问题，是煤矿安全行政执法人员在对煤矿企业生产活动现场进行检查过程中发现或核实的问题，而不是未经现场核实的煤矿企业主动汇报的问题或其他煤矿安全生产有关单位提供的问题；二是现场处理一般应当当场作出。当然，现场处理的现场性并不是说煤矿安全行政执法机构必须在煤矿企业生产活动现场当场制作作出现场处理决定的执法文书并交付当事人，在实际执法活动中，执法人员可以先行作出口头现场处理决定，事后再补做现场处理执法文书。事实上，煤矿安全行政执法人员在对煤矿企业生产现场进行检查过程中，不可能每发现一个安全生产问题就当场下达一份执法文书，煤矿井下生产现场不具备这个条件，也没有这个必要，待现场检查结束后统一补做执法文书即可。

（二）非惩罚性

根据行政处罚法、煤矿安全监察条例等相关法律法规的规定，煤矿安全行政执法机构及其执法人员在对煤矿企业进行现场检查过程中作出的现场处理决定不是行政处罚，更不属于行政处罚的种类，这是现场处理最容易引起误解的地方。行政处罚的特点是让当事人承受额外的负担，以示惩戒；而现场处理只是按照煤矿安全相关法律法规的规定责令当事人为或不为一定行为，而这些行为本来就是煤矿企业及其从业人员应当为或不为的行为，也即在现场处理过程中，作为当事人的煤矿企业及其从业人员没有承受额外的负担，而只是被要求做他们本来就应当做的事情，事实上，就是一个纠偏的过程。

（三）命令性

虽然现场处理不属于行政处罚，但是，现场处理是煤矿安全行政执法机构及其执法人员依法作出的一种行政命令，具有强制性，所以，煤矿企业及其从业人员必须严格按要求予以执行，而没有任何讨价还价的余地。如果煤矿企业及其从业人员不执行煤矿安全行政执法机构及其执法人员依法作出的现场处理决定，煤矿安全行政执法机构即可据此作出行政处罚决定，促使他们予以执行。

（四）迅捷性

现场处理的迅捷性，主要体现在两个方面，一是现场处理可以当场口头作出，命令传达非常直接、迅捷，没有更多的中间传递环节；二是现场处理在及时制止煤矿安全违法违规行为或排除事故隐患方面，由于一般都是要求立即整改或在比较短的期限内进行整改，能够立即或在一定期限内见到效果，相对来讲，效果来得比较快。迅捷性是现场处理的显著优势之所在，比如，当煤矿安全行政执法人员在现场检查过程中，发现煤矿企业生产活动现场有重大事故隐患无法保证生产安全的，应当责令现场从业人员全部立即从危险区域撤出，及时有效避免事故的发生。

（五）多样性

现场处理的多样性主要体现在现场处理的形式上。根据煤矿安全相关法律规范的规定，在煤矿安全行政执法过程中，现场处理有责令立即改正、责令限期改正、责令立即排除事故隐患、责令限期达到要求、责令停止违法行为、责令撤出作业人员、责令停止作业等多种形式。现场处理形式的多样性是由现场处理的主要目的所决定的，现场处理的主要目的是及时制止安全生产违法行为或消除事故隐患，而安全生产违法行为或事故隐患的表现形式是多种多样的，所以，与此相对应，为了保证现场处理的针对性和效果，现场处理的形式也是多种多样。各种现场处理形式都可以单独适用，也可以合并适用，关键是要能实现现场处理的目的。

三、现场处理的形式

在煤矿安全行政执法活动中，常见的现场处理形式有以下几种。

（一）责令立即改正

在煤矿安全行政执法活动中，责令立即改正是使用较为频繁的一种现场处理形式，适用的范围也比较宽。责令立即改正就是责令煤矿安全行政执法相对人立即纠正安全生产违法行为。比如，煤矿安全行政执法人员在现场检查中发现煤矿企业管理人员强令工人违章冒险作业的，应当责令立即改正。在实际执法活动中，责令立即改正的具体内容要根据违法行为的具体表现形式来确定。当然，责令立即改正主要针对的是能够而且必须立即纠正的违法行为，如果违法行为根本不可能立即纠正，而是需要一定期限才能纠正完毕，那就不应当作出责令立即改正的现场处理决定，而应当采取其他的现场处理形式。如果煤矿安全行政执法相对人被下达责令立即改正的行政执法指令，那他就应当立即纠正违法行为。责令立即改正的现场处理决定，一般由行政执法人员在现场口头当场下达，随后再补做行政执法文书。

（二）责令限期改正

责令限期改正就是责令煤矿安全行政执法相对人在规定的期限内纠正安全生产违法行为。比如，煤矿安全行政执法人员在现场检查中发现煤矿井下爆破作业过程中没有使用专用放炮器的，应当责令煤矿企业在规定的期限内购买配备专用放炮器。责令限期改正在煤矿安全行政执法活动中是一种最为常见的现场处理形式之一，有些违法行为应当且能够立即改正，但是，绝大多数安全生产违法行为需要一定的时间才能纠正完毕。比如，煤矿企业特种作业人员的数量不能满足正常生产活动需要、煤矿井下正常使用的某段巷道的支护不符合相关要求等，这些违法行为的纠正都需要一定的时间才能完成，这时，煤矿安全行政执法机构就可以作出责令限期改正的现场处理决定，指令行政执法相对人在规定的期限内纠正安全生产违法行为。

（三）责令立即排除隐患

责令立即排除隐患就是责令煤矿安全行政执法相对人立即排除存在的安全生产事故隐患。比如，煤矿安全行政执法人员在现场检查中发现煤矿井下掘进工作面顶板有活矸的，应当责令现场作业人员立即排除。也许有人会觉得责令立即排除隐患与责令立即改正似乎是一回事，没有必要区分为两种独立的现场处理形式。事实上，责令立即排除隐患与责令立即改正之间有着本质上的区别，不能混为一谈。责令立即改正针对的是的安全生产违法行为，违法行为因为违反了相关法律法规的规定，受到了否定性的法律评价，所以必须改正，从错误的行为纠正到合法的行为上来。而责令立即排除隐患针对的则是现场存在的事故隐患，事故隐患是一种事物的状态，是煤矿生产活动中必然会伴随出现的一种事物状态。比如，放炮后采掘工作面顶板出现活矸、采煤过程中涌出瓦斯等，本身没有合法与违法之分，只要煤矿企业及其从业人员及时按照相关法律法规和技术标准的规定和要求予以排除，有效避免事故的发生即可。这就是责令立即排除隐患能够以一种独立的现场处理形式存在的原因之所在。当然，如果煤矿企业及其从业人员没有按照相关要求排除事故隐患即组织生产作业或者被煤矿安全行政执法机构及其行政执法人员责令排除事故隐患后拒不排除，事故隐患的存在会导致煤矿安全生产违法行为的产生。与责令立即改正一样，责令立即排除隐患的现场处理决定所针对的事故隐患是能够而且必须立即排除的事故隐患，如果事故隐患根本不可能立即排除，就应当采取其他的现场处理形式。对于责令立即排除隐患的行政执法指令，煤矿安全行政执法相对人应当立即执行。

（四）责令限期排除隐患

责令限期排除隐患就是责令煤矿安全行政执法相对人在规定的期限内排除存在的安全生产事故隐患。比如，煤矿安全行政执法人员在现场检查中发现煤矿井下回采工作面回风顺槽底鼓严重，巷道变形，不能满足安全通风、行人需要的，应当责令煤矿在规定期限内予以治理，排除隐患，防止巷道堵塞。责令限期排除事故隐患也是一种运用较为频繁的现场处理形式之一，适用范围比较广泛。我们知道，在煤矿生产活动中，有些事故隐患应当且能够立即排除，但是，不少事故隐患则需要一定的时间才能彻底排除，这时，煤矿安全行政执法机构就可以作出责令限期排除隐患的现场处理决定，指令行政执法相对人在规定的期限内排除事故隐患。

（五）责令限期达到要求

责令限期达到要求就是责令煤矿安全行政执法相对人在规定期限内将不符合相关要求的安全生产设施和条件予以改进和治理，使其符合相关要求。比如，煤矿安全行政执法机构及其行政执法人员在现场检查中发现煤矿矿井通风设施和条件不符合国家安全标准、行业安全标准、煤矿安全规程和行业技术规范要求的，应当责令煤矿企业限期予以改进和治理，使其达到要求。责令限期达到要求与责令限期改正之间的区别在于，责令限期改正针对的是违法行为，该行为必须彻底予以纠正；而责令限期达到要求所针对的是不符合相关要求的安全设施和条件，对这些安全设施和条件需要做的只是予以改进和治理，使其符合相关要求，而不是说设置这些安全设施和条件是错误或违法的。

（六）责令立即停止作业

责令立即停止作业就是责令煤矿安全行政执法相对人立即停止正在进行的生产作业活动，以避免危险或违法违规状态的进一步发展。比如，煤矿安全行政执法机构及其行政执法人员在现场检查中，发现煤矿井下正在进行生产作业的掘进工作面瓦斯、粉尘等有毒有害物质的浓度超过国家安全标准或者行业安全标准的，应当责令煤矿企业立即停止掘进工作面的生产作业活动，并立即予以处理，待有毒有害物质的浓度符合相关规定的要求，才能恢复作业。责令立即停止作业也是一种适用范围比较广泛的现场处理形式，只要现场检查发现煤矿作业场所的作业活动不符合相关要求或违反了相关法律法规的规定，即可责令立即停止作业，以防止事态的进一步发展。责令立即停止作业后，一般还要根据现场作业活动的具体内容，采取其他现场处理措施，所以，责令立即停止作业往往与其他现场处理措施合并适用。

（七）责令立即停止使用

责令立即停止使用就是责令煤矿安全行政执法相对人立即停止使用不符合要求的设备、器材等安全生产产品，以避免在煤矿生产活动中因此而发生事故。由于煤矿生产活动本身存在的高度危险性，国家对煤矿生产活动中使用的有关设备、器材等的安全性能提出了特殊的要求，不符合要求的安全产品严禁在煤矿生产活动中使用。煤矿安全行政执法机构及其行政执法人员在现场检查中发现煤矿企业使用不符合国家安全标准或者行业安全标准的设备、器材、仪器、仪表、防护用品的，应当责令立即停止使用，并采取更换或者修理等措施予以处理。责令立即停止作业和责令立即停止使用的区别在于，责令立即停止作业针对的是煤矿作业场所现场作业人员的作业行为，而责令立即停止使用针对的是煤矿生产活动中使用的不符合要求的安全产品，二者不能混用。

（八）责令撤出作业人员

责令撤出作业人员就是当煤矿安全行政执法机构及其行政执法人员发现威胁从业人员生命安全紧急情况时，责令煤矿安全行政执法相对人立即从危险的生产作业区域撤出作业人员，停止作业活动，以保证从业人员生命安全与健康。需要明确的是，责令撤出作业人员仅适用于煤矿作业场所存在紧急危险状态，威胁从业人员生命安全，不立即撤出作业人员就有可能发生事故灾害的情况。撤出作业人员就是将作业人员撤离存在重大紧急危险因素的工作场所；如果危险可能波及整个矿井，应当撤出井下所有作业人员，如果危险可能只波及一个工作面，则撤出该工作面作业人员即可。撤出作业人员后，煤矿企业应当立即组织排除存在的危险因素，经确定符合安全生产条件后才可恢复作业。

（九）责令暂时停止生产、停止建设、停止施工、停止使用

责令暂时停止生产、停止建设、停止施工就是责令煤矿安全行政执法相对人暂时停止规定范围内一切生产、建设、施工活动；责令暂时停止使用就是责令煤矿安全行政执法相对人在排除事故隐患过程中，为保证安全，暂时停止使用相关设施、设备。这里需要注意的是，我们不能把责令暂时

停止生产、停止建设、停止施工与责令停止生产、责令停止建设、责令停止施工混淆在一起，责令停止生产、责令停止建设、责令停止施工是一类较重的行政处罚，但责令暂时停止生产、停止建设、停止施工不属于行政处罚，而只是一种非处罚性的现场处理措施。另外，我们还要注意区分责令暂时停止生产、停止建设、停止施工与责令立即停止作业之间的区别，责令暂时停止生产、停止建设、停止施工所针对的是煤矿企业某一区域的生产、建设、施工活动或者整个煤矿企业的生产、建设、施工活动，也即被责令暂时停止生产、停止建设、停止施工时，煤矿企业的某一生产、建设、施工区域或者整个煤矿企业都不能有生产、建设、施工活动；而责令立即停止作业所针对的仅仅是煤矿企业整个生产、建设、施工活动中某一个工作环节或某一个工作场所的生产、建设、施工作业活动，煤矿企业的其他生产、建设、施工活动环节或者生产、建设、施工活动场所仍在正常运转之中。比如，某煤矿企业的某个采掘工作面瓦斯浓度超过规定的限度，必须进行处理，这时就需要进行判断，如果对这一危害的处理可能会影响到整个生产区域或者整个煤矿的安全生产，应当责令其暂时停止生产；如果对这一危害的处理不会危及其他生产场所正常的生产活动，责令其立即停止作业即可。

（十）责令关闭

责令关闭就是责令煤矿安全行政执法相对人关闭不符合要求的生产系统。这里需要明确的是，责令关闭和关闭不是一回事，关闭是一种最为严厉的行政处罚种类，而责令关闭是一种非处罚性的现场处理形式。在煤矿安全生产领域，需要作出责令关闭现场处理决定的情形只有一种，也即当煤矿安全行政执法机构及其行政执法人员发现煤矿进行独眼井开采的，应当责令关闭。对于被责令关闭的独眼井，煤矿企业应当按要求自行实施关闭。

四、现场处理的原则

煤矿安全行政执法机构及其行政执法人员作出现场处理决定，应当遵循下列原则。

（一）依法实施原则

虽然现场处理不属于行政处罚，但它是一种行政命令，按照依法行政的基本要求，现场处理应当严格按照煤矿安全相关法律法规的规定实施。煤矿安全行政执法机构及其行政执法人员作出的每一项现场处理决定，包括现场处理的内容和形式，都应当有明确的法律依据，而不能自行随心所欲地实施。另外，作出现场处理决定的煤矿安全行政执法机构应当拥有相应的行政执法权，行政执法人员应当具备相应的行政执法资格，取得行政执法证。对于煤矿安全行政执法机构及其行政执法人员作出的现场处理决定，煤矿安全行政执法相对人可以进行陈述和申辩，也可以依法提出行政复议申请或提起行政诉讼。

（二）具体明确原则

现场处理的内容必须具体而明确，不能模棱两可或没有可操作的实际内容，以便行政执法相对人执行或落实，这也是实现作出现场处理决定目的的基本要求。从煤矿安全行政执法实践看，现场处理要做到具体明确，一是要明确指出存在的问题；二是要提出具体的整改要求；三是要确定整改的期限。

（三）及时作出原则

现场处理针对的是在现场检查中发现的问题，同时，现场处理的主要目的是及时纠正安全生产违法行为或排除事故隐患，所以，现场处理应当在现场检查活动中或现场检查一结束就及时作出，也只有这样才能真正发挥出现场处理独有的效用。

（四）合并运用原则

我们知道现场处理的形式有多种，但是它们之间并不是一种非此即彼的相互排斥关系，它们之间完全可以合并运用。实际上，在煤矿安全行政执法实践中，对于现场检查中发现的违法行为或事故隐患，仅仅运用一种现场处理形式往往难以达到彻底处理的目的，而是要依靠多种现场处理形式的合并运用，才能予以彻底解决。

（五）必须复查原则

煤矿安全行政执法机构对作出的现场处理决定必须进行复查，不能作出现场处理决定后就不闻不问、不了了之。如果对已经依法作出的现场处理决定的落实情况不进行复查，就无法掌握行政执法相对人落实现场处理决定的实际情况，现场处理的功能也难以真正发挥出来，同时，执法行为也会一直处于一种未完成的状态，没有实现闭合，这是决不允许的。按照相关规定，国家煤矿安全监察机构作出的现场处理决定可以委托地方煤矿安全监管机构进行复查，其他煤矿安全行政执法机构作出的现场处理决定应当自行组织复查。

第四节　行政处罚

一、行政处罚的概念与特征

在煤矿安全行政执法活动中，行政处罚是指煤矿安全行政执法机构对违反煤矿安全生产行政法律规范的煤矿企业、煤矿安全中介组织及其从业人员所给予的行政法律制裁。行政处罚具有下列特征。

（一）主体的特定性

在煤矿安全行政执法活动中，行政处罚只能由根据法律法规的规定或授权拥有行政处罚权的特定的煤矿安全行政执法机构作出，而且，这种行政处罚权必须是事先就拥有。煤矿安全行政执法机构必须严格按照法定的权限实施行政处罚，超越法定权限的行政处罚无效。

（二）对象的确定性

首先，行政处罚是外部行政行为，所以，煤矿安全行政执法机构的内部工作人员不可能成为行政处罚的对象；其次，行政处罚必须以应当承担法律责任的煤矿安全生产违法行为的存在为前提。因此，在煤矿安全行政执法活动，行政处罚的对象是十分明确而具体的，就是实施了煤矿安全生产违法行为，并依法应当受到处罚的煤矿企业、煤矿安全中介机构及其从业人员。

（三）行为的制裁性

行政处罚是煤矿安全行政执法机构对实施了违反安全生产相关法律法规行为的煤矿企业、煤矿安全中介机构及其从业人员的一种惩罚，所以，是一种制裁性行为。行政处罚的制裁性，根据行政相对人违法行为的属性，体现为精神方面的制裁、财产方面的制裁、行为能力方面的制裁和人身自由方面的制裁等。

（四）内容的处分性

行政处罚是煤矿安全行政执法机构对行政相对人权利义务的一种处理或分配，是对行政相对人行为、财产等方面有关权益的限制、剥夺或科处法定义务之外的新义务。所以，行政处罚对行政相对人来说，是一种处分性的不利行为。

二、行政处罚的种类

根据行政处罚法、安全生产法、煤矿安全监察条例等相关法律法规的规定，煤矿安全行政处罚的种类主要有以下几种。

（一）警　告

警告是指煤矿安全行政执法机构对实施了煤矿安全生产违法行为的行政执法相对人，通过对其名誉、荣誉、信誉等施加影响，以达到予以谴责和告诫的目的。警告是一种精神罚，亦称申诫罚或影响声誉罚，它是通过对行政执法相对人给予一种精神上的惩戒，申明其有违法行为，促使其不再违法。警告适用于情节比较轻微的煤矿安全生产违法行为，对煤矿企业、煤矿安全中介组织及其从业人员都可以适用。警告可单处，也可与其他行政处罚合并适用。

（二）罚　款

罚款是指煤矿安全行政执法机构对实施了煤矿安全生产违法行为的行

政执法相对人，依法强制其向国家缴纳一定数额的金钱，以达到惩戒的目的。罚款是一种财产罚，是依法剥夺行政执法相对人某些财产的行政处罚，其目的是使行政执法相对人在经济上遭受损失，促使其不敢再违法。罚款必须全部上缴国库，任何煤矿安全行政执法机构及其行政执法人员都不得截留罚款。

在我国现行煤矿安全行政法律规范中，有关罚款的规定是比较多的，罚款数额的设定跨度也特别大，根据违法行为的严重程度，从几百元到几千万元不等。所以，在煤矿安全行政执法实践中，罚款是一种很常见的行政处罚。罚款的适用形式也多样，既可以单独适用，也可以与其他行政处罚合并适用；既可适用于违法生产经营的煤矿企业、煤矿安全中介机构等生产经营单位，也可以适用于违法的煤矿企业和煤矿安全中介组织的从业人员。

需要强调的是，罚款不同于罚金，罚款属于行政处罚，适用于行政违法行为；而罚金则属于刑事处罚，适用于犯罪行为。

（三）没　收

没收是指煤矿安全行政执法机构将行政执法相对人的违法所得和非法财物予以剥夺并收归国有的一种行政处罚形式。由此可见，没收包括两个部分，没收违法所得和没收非法财物。违法所得是指煤矿安全行政执法相对人在实施煤矿安全违法行为时所获得的物质利益，如煤矿企业超层越界开采煤炭资源而获得的利益；非法财物一般是指违禁品和实施违法活动所借助的工具、物品等，从煤矿安全生产的角度看，非法财物主要是指实施煤矿安全生产违法活动所借助的采掘设备和其他工具、物品等。

没收也是一种财产罚，没收的违法所得必须上缴国库；没收的非法财物，应当妥善保管，不得随意毁损，经依法处理后，所得款项也必须全部上缴国库，不得私分、截留。

（四）责令停产停业、责令停产停业整顿、责令停止建设、责令停止施工

根据行政处罚法、安全生产法、煤矿安全监察条例、国务院关于预防

煤矿生产安全事故的特别规定等法律法规的规定，行政处罚法中关于“责令停产停业”的行政处罚形式，在煤矿安全生产法律体系中就演变成了责令停产停业、责令停产停业整顿、责令停止建设和责令停止施工等四种更为具体的行政处罚形式，这是由煤矿安全生产活动的独特性所决定的，也只有这样才能满足煤矿安全生产行政管理实践活动的需要。

责令停产停业、责令停产停业整顿、责令停止建设、责令停止施工是指煤矿安全行政执法机构通过在一定期限内强行限制行政执法相对人的生产、建设、施工、服务等活动权利而实现对其予以惩戒目的的一种行政处罚形式。由此可见，责令停产停业、责令停产停业整顿、责令停止建设、责令停止施工属于能力罚，是对行政执法相对人有关行为能力的一种限制或剥夺。当然，对行政执法相对人有关行为能力的限制是暂时的、有期限的，如果在被责令停产停业、责令停产停业整顿、责令停止建设、责令停止施工期间违法行为得到了纠正，经过相关法定程序，行政执法相对人的行为能力就可得到完全的恢复，就可以继续从事曾被停止的生产、建设、施工、服务等活动。

从都是行为能力被限制的角度讲，责令停产停业、责令停产停业整顿、责令停止建设、责令停止施工是同一类行政处罚形式。但从行政处罚的具体内容及适用条件来看，它们之间也有区别。责令停产停业和责令停产停业整顿主要适用于煤矿企业及煤矿安全中介机构，适用于煤矿企业时称之为“责令停止生产”，适用于煤矿安全中介机构时则称之为“责令停止营业”；而责令停止建设和责令停止施工主要适用于有建设项目的煤矿企业及煤矿建设项目施工单位，且责令停止建设主要适用于煤矿企业，责令停止施工则既可适用于煤矿企业，也可适用于建设项目施工单位。

当被责令停产停业时，行政执法相对人不得实施任何与生产或者服务活动有关的活动，虽然也要纠正违法行为，但该违法行为的纠正过程并不是行政执法相对人生产或者服务活动的有机组成部分。比如，按照安全生产法的规定，两个相邻的煤矿企业在同一个区域内进行作业可能危及对方安全生产活动时，两个煤矿企业之间应当签订安全生产管理协议或者指定专职安全生产管理人员进行安全检查与协调，煤矿企业违反该规定的由国家煤矿安全监察机构或者地方县级以上人民政府煤矿安全生产监督管理机构责令限期改正，逾期未改正的责令停止生产。这种停止生产的行政处罚指令会一直延续到煤矿企业改正违法行为时止，但应当明确的是，在纠正该违法行为的过程中不能实施任何与生产活动有关的活动。

当被责令停产停业整顿时，行政执法相对人应当按照要求整改与生产或者服务活动有关的违法行为，使生产或者服务活动具备法定的条件，并经法定的程序验收合格后方可恢复生产或者服务活动。经停产整顿后仍不具备法定安全生产条件的煤矿企业，国家煤矿安全监察机构及地方县级以上人民政府煤矿安全生产监督管理机构应当向当地县级以上人民政府提起关闭该煤矿企业的建议，由县级以上人民政府作出是否关闭的决定，对决定关闭的，由县级以上人民政府组织实施关闭。经停业整改后仍不合格的煤矿安全中介组织，由资质许可部门撤销该中介组织资质。

从安全生产的角度讲，责令停止建设、责令停止施工主要适用于煤矿建设工程安全设施的建设和施工活动。煤矿建设工程安全设施没有按照相关规定做设计或者设计未经国家煤矿安全监察机构审查同意，擅自施工的，煤矿安全行政执法机构应当责令煤矿企业停止建设或停止施工，如果有单独的施工单位，应当责令煤矿企业停止建设，同时责令施工单位停止施工。煤矿企业和施工单位拒不执行责令停止建设、责令停止施工指令的，煤矿安全行政执法机构应当将案件移送国土资源部门吊销其采矿许可证。责令停止建设、责令停止施工的期限会一直延续到建设工程安全设施设计得到批准时止。责令停止建设、责令停止施工的行政处罚在本质上与责令停产停业、责令停产整顿相同。

（五）暂扣或者吊销有关许可证，暂停或者撤销有关执业资格、岗位证书

暂扣或者吊销有关许可证和暂停或者撤销有关执业资格、岗位证书是指煤矿安全行政执法机构依法限制或者剥夺行政执法相对人的某些行为资格或者能力，使其失去或者暂时失去从事某种活动的权利的一种处罚形式。暂扣或者吊销有关许可证和暂停或者撤销有关执业资格、岗位证书都是一种能力罚，它们是通过限制或者剥夺行政执法相对人的某些行为资格或者

能力的方式，来达到惩戒的目的。作出暂扣或者吊销有关许可证和暂停或者撤销有关执业资格、岗位证书这一类行政处罚决定的首要前提是行政执法相对人已经合法拥有相关行政许可，其次是该行政执法相对人实施了违法行为，两者必须同时具备，否则不能作出暂扣或者吊销有关许可证的行政处罚和暂停或者撤销有关执业资格、岗位证书的行政处罚。如果只是被暂扣许可证或者暂停执业资格、岗位证书，相关许可证或者执业资格、岗位证书在行政执法相对人改正违法行为后应当返还，行政执法相对人的相关资格和能力也随即恢复；如果是被吊销许可证或者撤销执业资格、岗位证书，行政执法相对人的相关资格或者能力即完全终止，这种终止可能是永久性的，也可能按照一定的程序可以重新申请曾被剥夺的资格或者能力。由此可见，吊销许可证和撤销执业资格、岗位证书是一种比暂扣许可证和暂停执业资格、岗位证书更为严厉的行政处罚。需要强调的是，有些煤矿安全行政许可并没有颁发许可证或者执业资格、岗位证书，而是通过下发许可文件的形式予以行政许可，如果这些行政许可需要予以终止，应当按照行政许可法的规定，采用撤回或者撤销的方式予以处理。由于暂扣或者吊销有关许可证和暂停或者撤销有关执业资格、岗位证书是一类比较严厉的行政处罚，按照相关法律法规的规定，行政执法相对人可以要求听证。

按照煤矿安全生产相关法律法规的规定，现行与煤矿安全生产活动有关的行政许可项目主要有煤矿安全生产许可证颁发、煤矿建设工程安全设施设计审批、煤矿安全评价机构和咨询机构资质认可、煤矿安全生产检测检验机构资质认可、煤矿职业卫生技术服务机构资质认定、煤矿安全标志认证机构的确定、注册安全工程师资格认定、煤矿特种作业人员操作资格认定（特种设备作业人员除外）等。上述有关煤矿安全生产行政许可项目的实施中，有的颁发许可证、执业资格、岗位证书，有的下发许可文件，许可证可以按照法定程序及条件由有权的煤矿安全行政执法机构予以暂扣或者吊销，执业资格、岗位证书可以可以按照法定程序及条件由有权的煤矿安全行政执法机构予以暂停或者撤销，许可文件可以按照法定程序及条件由有权的煤矿安全行政执法机构予以撤销。

（六）关　闭

关闭是指由有权的煤矿安全行政执法机关彻底剥夺煤矿安全行政执法相对人主体资格的一种行政处罚形式。关闭是安全生产法根据安全生产行政管理工作实践的现实需要而新设定的一种行政处罚种类，国务院关于预防煤矿生产安全事故的特别规定及其他相关法规，对关闭这一种行政处罚的相关实施程序做了进一步的补充和完善。关闭是对严重违法或不具备安全生产条件的煤矿矿井的一种最为严厉的行政处罚，它是对煤矿企业主体资格的彻底剥夺。一旦被关闭，煤矿企业的主体资格即被消灭，不复存在，火工用品将被处理并停止供应，供电将被停止，矿井生产设备、供电、通信线路将被拆除，相关证照也将被一并吊销。煤矿企业被关闭后，应当填实矿井井筒，封闭井口，平整井口场地，恢复地貌。需要说明的是，对资源枯竭矿井和资源被整合矿井的关闭，是煤矿企业自主实施的行为，不是被行政机关强行予以关闭的，不属于行政处罚。

（七）行政拘留

行政拘留是指公安机关对实施煤矿安全生产违法行为的人，依法在短期内剥夺或者限制其人身自由的一种行政处罚形式。按照相关法律的规定，在煤矿安全行政执法活动中，行政拘留只能由公安机关负责实施。煤矿安全行政执法机构在执法过程中认为需要对行政执法相对人实施行政拘留的，应当移交公安机关处理。比如，煤矿企业主要负责人在本单位发生重大生产安全事故时逃匿的，可以处15日以下拘留的行政处罚，这个行政处罚只能由公安机关实施。

三、行政处罚的原则

煤矿安全行政执法机构实施行政处罚，应当遵循下列基本原则。

（一）处罚法定原则

根据行政处罚法的规定，行政处罚必须依法实施，具体要求包含以下四个方面：一是煤矿安全生产行政处罚的设定必须符合行政处罚法关于行政处罚设定权限的规定，也即违反法定权限设定的行政处罚无效，据此作出的行政处罚行为必然也属于违法行为；二是实施行政处罚的主体资格和职权范围必须有法律法规明确的规定或授权，无权或越权实施的行政处罚都无效；三是作出行政处罚的依据必须有法律法规明确的规定，也即哪些煤矿安全生产违法行为应该处罚，处罚的具体内容是什么等，都必须有明确的法定依据；四是作出行政处罚的程序必须符合相关法律法规的规定，否则该行政处罚行为不具有法律效力。

（二）公正、公开原则

公正是指煤矿安全行政执法机构作出行政处罚必须以事实为依据，公平地对待所有行政执法相对人，且能做到“过罚相当”。所谓“过罚相当”是指煤矿安全行政执法机构作出的行政处罚决定必须与煤矿安全生产违法行为的事实、性质、情节以及社会危害程度相当，而不能使罚重于过或罚不抵过。需要强调指出的是，公正原则既包括实体方面的公正，也包括程序方面的公正。

公开是指作为煤矿安全生产行政处罚依据的法律法规必须事先向社会公布，行政处罚的实施也应当公开。未经公开的法律法规不得作为行政处罚的依据，作出行政处罚决定的煤矿安全行政执法机构及其行政执法人员必须公开身份，作出行政处罚决定的事实、理由及依据必须在作出行政处罚决定之前向当事人公开。

（三）处罚与教育相结合原则

处罚与教育相结合是指煤矿安全行政执法机构及其行政执法人员在开展行政执法活动中要坚持教育先行，对于能够通过教育就能纠正的轻微违法行为，应当坚持教育而不是行政处罚；对于应当给予行政处罚的，也要在实施行政处罚过程中，明确行政处罚只是一种手段，而不是目的，既通过制裁手段严惩违法行为，又通过说服教育，让当事人充分认识到煤矿安全生产违法行为的危害性，自觉增强法治观念，以达到预防违法行为再次发生的目的。

（四）保障相对人权利原则

保障相对人权利是指煤矿安全行政执法机构在实施行政处罚过程中，应当充分保障行政执法相对人享有的合法权利，行政执法相对人也可以依法维护自身的合法权利。煤矿安全行政执法机构及其行政执法人员在实施行政处罚过程中，应当保障行政执法相对人依法享有的知情权、陈述权、申辩权和申请听证等权利；行政执法相对人不服煤矿安全行政执法机构作出的行政处罚决定的，可以依法申请行政复议或者提起行政诉讼。煤矿安全行政执法机构及其行政执法人员实施行政处罚使行政执法相对人遭受损失的，行政执法相对人有权获得行政赔偿。

四、行政处罚的适用规则

根据行政处罚法、安全生产法、煤矿安全监察条例等相关法律法规的规定，煤矿安全行政执法机构作出行政处罚决定，应当遵循下列适用规则。

（一）处罚管辖规则

行政处罚的管辖是指规定具体的煤矿安全生产违法行为应当由哪一级或哪一个煤矿安全行政执法机构予以查处的法律制度。也就是说，行政处罚的管辖就是对不同的煤矿安全行政执法机构之间查处具体煤矿安全生产违法行为权限的划分。行政处罚的管辖包括地域管辖、级别管辖、职能管辖、指定管辖等。煤矿安全行政执法机构实施行政处罚，首先要确定本单位有无管辖权，如果没有管辖权，所实施的行政处罚无效。

地域管辖是指同级煤矿安全行政执法机构之间根据行政管理辖区范围来划分行政处罚的权限，也即煤矿安全生产违法行为发生在哪个煤矿安全行政执法机构的辖区范围内，就由哪个煤矿安全行政执法机构负责实施行政处罚。

级别管辖又称为层级管辖，是指根据煤矿安全行政执法机构的行政级别来划分行政处罚的权限。这是对上下级煤矿安全行政执法机构之间行政处罚的权限分工。比如，按照相关法律法规的规定，一般煤矿安全事故和较大煤矿安全事故的行政处罚应当由煤矿安全监察分局负责实施，而重大煤矿安全事故的行政处罚则应当由省级国家煤矿安全监察局负责实施。需要注意的是，行政处罚的级别管辖一旦在相关法律法规中明确确定，任何煤矿安全行政执法机构都不能任意转移管辖事项，否则就会发生越权管辖的违法行为。

职能管辖又称为职权管辖，是指根据煤矿安全行政执法机构法定的职能来划分行政处罚的权限。任何煤矿安全行政执法机构都只能按照法定的职能来实施行政处罚。比如，关闭的行政处罚只能由地方县级以上人民政府决定并组织实施；吊销煤矿安全生产许可证的行政处罚只能由国家煤矿安全监察机构实施。

指定管辖是指当两个或两个以上煤矿安全行政执法机构对行政处罚的管辖权发生争议时，由他们共同的上一级行政机关指定某一煤矿安全行政执法机构负责实施管辖权。被指定的煤矿安全行政执法机构不得拒绝管辖。指定管辖应当以决定方式作出，并以书面形式下达。

（二）案件移送规则

案件移送是指煤矿安全行政执法机构在实施行政处罚过程中，发现违法行为可能已经构成犯罪或者还需要其他行政机关做进一步的处理时，应当及时将案件移送司法机关或其他行政机关依法进行处理。由于行政违法行为与犯罪行为之间的界限往往不是泾渭分明，所以，煤矿安全行政执法机构在实施行政处罚过程中，经常会发现违法行为可能已经构成犯罪的情形，但是违法行为实际上是否已经构成犯罪只能由司法机关按照法定程序进行最终认定，这时，煤矿安全行政执法机构应当及时将案件移送司法机关依法进行处理。比如，煤矿安全行政执法机构在处理某煤矿企业超层越界开采违法行为的过程中，发现煤矿企业超层越界开采的煤炭数量过大，该违法行为可能已经构成犯罪时，应当将案件移送司法机关依法处理。另外，为使不同行政机关针对同一行政相对人所实施的行政执法行为相互协调一致，以确保行政执法的效果，煤矿安全行政执法机构在实施行政处罚过程中，如果发现违法行为还需要其他行政机关进一步处理的，应当及时将案件相关材料移送其他行政机关。当然，对违法行为是否还做进一步的行政处理由受移送的行政机关按照法定程序进行最终决定。比如，国家煤矿安全监察机构根据某煤矿企业存在的安全生产违法行为，对其作出暂扣或吊销煤矿安全许可证的行政处罚时，应当将案件相关材料移送国土资源管理部门和工商行政管理部门，由国土资源管理部门和工商行政管理部门依法决定是否暂扣或吊销该煤矿企业采矿许可证和工商营业执照。

（三）责令改正规则

责令改正是指煤矿安全行政执法机构对行政执法相对人的安全生产违法行为不能简单一罚了之，而是在给予行政处罚的同时，还要责令其纠正违法行为，恢复到正常的状态。这是由行政处罚的目的所决定的，行政处罚的目的不是为了处罚本身，而是通过行政处罚的制裁功能促使当事人增强守法意识，不敢再违法，以维护正常的煤矿安全生产法律秩序。所以，煤矿安全行政执法机构在作出行政处罚决定的同时，必须责令其改正违法行为，以恢复正常的煤矿安全生产法律秩序，否则行政处罚的目的难以实现。在煤矿安全行政执法实践中，对于需要给予行政处罚的煤矿安全生产违法行为，一般会通过现场处理决定的形式责令当事人纠正违法行为。

（四）处罚裁量规则

处罚裁量是指煤矿安全行政执法机构在作出行政处罚决定前，必须考虑分析违法行为是否存在应当不予处罚的情形和应当从重、从轻或者减轻处罚的情形，确实存在上述情形的，应当严格按照规定执行。

不予处罚是指虽然当事人确实实施了煤矿安全生产违法行为，但因存在相关法律规范规定的特别情形，煤矿安全行政执法机构就对当事人不给予行政处罚。应当不予行政处罚的情形主要有以下几种：一是当事人未满14周岁，未达到行政法律责任年龄的；二是当事人无行政法律责任能力的，比如，精神病人在不能辨认或者不能控制自己行为时实施的违法行为；三是违法行为轻微并及时纠正，没有造成危害后果的。

从轻处罚是指煤矿安全行政执法机构对于应当给予行政处罚的煤矿安全生产违法行为，因存在相关法律法规规定的特别情形，在法定的处罚幅度内给予较低限的行政处罚。当然，从轻处罚并不等于最轻的处罚，在行政执法实践中，要根据执法相对人的具体情况及违法行为的情节进行综合考量后再作出具体的裁量决定。

减轻处罚是指煤矿安全行政执法机构对于应当给予行政处罚的煤矿安全生产违法行为，因存在相关法律法规规定的特别情形，在法定的处罚幅度最低限以下对行政执法相对人实施行政处罚。应当从轻或者减轻处罚的情形主要有以下几种：一是当事人已满 14 周岁未满 18 周岁的；二是当事人主动消除或者减轻违法行为危害后果的；三是当事人是受他人胁迫有违法行为的；四是当事人配合行政机关查处违法行为有立功表现。需要注意的是，对于只能从轻处罚的违法行为，不能减轻处罚；对于只能减轻处罚的违法行为，不能免除处罚。

从重处罚是指煤矿安全行政执法机构对于应当给予行政处罚的煤矿安全生产违法行为，因存在相关法律法规规定的特别情形，在法定的处罚幅度内给予高限的行政处罚。从重处罚不能高于法定处罚幅度的最高限，但从重处罚并不等于最高限的处罚，在行政执法实践中，要根据执法相对人的具体情况及违法行为的情节进行综合考量后再作出具体的裁量决定。应当从重处罚的情形主要有以下几种：一是危及公共安全或者其他生产经营单位安全，经责令限期改正，逾期未改正的；二是一年内因同一违法行为受到两次以上行政处罚的；三是拒不整改或者整改不力，其违法行为呈持续状态的；四是拒绝、阻碍或者以暴力威胁煤矿安全行政执法人员的。

（五）一事不再罚规则

一事不再罚是指对行政执法相对人的同一个违法行为，不得以同一事实和同一依据给予两次以上的行政处罚。根据行政处罚法的规定，对于煤矿安全行政执法相对人的同一个安全生产违法行为，不得给予两次以上罚款的行政处罚，对此有人称之为“一事不再罚款”，“一事不再罚款”是“一事不再罚”规则的构成部分。“一事不再罚款”规则要求，煤矿安全行政执法机构和其他行政执法机关对煤矿安全行政执法相对人的安全生产违法行为，不论是否基于同一事实和依据，均不得给予两次以上罚款的行政处罚。另外，煤矿安全行政执法机构在行政执法活动中，发现煤矿安全行政执法相对人的安全生产违法行为已被其他行政机关给予责令停止生产、责令停产整顿等行政处罚的，不得再以同一事实和同一依据给予责令停止生产或责令停产整顿的行政处罚。当然，面对这种情形，煤矿安全行政执法机构根据职能职责，可以作出暂扣或者暂停许可证、执法资格、岗位证书的行政处罚，这种行政处罚不违背“一事不再罚”规则。

（六）行刑折抵规则

行刑折抵是指违法行为构成犯罪的，人民法院在对当事人执行刑罚时，行政机关已经执行的行政处罚应当予以折抵。需要注意的是，行刑折抵针对的必须是同一个违法行为；行刑折抵只限于行政拘留和罚款的行政处罚，行政拘留可以折抵拘役或有期徒刑，罚款可以折抵罚金，其他行政处罚不能折抵刑罚；行刑折抵以后，行政处罚和判处的刑罚仍然有效。

（七）处罚时效规则

处罚时效是指对于行政执法相对人的煤矿安全生产违法行为，如果已经超过一定期限，煤矿安全行政执法机构就不能给予行政处罚。确立处罚时效规则的主要目的是促使行政机关提高行政管理效率，维护正常的社会秩序。根据行政处罚法及煤矿安全生产相关法律法规的规定，煤矿安全行政执法机构实施行政处罚的时效为两年，也即煤矿安全生产违法行为在两年内未被发现的，煤矿安全行政执法机构不得给予行政处罚。行政处罚时效的计算方法有两种：一是违法行为没有连续或继续状态的，从违法行为发生之日起计算，比如，某日，某煤矿企业的某掘进作业班组在井下掘进作业过程中违章进行放炮，因放炮是一会儿就完成的，没有持续和继续状态，所以，应当从违章放炮之日起计算；二是违法行为处于连续或继续状态的，从违法行为终了之日起计算，比如，煤矿企业在取得许可证之前已无证开采煤炭 6 个月的，应当从取得许可证之前的最后一天开始计算。

五、行政处罚的执行

行政处罚的执行是指保证行政处罚决定所确定的内容得以实现的活动。行政处罚的执行对煤矿安全生产行政处罚的有效实施具有重要的意义，是煤矿安全行政执法机构实现行政执法目的的重要保障。行政处罚法确立了行政处罚执行的三项原则。

（一）当事人按期自觉履行的原则

煤矿安全行政执法机构依法作出行政处罚决定后，煤矿安全行政执法相对人应当在规定的期限内自觉予以履行，而不能拖延履行或不履行，因为这是行政执法相对人的法定义务。如果行政执法相对人不自觉履行行政处罚决定，煤矿安全行政执法机构可以依法强制执行或者申请人民法院强制执行，确保行政执法目的实现，维护正常的煤矿安全生产法律秩序。

（二）行政复议和行政诉讼不停止执行的原则

煤矿安全行政执法机构作出行政处罚决定后，行政执法相对人对行政处罚决定不服提出行政复议申请或者提起行政诉讼的，除法律另有规定外，行政处罚不停止执行。按照行政处罚法及行政复议法的规定，行政复议期间可以停止行政处罚决定的执行的情形有下列几种：一是作出行政处罚决定的煤矿安全行政执法机构认为需要停止执行的；二是行政复议机关认为需要停止执行的；三是行政执法相对人申请停止执行，复议机关认为其要求合理，决定停止执行的；四是法律规定停止执行的。按照行政处罚法及行政诉讼法的规定，诉讼期间停止行政处罚决定的执行的情形有下列几种：一是被告（作出行政处罚决定的煤矿安全行政执法机构）认为需要停止执行的；二是原告（煤矿安全行政执法相对人或其他利害关系人）申请停止执行，人民法院认为该行政处罚决定的执行会造成难以弥补的损失，并且停止执行不损害社会公共利益，裁定停止执行的；三是法律法规规定停止执行的。

（三）决定罚款机关与收缴罚款机关相分离的原则

行政处罚法设定这一原则的主要目的是防止行政机关在利益驱动下为了“罚款”而罚款，滥施罚款这一行政处罚种类，损害行政相对人的合法权益。根据这一原则的要求，煤矿安全行政执法机构及其行政执法人员可以作出罚款的行政处罚决定，但是，除了法定的可当场收缴的情形外，不能自行收缴罚款。行政执法相对人应当自收到煤矿安全行政执法机构依法作出的罚款的行政处罚决定书之日起 15 日内到指定银行交纳罚款，银行收受罚款后应当直接上缴国库。

按照行政处罚法及相关法律法规的规定，煤矿安全行政执法机构及其行政执法人员可以当场收缴罚款的情形有下列几种：一是当场作出处以 20 元以下罚款的行政处罚的；二是当场作出对公民处以 50 元以下、对法人或其他组织处以 1000 元以下罚款的行政处罚，不当场收缴事后难以执行的；三是在边远、水上、交通不便地区，煤矿安全行政执法机构作出罚款的行政处罚决定后，行政执法相对人向指定银行缴纳罚款确有困难，经行政执法相对人提出的。对于当场收缴的罚款，煤矿安全行政执法人员应当自收缴罚款之日起 2 日内，将罚款交至煤矿安全执法机构；煤矿安全行法机构应当在 2 日内将罚款缴付指定的银行。另外，根据行政处罚法及煤矿安全生产相关法律法规的规定，煤矿安全行政执法机构没收违法所得和拍卖没收非法财物所得款项都应当上缴国库，不得截留、私分。

第五节　行政强制

一、行政强制的概念和特征

按照行政强制法的规定，行政强制包括行政强制措施和行政强制执行。行政强制措施，是指行政机关在行政管理过程中，为制止违法行为、防止证据损毁、避免危害发生、控制危险扩大等情形，依法对公民的人身自由实施暂时性限制，或者对公民、法人或者其他组织的财物实施暂时性控制的行为。行政强制执行，是指行政机关或者行政机关申请人民法院，对不履行行政决定的公民、法人或者其他组织，依法强制履行义务的行为。行政强制措施和行政强制执行都属于行政强制，但它们之间的区别也是明显的，主要有以下两点：①行政强制措施是行政机关在作出行政决定之前依法所采取的强制手段，而行政强制执行是行政机关作出行政决定之后由行政机关或人民法院依法采取的强制手段；②行政强制措施是一种中间行为，是暂时性的保障措施，不是最终行政行为，而行政强制执行是对行政决定的最终落实，是对行政相对人相关权利的最终处分，是终局性的行政行为。

根据上述关于行政强制措施和行政强制执行的定义，我们认为行政强制具有下列特征。

（一）法定性

行政强制执行只能由法律设定；行政强制措施可以由法律、行政法规和地方性法规按规定权限进行设定，法律、行政法规、地方性法规以外的政府规章和其他规范性文件不得设定行政强制措施。行政强制的实施也应当依法进行。

（二）强制性

这是行政强制的本质特征，因为行政强制就是行政机关或人民法院通过采取法定的强制手段迫使行政相对人遵守相关行政管理法规、履行法定义务或实现特定的行政效果的行为。为了保证国家行政机关的权威性和行政效率，必要的行政强制是国家行政管理活动所必需的。行政机关采取行政强制措施无需要征得行政相对人的同意，且行政相对人只能容忍和接受，否则会给自己带来不利的法律后果。

（三）依附性

行政强制是一类独立的具体行政行为，但是，行政强制本身的实施并不是目的，行政强制的实施总是为行政决定的作出或实施而服务的，所以，具有典型的依附性。

（四）可救济性

对于行政机关实施的行政强制，行政相对人可以进行陈述或者申辩，可以依法申请行政复议或提起行政诉讼。公民、法人或者其他组织在行政机关和人民法院实施行政强制过程中受到损害的，有权依法要求赔偿。

二、煤矿安全行政强制措施

根据行政强制法及煤矿安全生产相关法律法规的规定，在煤矿安全行政执法活动中可以采取的行政强制措施主要有查封、扣押等。

（一）查　封

查封是指煤矿安全行政执法机构对煤矿企业不符合保障煤矿安全生产的国家标准或者行业标准的设施、设备、器材就地予以强制封存，以限制煤矿企业对其进行使用和处分的一种行政强制措施。

查封的对象主要是煤矿安全生产设施或不便移动的煤矿安全设备和器材。查封一般采用由煤矿安全行政执法机构对被查封的财产加贴封条的方式限制煤矿企业使用或移动该财产。查封应当由两名以上煤矿安全行政执法人员负责实施。封条应当注明实施查封的日期，并加盖煤矿安全行政执法机构的印章。煤矿安全行政执法机构实施查封应当通知煤矿企业法定代表人或主要负责人到场，制作并当场交付查封决定书，并出具经在场人签字或盖章的查封财产清单。

查封的主要目的是防止煤矿企业使用或者转移不符合保障煤矿安全生产的国家标准或者行业标准的设施、设备、器材，以保障煤矿安全行政执法决定的执行或者有效避免煤矿生产安全事故的发生。煤矿安全行政执法机构在执法活动中采取查封的行政强制措施的，应当在30日内对被查封的财产依法作出处理决定，否则，查封期限一旦届满，煤矿安全执法机构应当解除查封。

（二）扣　押

扣押是指煤矿安全行政执法机构对煤矿企业不符合保障煤矿安全生产的国家标准或者行业标准的设备或器材予以强制扣押，将其置于自己的实际控制之下，以限制煤矿企业对该财产继续进行占有和处分的一种行政强制措施。

扣押的对象主要是便于移动的煤矿安全设备、器材等动产。煤矿安全行政执法机构实施扣押应当通知煤矿企业法定代表人或主要负责人到场，制作并当场交付扣押决定书，并出具经在场人签字或盖章的扣押财产清单。扣押应当由两名以上煤矿安全行政执法人员负责实施。

与查封一样，扣押的主要目的是防止煤矿企业使用或者转移不符合保障煤矿安全生产的国家标准或者行业标准的设备、器材，以保障煤矿安全行政执法决定的执行或者有效避免煤矿生产安全事故的发生。煤矿安全行政执法机构在执法活动中采取扣押的行政强制措施的，应当在30日内对被扣押的财产依法作出处理决定，否则，扣押期限一旦届满，煤矿安全执法机构应当解除扣押。

查封与扣押的区别主要在于：查封主要针对的是不易移动或者没有转移的必要的财产，所以要就地查封；而扣押主要针对的易移动，且有转移的必要的财产，所以应当从煤矿企业转移出来进行扣押。

（三）查封、扣押的解除

查封、扣押的行政强制措施只是一种暂时性的控制手段，而不是终结性的行政行为，所以，查封、扣押的行政强制措施实施以后，需要在特定条件下及时予以解除，以终结行政强制状态。根据行政强制法及煤矿安全生产相关法律法规的规定，有下列行为之一的，煤矿安全行政执法机构应当及时作出解除查封、扣押的决定：①煤矿安全行政执法相对人没有违法行为；②查封、扣押的煤矿安全设施、设备、器材与违法行为无关；③煤矿安全行政执法机构对违法行为已经作出处理决定，不再需要查封、扣押；④查封、扣押期限已经届满；⑤其他不再需要采取查封、扣押措施的情形。

三、煤矿安全行政强制执行

根据行政强制法及煤矿安全生产相关法律法规的规定，在煤矿安全行政执法活动中，行政强制执行主要有加处罚款、拍卖查封扣押的财物、通知有关单位停止供电、通知有关单位停止供应民用爆炸物品、申请人民法院强制执行等几种。

（一）加处罚款

加处罚款是指煤矿安全行政执法机构对拒不履行法定金钱给付义务的行政执法相对人科处新的一定数额的金钱给付义务的一种行政强制执行方式。比如，按照相关法律法规的规定，煤矿安全行政执法相对人到期不缴纳行政处罚罚款的，煤矿安全行政执法机构可以对其每日按罚款数额的3%加处罚款。

加处罚款是一种间接行政强制执行方式。加处罚款的目的不是对煤矿安全行政执法相对人进行制裁，而是通过行政强制促使其尽快履行法定义务。加处罚款后，煤矿安全行政执法相对人仍不履行义务的，应当申请人民法院强制执行。

加处罚款的要件有以下几项：一是存在煤矿安全行政执法相对人应当履行的法定义务；二是煤矿安全行政执法相对人拒绝履行法定义务；三是加处数额必须按照法定标准确定，加处数额不得超出金钱给付义务的数额；四是加处期限按日计算，如果煤矿安全行政执法相对人履行了义务，应立即停止加处罚款。

（二）拍卖查封、扣押的财物

拍卖查封、扣押的财物是指煤矿安全行政执法机构依法作出罚款的行政处罚后，行政执法相对人在法定期限内不履行缴纳罚款义务，也不申请行政复议或者提起行政诉讼，经催告仍不履行的，如果此前已经采取查封、扣押行政强制措施，可以将查封、扣押的煤矿安全设施、设备、器材等财物依法拍卖抵缴罚款的活动。

煤矿安全行政执法机构拍卖查封、扣押的财物应当委托财产所在地省（自治区、直辖市）人民政府和设区的市人民政府指定的拍卖人进行拍卖。拍卖所得必须抵缴罚款，不得截留、私分或变相私分。拍卖所得抵缴罚款后有剩余的应当返还行政执法相对人。

（三）通知有关单位停止供电、停止供应民用爆炸物品

通知有关单位停止供电、停止供应民用爆炸物品是指煤矿安全行政执法机构经现场检查，对存在重大事故隐患的煤矿作出停止生产、停产整顿、

停止建设、停止施工、停止使用相关设施或设备的行政执法指令后，煤矿拒不执行该行政执法指令，且有发生生产安全事故的现实危险的，煤矿安全行政执法机构可以采取通知有关单位停止供电、停止供应民用爆炸物品的措施，强制煤矿履行该行政执法指令。

通知有关单位停止供电、停止供应民用爆炸物品是2014年修改完善的安全生产法根据我国安全生产行政执法工作的现实需要，新增设的一项行政强制执行措施，这项措施的出台进一步完善了煤矿安全行政执法手段，具有极强的现实针对性，必将有力促进煤矿安全行政执法效能的进一步提升。

煤矿安全行政执法机构在执法过程中需要作出通知停止供电、停止供应民用爆炸物品的行政执法指令的，应当由本单位主要负责人作出决定。通知停止供电应当通知直接负责对该煤矿供电的电力部门停止对该煤矿供电，通知停止供应民用爆炸物品也应当通知直接负责对该煤矿供应民用爆炸物品的部门停止对该煤矿供应民用爆炸物品。停止供电、停止供应民用爆炸物品通知应当采用书面形式。煤矿安全行政执法机构通知有关单位停止供电、停止供应民用爆炸物品的，相关单位应当予以配合执行。

除有危及煤矿生产安全的紧急情形外，煤矿安全行政执法机构采取停止供电行政强制执行措施时，应当提前24小时通知煤矿。煤矿安全行政执法机构采取停止供电、停止供应民用爆炸物品行政强制执行措施后，如果煤矿依法履行了行政执法指令，煤矿安全行政执法机构应当及时解除行政强制执行措施。

（四）申请人民法院强制执行

申请人民法院强制执行是指煤矿安全行政执法机构作出行政处罚决定后，行政执法相对人在法定期限内不申请行政复议或者提起行政诉讼，又不履行行政处罚决定的，如果此前煤矿安全行政执法机构没有采取查封、扣押等行政强制措施，可以自期限届满之日起3个月内向有管辖权人民法院提出申请，由人民法院采用强制手段迫使行政执法相对人履行其义务的活动。

煤矿安全行政执法机构申请人民法院强制执行前，应当催告行政执法相对人履行义务。催告书送达10日后行政执法相对人仍未履行义务的，煤矿安全行政执法机构可以向所在地有管辖权的人民法院申请强制执行；执行对象是不动产的，向不动产所在地有管辖权的人民法院申请强制执行。

为了避免行政不作为，煤矿安全行政执法机构应当在规定期限内申请人民法院强制执行。《行政强制法》第53条规定："当事人在法定期限内不申请行政复议或提起行政诉讼，又不履行行政决定的，没有行政强制执行权的行政机关可以自期限届满之日起3个月内，依照本章规定申请人民法院强制执行。"按照这一规定，煤矿安全行政执法机构申请人民法院强制执行的，应当"自期限届满之日起3个月内"提出申请，否则，人民法院可以不予以受理。这里，若要确保在规定期限内向人民法院提出强制执行申请，关键是要正确理解"自期限届满之日"中的"期限"的准确含义：①有行政复议前置的情形。有行政复议前置的，根据行政复议法的规定，煤矿安全行政执法相对人申请行政复议的期限为60日，如果行政执法相对人不申请行政复议，也拒不履行行政决定的，自收到行政决定之日起超过60日即为"期限届满之日"；如果行政执法相对人申请了行政复议，但是，在收到行政复议决定后15日内没有提起行政诉讼，也拒不履行的，行政复议决定发生效力的时间为"期限届满之日"。②无行政复议前置的情形。没有行政复议前置的，行政执法相对人可以自行选择申请行政复议或者提起行政诉讼。按照行政复议法的规定，行政执法相对人申请行政复议的期限为60日，按照行政诉讼法的规定，行政执法相对人提起行政诉讼的期限为6个月，如果行政执法相对人没有在规定期限内申请行政复议或者提起行政诉讼，也拒不履行煤矿安全行政执法机构依法作出的行政决定的，自收到行政决定之日起满6个月即为"期限届满之日"，此后"3个月"内的期间为煤矿安全行政执法机构向人民法院申请强制执行的期限。③暂缓或者分期缴纳罚款的情形。根据行政处罚法的规定，煤矿安全行政执法机构作出罚款的行政处罚决定后，行政执法相对人确有经济困难，需要延期或者分期缴纳罚款的，经行政执法相对人申请和煤矿安全行政执法机构批准，可以暂缓或者分期缴纳。如果暂缓或者分期缴纳期限届满，行政执法相对人拒不履行行政处罚决定的，煤矿安全行政执法机构可以向人民法院申请强制执行，这时，我们认为“期限届满之日”中的“期限”也应当顺延。

煤矿安全行政执法机构向有管辖权的人民法院申请强制执行，应当提供下列材料：①强制执行申请书；②行政决定书及作出决定的事实、理由和依据；③行政执法相对人的意见及煤矿安全行政执法机构催告情况；④申请强制执行标的情况；⑤法律、行政法规规定的其他材料。强制执行申请书应当由煤矿安全行政执法机构负责人签名，加盖煤矿安全行政执法机构的印章，并注明日期。

（五）中止执行

中止执行是指煤矿安全行政执法机构作出行政强制执行决定后，因发生某种特殊情况而暂时停止行政强制执行活动。

根据行政强制法的规定，有下列情形之一的，煤矿安全行政执法机构应当中止执行：①行政执法相对人履行行政决定确有困难或者暂无履行能力的；②第三人对执行标的主张权利，确有理由的；③执行可能造成难以弥补的损失，且中止执行不损害公共利益的；④煤矿安全行政执法机构认为需要中止执行的其他情形。中止执行不是永久性的停止执行，而只是暂时性的停止执行，所以，中止执行的情形消失后，煤矿安全行政执法机构应当主动恢复执行。对于中止执行已经满3年，行政执法相对人确无能力履行行政决定，且行政执法相对人不履行行政决定不会产生明显社会危害的，煤矿安全行政执法机构应当作出不再执行的决定。

（六）终结执行

终结执行是指煤矿安全行政执法机构作出行政强制执行决定后，因发生某些特殊情况而永久性停止行政强制执行活动。终结执行的主要目的是及时了结不可能再执行或者没有必要再执行的行政强制执行案件。煤矿安全行政执法机构对已经宣告终结执行的案件不得再采取强制手段，也不得再重新启动已经终结的执行程序。当然，终结执行后，行政执法相对人自觉履行行政决定的，煤矿安全行政执法机构可以接受。需要强调的是，终结执行与执行完毕是两个不同的概念，不能混为一谈，执行完毕时，行政决定所确定的内容已经全部得到落实，而终结执行时，行政决定所确定的内容没有全部落实。

根据行政强制法的规定，有下列情形之一的，煤矿安全行政执法机构应当终结执行：①作为行政执法相对人的公民死亡，无遗产可供执行，又无义务承受人的；②作为行政执法相对人的法人或者其他组织终止，无财产可供执行，又无义务承受人的；③执行标的灭失的；④据以执行的行政决定被撤销的；⑤煤矿安全行政执法机构认为需要终结执行的其他情形。

（七）执行回转

执行回转是指煤矿安全行政执法机构在强制执行过程中或强制执行完毕后，据以执行的行政决定被撤销、变更，或者执行错误的，对已被执行的财产重新恢复原状的活动。实际上，执行回转就是一种对已经发生的错误及时进行弥补的制度。

根据行政强制法的规定，应当实施执行回转的情形有两种：一是据以执行的行政决定被撤销、变更；二是执行错误。执行回转的方式主要也有两种：一是退还财物；二是恢复原状。对于不能恢复原状或者退还财物、无法实现执行回转的，煤矿安全行政执法机构应当依法予以行政赔偿。

（八）执行和解

执行和解是指煤矿安全行政执法机构在强制执行过程中，与行政执法相对人就其履行义务的时间、方式等进行约定，达成执行协议，行政执法相对人自行履约，煤矿安全行政执法机构暂时中止强制执行的活动。煤矿安全行政执法机构与行政执法相对人进行执行和解，不能损害公共利益和他人合法权益。

根据行政强制法的规定，执行和解的方式就是煤矿安全行政执法机构与执法相对人之间达成执行协议。而执行协议是煤矿安全行政执法机构与执法相对人之间充分协商以后自愿达成的，所以，执行协议显然属于行政合同。当然，在执行和解中，煤矿安全行政执法机构仍然居于主导地位。执法相对人应当严格履行执行协议，如果不予履行或者不按照执行协议内容进行履行，煤矿安全行政执法机构应当恢复强制执行。

四、行政强制与行政处罚的区别

在煤矿安全行政执法活动中，行政强制与行政处罚都是重要的执法手段，都不利于行政执法相对人，但它们各自的功能不同，在具体适用过程中，要注意区分，准确适用。行政强制与行政处罚的区别主要体现在以下几个方面。

（一）性质不同

行政处罚是煤矿安全行政执法机构对实施了安全生产违法行为的行政执法相对人的一种惩戒，具有制裁性；而行政强制虽然是保障行政执法活动顺利实施的一种重要手段，但它本身不是一种惩戒行为，不具有制裁性。

（二）目的不同

行政强制的目的是通过采取能够有效预防或制止煤矿安全生产违法行为的发生或继续，或者能够迫使执法相对人履行义务的手段，保障煤矿安全行政执法活动的顺利实施；而行政处罚的目的则是通过对行政执法相对人实施一定的惩戒，教育其引以为戒，自觉遵守和执行煤矿安全生产相关法律制度。

（三）行为形式不同

行政强制本身不是目的，而只是手段，它是为煤矿安全行政执法活动的顺利实施而服务的。所以，行政强制不是终结性的行政执法行为，只要符合特定条件，行政强制即可解除；而行政处罚则是对实施了安全生产违法行为的执法相对人的终结性处理，是一种终结性的行政执法行为，任何人非经法定程序不得随意改变。

（四）法律后果不同

行政处罚作为一种法律制裁，是通过对实施了安全生产违法行为的执法相对人课以额外的义务以示惩戒，这种额外的义务是一种新的义务，不能等同于执法相对人原来应当履行的义务，所以，行政处罚是对执法相对人权益的一种处分；而行政强制作为一种保障行政执法活动顺利实施的重要手段，其本身没有给执法相对人课以新的义务，没有对执法相对人的权益进行处分。

第六节　行政许可

一、行政许可的概念和特征

根据行政许可法的规定，行政许可是指行政机关根据公民、法人或者其他组织的申请，经依法审查，准予其从事特定活动的行为。这里的“准予其从事特定活动”包含两方面的意思：一是解除一般禁止；二是赋权。“一般禁止”是与“绝对禁止”相对应的概念，是指只有经过个别批准、认可或者登记才能从事某项活动。赋权是指给予或者允许提出行政许可申请的相对人从事某种活动或者实施某种行为的资格或权利。

行政许可具有下列主要特征。

（一）行政许可是管理性外部行政行为

行政许可是行政管理的重要手段之一，具有明显的管理性，公民、法人或其他组织未经许可即实施应当取得行政许可后才能实施的特定活动的，属于违法行为，应当承担相应的法律责任。另外，行政许可是行政机关代表国家对社会各方面实施管理，而不是对行政机关内部的事务进行管理，所以，行政许可是一种外部行政行为。行政机关内部有关人事、财务等方面的审批都不属于行政许可。

（二）行政许可是依申请的行政行为

与行政处罚、行政强制等由行政机关主动实施的行政行为不同，行政相对人提出申请是行政许可存在的前提，没有申请就不会有行政许可。但是，我们并不能因此而认为行政许可是一种双方行为，因为行政许可是否成立仅取决于行政机关的决定，与行政相对人的意志无关，行政相对人的申请仅是一个形式要件。

（三）行政许可是准予从事特定活动的行政行为

行政处罚是对行政相对人相关权益的限制和剥夺，与此相反，行政许可是赋予行政相对人某种权利或者资格，是一种授益性的行政行为，通过取得这些权利或者资格，相对来讲，行政相对人可以获得一定的权益。

（四）行政许可是要式行政行为

行政机关实施行政许可项目应当依法进行，必须以正规的文书、证照等形式予以批准、认可和证明，而不能以口头形式予以许可。

二、行政许可的原则

根据行政许可法的规定，行政许可应当遵循下列原则。

（一）法定原则

行政许可只能由法律、行政法规、地方性法规和地方政府规章按照规定的权限和范围进行设定，其他规范性文件都不得设定行政许可。行政许可项目应当由法定的实施机关依照法定条件和程序实施，行政许可项目实施机关不得随意增设许可条件和程序。

（二）公开、公平、公正原则

公开原则要求，设定行政许可的过程应当向社会公开；设定行政许可的法律文件应当向社会公布，未经公布的，不得作为实施行政许可的依据；行政许可项目的办理条件和程序应当向社会公开；除涉及国家秘密、商业秘密或者个人隐私以外，行政许可项目的实施过程和结果都应当向社会公开。

公平、公正原则要求，立法者在设定行政许可时，应当平等地对待当事人，并充分听取社会各界的意见和建议，不专断，不偏私；行政法规、地方性法规和地方政府规章设定行政许可，不得超越法定的权限；行政机关实施行政许可项目，对于符合条件和标准的申请人应当一视同仁，同等条件下应当按照先后次序办理许可；对于决定不予许可的，行政机关应当向申请人说明理由、依据，并告知其所享有的救济权利。

（三）便民和效率原则

行政许可法充分体现了便民原则，充满了“亲民”色彩。根据行政许可法的规定，经国务院批准，省级人民政府可以将分别由几个行政机关行使的行政许可权相对集中，决定由一个行政机关行使有关行政机关的行政许可权；行政许可需要由行政机关内设多个机构办理的，该行政机关应当确定由一个机构统一受理行政许可申请，统一送达行政许可决定；行政机关应当在办公场所公示由本单位负责实施的行政许可项目、依据、条件、数量、期限、程序以及需提交的材料目录和申请书示范文本；行政许可申请人可以到行政机关办公场所提出行政许可申请，也可以通过信函、电报、电传、传真、电子数据交换和电子邮件等方式提出行政许可申请；行政许可申请人可以委托代理人提出行政许可申请；对于行政许可申请材料存在的可以当场更正的错误，行政机关应当允许申请人当场更正。

在强调便民的同时，行政许可法也要求行政机关在实施行政许可项目过程中要严格程序、严守时效，努力提高效率。根据行政许可法的规定，行政机关对行政相对人提出的行政许可申请应当尽量做到当场受理、当场决定；对于不能当场受理、当场决定的，除法律法规另有规定外，应当自受理之日起 20 日内作出是否准予行政许可的决定，20 日内不能作出的，可以延长 10 日，但是，应当将延长期限的理由告知申请人；对于采取统一办理或者联合办理、集中办理的，应当在 45 日内办理完毕，45 日内不能办结的，可以延长 15 日，同时应当将延期理由告知申请人。

（四）信赖保护原则

信赖保护原则是指行政机关在实施行政许可项目过程中应当诚实守信。行政相对人依法获得的行政许可受法律保护，行政机关不得擅自改变已经生效的行政许可。行政机关作出行政许可决定时所依据的法律法规修改或者废止，或者行政机关作出行政许可决定时所依据的客观情况发生变化，为了公共利益的需要依法变更或者撤销已经生效的行政许可的，如果因此给公民、法人或者其他组织造成损失，行政机关应当依法予以补偿。

（五）监督检查原则

行政许可的重要功能是事前防范，而加强监督检查是正确发挥行政许可这一政府管理社会重要手段的基本要求。行政许可监督检查原则包含三个方面的内容：一是对行政许可项目存在的必要性进行评价，及时进行改、废。行政许可的设定机关应当对已设定的行政许可项目定期进行评价，并根据评价结果，对需要进行修改或废止的行政许可项目及时启动立法程序进行修改或废止。行政许可项目实施机关可以对由本单位负责实施的行政许可项目的实施情况及其存在的必要性进行评价，并向行政许可设定机关提出相应的意见和建议。公民、法人和其他组织也可以就设定和实施行政许可向行政许可设定和实施机关提出意见和建议。二是对负责实施行政许可项目的行政机关进行监督检查，以督促其依法履职。这种监督检查包括上级行政机关对下级行政机关的监督、纪检监察机关的监督和审计机关的监督等。三是对被许可对象从事行政许可事项活动情况进行监督检查，以确保行政许可的有效性。准予行政许可后，行政许可项目实施机关应当依法采取多种措施对被许可对象从事行政许可事项情况进行监督检查，督促其保持许可条件，对于经检查不具备相应条件的，应当及时采取相应措施予以处理直至撤销许可，而不能只许可不监督。

三、煤矿安全行政许可项目概述

煤炭是我国重要的基础能源，在国民经济建设和社会生活中发挥着不可替代的作用。但是，煤炭行业却是高风险的行业，煤矿企业在生产过程中往往伴随着水、火、顶板压力、瓦斯等有毒有害气体、粉尘等自然灾害，安全生产问题尤为突出。目前我国煤炭行业有近500万从业人员（矿工），煤矿安全生产工作事关广大从业人员的生命安全与健康，为促进煤矿企业实现生产安全，国家在与煤矿安全生产活动有关的多个重要环节设定了多项行政许可，为有力保护广大矿工生命安全与健康创造了条件，充分体现了以人为本的理念。

自2004年7月1日行政许可法实施以来，经过多次清理，目前，与煤矿安全生产活动有关的行政许可项目有煤矿安全生产许可证颁发、煤矿建设工程安全设施设计审查、煤矿安全评价机构和咨询机构资质认可、煤矿安全生产检测检验机构资质认可、煤矿职业卫生技术服务机构资质认定、煤矿安全标志认证机构确定、注册安全工程师资格认定、煤矿特种作业人员操作资格认定等。各项行政许可项目的具体实施部门应当严格按要求履行好行政许可职责，充分发挥好各项行政许可项目的事前防范功能，积极推动全国煤炭行业实现安全发展。下面重点介绍几项煤矿安全行政许可项目。

（一）煤矿企业安全生产许可证的颁发

1. 实施主体。2004年1月13日，为进一步加强安全生产监督管理工作，减少生产安全事故的发生，国务院颁布并开始实施《安全生产许可证条例》，明确对矿山企业、建筑施工企业和危险化学品、烟花爆竹、民用爆破器材生产企业实行安全生产许可制度，正式设定了我国高危行业安全生产许可证颁发这一重要的行政许可项目。同年，国家安全生产监督管理局根据《安全生产许可证条例》的规定，以部门规章的形式制定下发了《煤矿企业安全生产许可证实施办法》，对煤矿企业实施安全生产许可证制度做了具体的细化规定，安全生产许可证制度正式在全国煤炭行业开始实施，煤矿企业在进行生产前，应当按要求取得安全生产许可证，否则不得组织生产活动。

根据《安全生产许可证条例》和《煤矿企业安全生产许可证实施办法》的规定，煤矿企业安全生产许可证的颁发主体为国家煤矿安全监察局和省级煤矿安全监察局（没有设立国家煤矿监察机构的地方由省级人民政府指定的机构负责实施）。中央管理的煤矿企业（集团公司、总公司、上市公司）的安全生产许可证由国家煤矿安全监察局负责颁发，其他煤矿企业的安全生产许可证由省级煤矿安全监察机构负责颁发。煤矿企业安全生产许可证分为两种，一种是煤矿企业本身的安全生产许可证，简称为“企业证”；另一种是煤矿企业的所属煤矿（井工矿或井、露天矿）的安全生产许可证，简称为“矿井证”“井工矿证”或“露天矿证”。

2. 申办条件。根据相关法律法规的规定，新申办煤矿企业安全生产许可证（“企业证”）主要应当具备下列条件：①建立健全煤矿企业主要负责人、分管负责人、安全生产管理人员、职能部门、岗位安全生产责任制，制定完备的安全生产规章制度和各工种操作规程；②安全投入满足安全生产要求，并按照有关规定足额提取和使用安全费用；③设置安全生产管理机构，配备专职安全生产管理人员，煤与瓦斯突出矿井，水文地质类型复杂矿井还应设置专门的防治煤与瓦斯突出管理机构和防治水管理机构；④主要负责人和安全生产管理人员的安全生产知识和管理能力经考核合格；⑤依法参加工伤保险，为从业人员缴纳工伤保险费；⑥有重大危险源检测、评估、监控措施；⑦有事故应急救援预案，并按照规定设立矿山救护队，配备救护装备；不具备单独设立矿山救护队条件的，与邻近的专业矿山救护队签订有救护协议；⑧有特种作业人员培训计划、从业人员培训计划和职业危害防治计划；⑨法律法规规定的其他条件。

新申办煤矿企业的所属井工煤矿（井）或露天煤矿安全生产许可证（“矿井证”“井工矿证”或“露天矿证”）的，除应当具备申办“企业证”的条件外，还应当具备下列条件：①特种作业人员经有关业务主管部门考核合格，取得特种作业操作资格证书；②从业人员依法进行安全生产教育和培训，并经考试合格；③有职业危害防治措施、综合防尘措施，有粉尘检测制度，为从业人员配备符合国家标准或者行业标准的劳动防护用品；④依法进行安全评价；⑤有符合实际的矿井灾害预防和处理计划；⑥依法取得采矿许可证，并在有效期内；⑦井工煤矿（井）或露天煤矿的安全设施、设备、工艺符合有关安全生产法律、法规、标准和规程的要求；⑧法律法规规定的其他条件。

3. 变更。变更是指煤矿企业在安全生产许可证有效期内发生更换企业名称、更换企业主要负责人、变更企业隶属关系、建设工程项目验收合格等重要事项的，应当按要求办理安全生产许可证的变更手续，及时变更安全生产许可证上记载的相关信息，使安全生产许可证准确反映煤矿企业现状。

煤矿企业变更企业隶属关系、企业名称或企业主要负责人的，应当自工商营业执照变更之日起10个工作日内提出变更安全生产许可的申请；申请变更企业主要负责人的，应当提供变更后的工商营业执照副本和主要负责人相关证明材料；申请变更企业名称或企业隶属关系的，应当提供变更后的工商营业执照副本。煤矿企业改建、扩建工程经验收合格的，应当在改建、扩建工程验收合格后10个工作日内提出变更安全生产许可证的申请，并提供与改建、扩建工程相关的文件、资料。

4. 延期。延期是指煤矿企业依法取得的安全生产许可证有效期满，如果煤矿企业还要继续进行煤炭生产活动，应当及时按照相关要求办理延长安全生产许可证期限的手续。

煤矿企业安全生产许可证有效期为3年，煤矿安全生产许可证过期的，煤矿企业应当立即停止生产活动。安全生产许可证有效期满需要延期的，煤矿企业应当于期满前3个月向原颁证机关提出延期申请，并按要求提供办理延期手续相关材料。煤矿企业在安全生产许可证有效期内严格遵守安全生产法律法规、未降低安全生产条件、接受颁证机关监督检查，且未发生生产安全死亡事故的，安全生产许可证有效期届满时，经原颁证机关同意，直接办理延期手续，不再进行审查。

（二）煤矿建设项目安全设施设计审查

1. 实施主体。作为行政许可项目，按照相关法律法规的规定，煤矿建设项目（包括煤矿新建、改建和扩建工程项目）安全设施设计审查，按照设计或者新增的生产能力，由国家煤矿安全监察机构分级负责实施：①设计或者新增的生产能力在300万吨/年及以上的井工煤矿建设项目和1000万吨/年及以上的露天煤矿建设项目的安全设施设计，由国家煤矿安全监察局负责审查；②设计或者新增的生产能力在300万吨/年以下的井工煤矿建设项目和1000万吨/年以下的露天煤矿建设项目的安全设施设计，由省级煤矿安全监察机构负责审查。对于没有设立煤矿安全监察机构的，由省级人民政府指定的负责煤矿安全监察工作的部门实施由省级煤矿安全监察机构负责的煤矿建设项目安全设施设计审查。经省级煤矿安全监察机构审查同意的项目，应报国家煤矿安全监察局备案。

2. 申办条件。根据相关法律法规的规定，申办煤矿建设项目安全设施设计审查行政许可项目主要应当具备下列条件：①申办煤矿企业具有独立的法人主体资格；②煤矿建设项目符合国家煤炭产业政策的规定和要求；③煤矿建设项目已完成初步设计，并按规定编制了安全专篇；④安全设施设计由具备相应资质的设计单位承担；⑤安全设施设计符合工程建设强制性标准、煤矿安全规程和行业技术规范；⑥安全设施设计中有关煤矿的水、火、瓦斯、煤尘、顶板等主要灾害的防治措施符合规定；⑦安全设施设计所确定的设施、设备、器材符合国家标准和行业标准；⑧依法应当具备的其他条件。

（三）煤矿安全评价机构资质认可

1. 实施主体。煤矿安全评价机构属于煤矿安全专业服务机构，煤矿安全评价机构从事煤矿安全评价活动必须取得相应的资质。煤矿安全评价机构的资质分为甲级、乙级两种，取得甲级资质的煤矿安全评价机构，可以在全国范围内从事煤矿安全评价活动；取得乙级资质的煤矿安全评价机构，可以在其所在的省（自治区、直辖市）内从事煤矿安全评价活动。甲级资质经省级煤矿安全监察机构审核后，由国家安全生产监督管理总局负责审批并颁发证书；乙级资质经煤矿安全监察分局审核后，由省级煤矿安全监察机构负责审批并颁发证书。未设立煤矿安全监察机构的省（自治区、直辖市），由省级安全生产监督管理部门、设区的市级安全生产监督管理部门负责煤矿的安全评价机构资质的审批、审核工作。负责颁发煤矿安全评价机构乙级资质的部门，应当自颁发资质证书之日起30日内，填写乙级资质安全评价机构审批备案表，报国家安全生产监督管理总局备案。

2. 申办条件。根据相关法律法规的规定，申办煤矿安全评价机构甲级资质，应当具备下列条件：①具有独立法人主体资格，固定资产400万元以上；②有与其开展工作相适应的固定工作场所和设施、设备，具有必要的技术支撑条件；③取得煤矿安全评价机构乙级资质3年以上，且没有违法行为记录；④有健全的内部管理制度和安全评价过程控制体系；⑤有25名以上专职安全评价师，其中一级安全评价师20%以上、二级安全评价师30%以上，安全评价师具备从事煤矿安全评价工作的专业能力；⑥按照不少于专职安全评价师30%的比例配备注册安全工程师，注册安全工程师具备从事煤矿安全评价工作的专业能力；⑦法定代表人通过专业培训机构组织的煤矿安全生产和安全评价相关知识培训，并考试合格；⑧设有专职技术负责人和过程控制负责人，专职技术负责人有二级以上安全评价师和注册安全工程师资格，并具有与从事煤矿安全评价工作相适应的高级专业技术职称；⑨法律法规规定的其他条件。

申办煤矿安全评价机构乙级资质，应当具备下列条件：①具有独立的法人主体资格，固定资产200万元以上；②有与其开展工作相适应的固定工作场所和设施设备，具有必要的技术支撑条件；③有健全的内部管理制度和安全评价过程控制体系；④有16名以上专职安全评价师，其中一级安全评价师20%以上，二级安全评价师30%以上，安全评价师具备从事煤矿安全评价工作的专业能力；⑤按照不少于专职安全评价师30%的比例配备注册安全工程师，注册安全工程师具备从事煤矿安全评价工作的专业能力；⑥法定代表人通过专业培训机构组织的煤矿安全生产和安全评价相关知识培训，并考试合格；⑦设有专职技术负责人和过程控制负责人，专职技术负责人有二级以上安全评价师和注册安全工程师资格，并具有与从事煤矿安全评价工作相适应的高级专业技术职称；⑧法律法规规定的其他条件。

（四）煤矿安全生产检测检验机构资质认可

1. 实施主体。作为煤矿安全专业服务机构，煤矿安全生产检测检验机构从事煤矿安全检测检验工作应当取得相应的资质，并在资质允许的业务范围内开展检测检验活动。煤矿安全生产检测检验机构的资质分为甲级和乙级。取得甲级资质的煤矿安全生产检测检验机构可以在全国煤矿企业从事涉及生产安全的设施设备（特种设备除外）检验、安全标志检验、在用检验、监督监察检验、作业场所安全检测和事故物证分析检验等业务。取得乙级资质的煤矿安全生产检测检验机构可以在所在省（自治区、直辖市）内煤矿企业从事涉及生产安全的设施设备（特种设备除外）在用检验、监督监察检验、作业场所安全检测和重大事故以下的事故物证分析检验等业务。煤矿安全生产检测检验目录由国家安全生产监督管理总局规定并公布。

国家安全生产监督管理总局负责煤矿安全生产检测检验机构甲级资质

的认定和监督检查。有特殊专业技能的境外机构以及在境内的外资机构申办煤矿安全生产检测检验资质，由国家安全生产监督管理总局负责办理。省级煤矿安全监察机构负责所辖区域内乙级煤矿安全生产检测检验机构资质的认定和监督检查。

2. 申办条件。根据相关法律法规的规定，申办煤矿安全生产检测检验机构资质，应当具备下列基本条件：①具有法人主体资格，能够独立开展检测检验工作。②有与开展煤矿安全生产检测检验工作相适应的固定工作场所、检测检验仪器、设备、设施和环境条件，其中检测检验仪器、设备、设施原值甲级不低于300万元，乙级不低于150万元。③有与开展煤矿安全生产检测检验工作相适应的专业技术人员；甲级机构专业技术人员不低于在编人员总数的70%，其中中级以上技术职称、注册安全工程师和高级技术职称人员分别不低于在编人员总数的40%、15%和15%；乙级机构专业技术人员不低于在编人员总数的60%，其中中级以上技术职称人员和注册安全工程师分别不低于在编人员总数的30%和10%。④甲级机构主持工作的负责人、技术负责人、质量负责人具有与开展煤矿安全生产检测检验工作相适应的高级技术职称，技术负责人有5年以上与煤矿安全生产相关的检测检验工作经历；乙级机构主持工作的负责人、技术负责人、质量负责人具有与开展煤矿安全生产检测检验工作相适应的中级以上技术职称或者注册安全工程师资格，技术负责人有3年以上与煤矿安全生产相关的检测检验工作经历。⑤有满足资质认定准则要求的管理体系，并已有效运行3个月以上。⑥甲级机构要求已取得国家重点实验室或者同等级其他检测检验机构资质，或者已取得乙级检测检验资质3年以上；乙级机构要求以检测检验为主营业务，且从事与煤矿安全生产相关的检测检验工作3年以上。⑦有正常开展业务所需的资金或者经费保障。⑧法律、行政法规规定的其他条件。

第七节　事故调查处理

一、煤矿生产安全事故概述

（一）煤矿生产安全事故的概念与特征

煤矿生产安全事故是指各类煤矿（包括与煤炭生产直接相关的煤矿地面生产系统、附属场所）在生产活动中意外发生的，造成人身伤亡或直接经济损失，致使煤矿生产活动暂时中止或永远终止的事件。

煤矿生产安全事故具有如下特征：

1. 发生在煤矿生产活动中。没有发生在生产活动中的事件不属于生产安全事故。比如，社会治安案件就不属于生产安全事故。生产安全事故始终是伴随着人类的生产活动而发生，人类的任何生产活动都可能发生生产安全事故。特别是煤矿生产活动中，由于煤矿生产活动的特殊性，生产过程中面临着水、火、瓦斯、矿山压力等多种自然灾害，发生生产安全事故的危险性就更为突出。目前，我国煤矿生产过程中还不能完全消灭生产安全事故，每年都有伤亡事故发生，当然，事故总量和伤亡人数在逐年减少，煤矿安全生产形势也在稳步好转。

2. 出乎人们的意料而发生。煤矿生产活动是一个复杂的系统工程，在生产活动中发生安全事故的原因也极为复杂，往往包含很多偶然的因素，对事故发生的种类、时间、地点等人们都无法准确预测，所以，事故都是在人们的意料之外突然发生的。

3. 往往产生直接的后果。事故和事故后果是两个有着紧密联系的概念，不能混为一谈。任何事故都会产生直接的后果，比如人身伤亡、经济损失、设施设备被破坏等等。有的事故造成的后果比较严重，比如，伤亡人数较多或造成巨大经济损失；有的事故造成的后果比较轻微，比如，人员只受轻伤且受伤人数较少或只有少量经济损失。人们往往比较关注后果严重的事故，但是，我们不能因此而认为后果轻微的事故就可以不重视了，因为相同的事故原因，这次可只造成轻微的后果，下次却有可能造成严重的后果，因此，任何事故都应当认真吸取教训，避免再次发生。

4. 影响正常的生产活动。在生产活动中，事故是人们不希望发生的事件，因为事故的发生往往迫使人们不得不中断或终止正在进行的生产活动。后果轻微的生产安全事故，经过采取相应措施排除影响后，煤矿即可恢复正常的生活活动；但是，发生后果严重的生产安全事故后，煤矿可能不再具备安全生产条件，不宜继续组织生产，不得不予以关闭，永远终止生产活动。所以，生产安全事故对煤矿的正常生产活动有着十分重要的影响。

（二）煤矿生产安全事故的等级

根据相关法律法规的规定，煤矿生产安全事故一般分为特别重大事故、重大事故、较大事故和一般事故四个等级。特别重大事故是指造成30人以上死亡，或者100人以上重伤（包括急性工业中毒），或者1亿元以上直接经济损失的事故；重大事故是指造成10人以上30人以下死亡，或者50人以上100人以下重伤（包括急性工业中毒），或者5000万元以上1亿元以下直接经济损失的事故；较大事故是指造成3人以上10人以下死亡，或者10人以上50人以下重伤（包括急性工业中毒），或者1000万元以上5000万元以下直接经济损失的事故；一般事故是指造成3人以下死亡，或者10人以下重伤（包括急性工业中毒），或者1000万元以下直接经济损失的事故。需要注意的是，在事故等级的划分中，“以上”包括本数，“以下”不包括本数。

（三）煤矿生产安全事故的报告

煤矿发生生产安全事故后，煤矿有关人员及政府相关部门应当严格按要求上报，这是一项法定的义务。

1. 报告主体。

（1）煤矿有关人员。煤矿发生生产安全事故后，事故现场有关人员应当立即报告煤矿负责人；煤矿负责人接到报告后，应当于1小时内报告事故发生地县级以上人民政府安全生产监督管理部门、负责煤矿安全生产监督管理的部门和驻地煤矿安全监察机构。情况紧急时，煤矿事故现场有关人员可以直接向事故发生地县级以上人民政府安全生产监督管理部门、负责煤矿安全生产监督管理的部门和煤矿安全监察机构报告。

（2）煤矿安全监察机构。驻地煤矿安全监察分局接到煤矿生产安全事故报告后，应当在2小时内上报省级煤矿安全监察机构。省级煤矿安全监察机构接到较大事故以上等级煤矿生产安全事故报告后，应当在2小时内上报国家安全生产监督管理总局、国家煤矿安全监察局。国家安全生产监督管理总局、国家煤矿安全监察局接到煤矿生产安全特别重大事故、重大事故报告后，应当在2小时内上报国务院。

（3）地方人民政府安全生产监督管理部门和负责煤矿安全生产监督管理的部门。事故发生地县级以上地方人民政府安全生产监督管理部门和负责煤矿安全生产监督管理的部门接到煤矿事故报告后，应当在2小时内报告本级人民政府、上级人民政府安全生产监督管理部门、负责煤矿安全生产监督管理的部门和驻地煤矿安全监察机构，同时通知公安机关、劳动保障行政部门、工会和人民检察院。

2. 报告内容。报告煤矿生产安全事故，应当包括下列内容：①事故发生单位概况；②事故发生的时间、地点以及事故现场情况；③事故类别；④事故的简要经过，入井人数、生还人数和生产状态等；⑤事故已经造成伤亡人数、下落不明的人数和初步估计的直接经济损失；⑥已经采取的措施；⑦其他应当报告的情况。

3. 报告要求。报告煤矿生产安全事故应当及时、准确、完整。发生事故后，各个事故报告主体都应当在规定的时间内逐级上报，不得延误；事故报告的内容要尽量做到具体、明确，而不能含糊其辞；事故报告的信息要尽量反映事故的全貌。发生事故后，任何单位和个人都不得以任何理由迟报、漏报、谎报或者瞒报煤矿生产安全事故。对于在初次报告中因情况不明没有报告或出现新情况的，应当及时补报或者续报。

二、事故调查处理的原则

发生煤矿生产安全事故后，为了查明事故发生的原因及规律，以便有针对性地制定和落实相应的制度和措施，有效防范类似事故的再次发生，保障广大人民群众生命财产安全，根据相关法律法规的规定，国务院或国务院委托的部门和国家煤矿安全监察机构要根据法定职责对事故进行调查处理。根据相关法律法规的规定，事故调查处理应当遵循下列原则。

（一）科学严谨

一般来说，煤矿生产安全事故的发生与煤炭开采过程中存在的水、火、瓦斯、冲击地压等自然灾害有着紧密的联系，而这些自然灾害导致生产安全事故的发生有其自身的活动规律，所以，事故调查处理过程中，特别是认定事故发生直接原因过程中，务必尊重科学，作出严谨、有说服力的技术分析鉴定报告。这就要求在事故调查过程中，不能主观、武断、随意地妄下结论，而是要充分发挥专业技术单位和专家的作用，邀请有资质的专业技术鉴定单位或组织专家组对事故调查过程中的有关专业技术问题进行科学的分析鉴定，准确查明事故发生的真正原因，为认定事故性质、划分事故责任奠定坚实的基础。

（二）依法依规

煤矿生产安全事故的调查处理，是由有权行政机关负责实施的一项严肃的行政活动，将对事故责任单位和责任人员的有关权利义务产生直接的影响，所以，应当严格依法依规实施。首先，事故调查组的组成要合法合规。特别重大煤矿生产安全事故由国务院或国务院委托的部门组织调查处理。重大事故、较大事故和一般事故由国家煤矿安全监察机构分级负责牵头组成调查组组织调查处理。其次，事故调查程序要合法合规。再次，事故责任的追究要合法合规。对违法开展事故调查活动所造成的损失，相关单位和人员应当承担相应的法律责任。

（三）实事求是

实事求是是煤矿生产安全事故调查处理活动的基本要求。实事求是的原则要求煤矿生产安全事故调查处理活动一定要做到客观、准确、公平、公正，既不夸大事实，也不文过饰非，更不打击报复。要做到这一点，负责事故调查处理工作的人员一定要坚持严、细、实的工作作风，全面调查掌握与事故发生有关的各种情况和资料，不放过任何一个细节，不遗漏任何一个疑点，准确查明事故发生的原因，准确认定事故性质，准确划分事故责任，准确总结事故教训，并提出有针对性的事故防范措施。

（四）注重实效

对煤矿生产安全事故进行调查处理的根本目的，是在查明事故原因的基础上，落实相应的防范措施，防止类似事故再次发生。所以，事故调查处理活动要紧紧围绕这一根本目的开展工作，注重事故调查处理活动的实际效果。首先，要高度重视对事故原因的调查，要从不同角度对事故原因进行综合性调查，在准确查明事故发生原因的基础上，注重总结同类事故的发生规律，提出科学、有效的防范措施并坚决督促落实到位。对于需要修改完善相关法律法规或技术标准的，要及时向相关部门提出意见建议。其次，凡认定为责任事故的煤矿生产安全事故，要严格追究对事故发生负有责任的单位和个人相应的责任，让责任人深刻吸取教训，不敢再犯。当然，严格追责包含两方面的含义：一是凡是对事故的发生负有责任的单位和个人都应当追究责任；二是追究事故责任应当坚持过错与责任相一致的原则，不能一味从重追责，也不能随意从轻、减轻处理，而应当根据责任人所犯的过错的大小，来确定其应当负有的责任。再次，要充分发挥事故的警示教育作用，及时向社会公布事故调查处理情况，让其他煤矿警觉起来，立即采取相应防范措施，防止类似事故的发生。

三、事故调查

（一）事故调查主体

根据相关法律法规的规定，特别重大煤矿生产安全事故由国务院组织调查组进行调查，或者根据国务院授权，由国家安全生产监督管理总局组织国务院调查组进行调查。重大煤矿生产安全事故由省级煤矿安全监察机构组织调查组进行调查，较大煤矿生产安全事故和一般煤矿生产安全事故由煤矿安全监察分局组织调查组进行调查。一般事故中没有造成人员死亡的，煤矿安全监察分局可以委托地方人民政府负责煤矿安全生产监督管理的部门或者事故发生单位组织事故调查组进行调查。上级煤矿安全监察机构认为有必要时，可以调查由下级煤矿安全监察机构负责调查的煤矿生产安全事故。没有设立煤矿安全监察机构的地区，由省级人民政府确定的单位负责组织调查组进行调查。

煤矿生产安全事故调查组一般由有关人民政府、安全生产监督管理部门、煤矿安全生产监督管理部门、煤炭行业管理部门、监察机关、公安机关以及工会组织派人组成，同时邀请人民检察院派人参加。比如，某地发生一起重大煤矿生产安全事故，该起事故就应当由事故发生地省级煤矿安全监察机构负责组织调查组进行调查，事故调查组人员由事故发生地州（市）人民政府、省级安全生产监督管理部门、省级煤矿安全生产监督管理部门、省级煤炭行业管理部门、省级监察机关、省级工会组织派人组成，同时还要邀请省人民检察院派人参加。煤矿生产安全事故调查组组长主持事故调查组的工作，调查组成员应当服从调查组组长的领导。

事故调查组的主要职责：①查明事故单位的基本情况；②查明事故发生的经过、原因、类别、人员伤亡情况及直接经济损失，隐瞒事故的，应当查明隐瞒过程和事故真相；③认定事故的性质和事故责任；④提出对事故责任者的处理建议；⑤总结事故教训，提出防范和整改措施；⑥提交事故调查报告。

（二）事故调查报告

事故调查报告是事故调查结果的综合体现。依法组成的煤矿生产安全事故调查进行事故调查后，应当形成事故调查报告提交负责事故调查处理的国家安全生产监督管理总局或国家煤矿安全监察机构。事故调查报告的内容应当包括下列内容：①事故发生单位概况；②事故发生经过和事故救援情况；③事故造成的人员伤亡和直接经济损失；④事故发生的原因和事故性质；⑤事故责任的认定以及对事故责任者的处理建议；⑥事故防范和整改措施。

事故调查报告应当附具有关证据材料。事故调查组成员应当在事故调查报告上签名。

（三）事故调查期限

事故调查工作既要保证工作质量，也要讲求工作效率，不能久拖不决。自事故发生之日起60日内，事故调查组应当提交事故调查报告；特殊情况下，经负责事故调查的国家安全生产监督管理总局或国家煤矿安全监察机构批准，提交事故调查报告的期限可以适当延长，但延长的期限最长不超过60日。事故抢险救灾超过60日，无法进行事故现场勘察的，事故调查时限从具备现场勘察条件之日起计算。瞒报事故的调查时限从查实之日起计算。

事故调查报告报送至负责组织事故调查处理的国家安全生产监督管理总局或国家煤矿安全监察机构后，事故调查工作即告结束，事故调查组也随之解散。

四、事故处理

（一）事故批复结案

根据相关法律法规的规定，特别重大煤矿生产安全事故调查报告报经国务院同意后，由国家安全生产监督管理总局批复结案。重大煤矿生产安全事故调查报告经征求省级人民政府意见后，报国家煤矿安全监察局批复结案。较大煤矿生产安全事故调查报告经征求设区的市级人民政府意见后，报省级煤矿安全监察机构批复结案。一般煤矿生产安全事故由煤矿安全监察分局批复结案。

特别重大煤矿生产安全事故，应当在30日内作出批复，特殊情况下，批复时间可以适当延长，但延长的时间最长不超过30日。重大煤矿生产安全事故、较大煤矿生产安全事故和一般煤矿生产安全事故，负责事故批复的国家煤矿安全监察机构应当自收到事故调查报告之日起15日内作出批复。事故批复应当送负责落实责任追究的有关地方人民政府及其有关部门或者单位，以便及时按要求落实事故责任。

（二）事故责任的追究

事故处理的主要内容，一是严肃追究对煤矿生产安全事故的发生负有责任的有关单位和人员的责任，二是落实事故防范措施。关于事故责任的追究，我国采取的是分类实施的方式，由各个具有责任追究职能职责的部门根据事故批复，按照各自职能职责分别负责实施。比如，对于违反行政法律法规的，由国家煤矿安全监察机构及相关行政管理部门按照各自的职能职责予以行政处罚或采取其他行政措施；对于违反党纪政纪的，由有关纪检监察部门负责实施；等等。另外，负有事故责任的人员涉嫌犯罪的，由司法机关依法追究刑事责任。

有关地方人民政府及其有关部门或者单位收到事故批复后，应当按照规定的职能职责和程序，对事故责任单位和责任人员按照事故批复的规定落实责任追究，并及时将落实情况书面反馈批复单位。煤矿企业及相关单位应当认真落实事故防范措施，避免类似事故的再次发生；煤矿安全监管监察部门应当加强对煤矿企业及相关单位落实事故防范措施情况进行监督检查。

（三）事故调查处理情况的公布

煤矿生产安全事故调查处理完毕后，除依法应当保密的以外，应当按照分级实施的原则，及时向社会公布调查处理情况。根据相关法律法规的规定，特别重大煤矿生产安全事故的调查处理情况由国务院或国务院授权组织事故调查的国家安全生产监督管理总局和其他部门向社会公布；重大煤矿生产安全事故的调查处理情况，由省级煤矿安全监察机构向社会公布；较大煤矿生产安全事故和一般煤矿生产安全事故的调查处理情况，由煤矿安全监察分局向社会公布。

第三章　煤矿安全行政执法依据

煤矿安全行政执法活动过程是一个十分严肃的国家行政权力实施过程，是国家行政权力作用于煤炭行业安全生产活动，引导煤炭行业安全发展的过程。按照国家依法行政的总体要求，煤矿安全行政执法活动应当依法进行，每一项具体的煤矿安全行政执法决定，都应当有明确的法律依据和确定的事实依据为支撑，而不能滥用行政权力，随意执法，否则将被追究相应的法律责任。所以，每一个煤矿安全行政执法人员，都应当认真学习掌握各项煤矿安全法律制度，并在执法过程中严肃认定每一项违法事实，做到法律依据明确，事实依据清楚确实。

第一节　煤矿安全行政执法依据概述

按照依法行政的基本要求，任何行政执法活动都应当有相应的依据为支撑，煤矿安全行政执法活动也不另外，否则，煤矿安全行政执法行为的效力就会出问题。那么，煤矿安全行政执法依据的含义是什么呢？一般来说，依据是指人们作出某一个决定或者实施某一个行为所凭借的理由，包括规范理由和事实理由。据此，我们可以给煤矿安全行政执法依据下一个这样的定义：煤矿安全行政执法依据是指煤矿安全行政执法机构和执法人员作出行政执法行为所凭借的法律规定和客观事实。

根据上述定义，煤矿安全行政执法依据具有如下特征：

1. 煤矿安全行政执法依据的内容包括法律依据和事实依据。按照现代行政法治的要求，行政执法机关实施行政执法行为应当遵循“法无明文规定不可为”的原则，所以，煤矿安全行政执法机构的执法行为也应当有相应的有效的法律依据，这是一个方面。另一方面，行政机关作出行政执法决定，除了要有法律依据，还要有与法律规定相对应的事实依据，如具体的违法事实。法律依据和事实依据是紧密联系在一起的，每一个煤矿安全行政执法决定都应当有法律依据和事实依据，二者缺一不可。

2. 煤矿安全行政执法依据必须是有效的法律和已经发生的客观事实。作为煤矿安全行政执法依据的法律必须是现行有效的法律，而不能是已经公布但尚未生效的法律，也不能是已经废止的法律，更不能是立法机关尚未通过的法律草案、法律建议稿等。至于法律的形式，必须是法定的立法机关按照法定程序制定并发布的法律文件。作为煤矿安全行政执法依据的事实必须是已经发生的客观事实，而不能是尚未发生的事实，也即行政执法机关只能对已经存在的事实进行判断，而不能以可能发生或将来要发生的事实为依据作出行政执法决定，更不能凭空捏造事实，滥用职权，随意执法。

3. 煤矿安全行政执法依据是煤矿安全行政执法人员在具体执法活动过程中所引用的法律和事实。法律依据和事实依据只有与具体的执法案件结合在一起才能对煤矿安全执法机构及其执法相对人产生直接的影响。每一个具体的执法案件，执法人员在实施执法行为的过程中，都会引用具体的法律条文，描述具体的案件事实，这就是本案件的法律依据和事实依据，也是煤矿安全行政执法机构所确认的法律依据和事实依据。

4. 煤矿安全行政执法依据一旦确定，不得随意更改。行政执法依据一旦依照法定的行政执法程序确定下来，煤矿安全行政执法机构与执法相对人之间具体的行政法律关系也就确定下来了，对执法机构和执法相对人双方都有法定的约束力，行政执法机构不得随意更改已经确定的执法内容，包括法律依据和事实依据，否则会影响执法行为的效力。当然，不得随意更改并不是说不能更改，如果执法机构发现执法内容确有错漏，应当按法定程序予以撤销、变更或者重新作出行政执法决定。

第二节　煤矿安全行政执法的法律依据

一、法律依据的概念

煤矿安全行政执法的法律依据是指煤矿安全行政执法行为借以成立的法律规范。根据我国具有中国特色社会主义法律体系的结构和法律的基本表现形式，以及现行我国煤矿安全法律体系的内容，煤矿安全行政执法的法律依据主要有宪法、法律、行政法规、地方性法规、民族地区自治条例和单行条例、行政规章和其他规范性文件，以及国家安全生产标准和行业安全生产标准。

要正确把握煤矿安全行政执法的法律依据，还要对法律这一概念有所了解。社会生产和生活中，存在着各种调整人们相互关系的社会规范，如道德规范、宗教规范、纪律规范、风俗习惯等等，法律是一种由国家有权机关制定的，并由国家强制力保障实施的，重要的、特殊的调节人们行为的社会规范。法律规定人们在一定条件下可以这样行为，应当这样行为或不应当这样行为，从而为人们的行为提供一定的模式、标准或方向，使人们的行为有所遵循，并且按照法律规定的要求调整自己的行为。法律不针对人们单纯的思想活动，而是着眼于人们的行为及后果，是对人们怎样行为的基本要求。法律并不是针对具体的、特定的某个人的行为而确定的规则，而是为一般人的行为提供一个共同遵循的标准或方向，对任何人都适用，无例外地普遍发生效力。根据我国关于法律这一概念的使用习惯，法律有广义的法律和狭义的法律之分。广义的法律包括宪法、法律、行政法规、地方性法规、民族地区自治条例和单行条例、行政规章和其他规范性文件等各种法律表现形式；狭义的法律仅指全国人大及其常委会依据宪法所制定的法律。作为煤矿安全行政执法的法律依据的法律，指的就是广义的法律。当然，在本书中，有时也在狭义的层面使用法律这一概念，要注意区分。另外，在我国，一般情况下，法和法律这两个概念是通用的。

二、法律依据的表现形式

（一）法 律

这里所称的法律是狭义的法律，是指全国人大及其常委会依据宪法所制定的法律。法律的制定主体有两个，即全国人民代表大会和全国人民代表大会常务委员会，全国人民代表大会制定和修改基本法律，如《刑事诉讼法》《立法法》《合同法》等，全国人民代表大会常务委员会制定和修改除应当由全国人民代表大会制定的法律以外的其他法律，如《产品质量法》《煤炭法》《道路交通安全法》等。全国人民代表大会及其常务委员会依据宪法制定的法律，其效力低于宪法，高于行政法规。全国人民代表大会及其常务委员会通过的法律由国家主席签署主席令予以公布。

现行有效的可以作为煤矿安全行政执法依据的法律主要有《矿山安全法》《煤炭法》《安全生产法》《劳动法》《工会法》《标准化法》《职业病防治法》《行政许可法》《行政处罚法》《突发事件应对法》等。

（二）行政法规

制定行政法规是宪法赋予国务院的重要行政立法权，国务院制定的行政法规是我国法律体系的重要组成部分。在我国的法律体系中，行政法规居于十分重要的地位，发挥着承上启下的作用，其效力在层级上低于宪法和法律，高于地方性法规，在空间上及于全国。行政法规一般采用条例、规定、办法等名称。行政法规由国务院总理签署国务院令公布，在国务院公报上刊登的行政法规文本为标准文本。

现行有效的可以作为煤矿安全行政执法依据的行政法规主要有《煤矿安全监察条例》《生产安全事故报告和调查处理条例》《国务院关于预防煤矿生产安全事故的特别规定》《建设工程安全生产管理条例》《国务院关于特别重大事故行政责任追究的规定》《矿山安全法实施条例》等。

（三）地方性法规

根据我国现行立法体制，地方性法规的制定主体有两个层次，一是省

（自治区、直辖市）的人民代表大会及其常务委员会，二是设区的市（自治州）人民代表大会及其常务委员。省（自治区、直辖市）人民代表大会及其常务委员会根据本行政区域的具体情况和实际需要，在不同宪法、法律、行政法规相抵触的前提下，可以制定地方性法规。设区的市（自治州）人民代表大会及其常务委员会根据本市（州）的具体情况和实际需要，在不同宪法、法律、行政法规和本省（自治区）的地方性法规相抵触的前提下，可以制定地方性法规，报省（自治区）人民代表大会常务委员会批准后施行。

省（自治区、直辖市）人民代表大会制定的地方性法规由大会主席团发布公告予以公布。省（自治区、直辖市）人民代表大会常务委员会制定的地方性法规由常务委员会发布公告予以公布。设区的市（自治州）的人民代表大会及其常务委员会制定的地方性法规报经批准后，由设区的市（自治州）的人民代表大会常务委员会发布公告予以公布。在人民代表大会常务委员会公报上刊登的地方性法规文本为标准文本。由于地方最高权力机关是地方性法规的制定和发布机关，所以，它在本区域内具有得以一体遵循的效力，但它的效力低于宪法、法律和行政法规。

全国各省（自治区、直辖市）都根据本地的实际情况制定有自己的地方性法规，具体内容也各有不同。从云南省的情况看，现行有效的可以作为煤矿安全行政执法依据的行政法规主要有《云南省实施中华人民共和国矿山安全法办法》《云南省劳动保护条例》《云南省安全生产条例》等。

（四）自治条例和单行条例

根据我国宪法和《立法法》的规定，民族自治地方的人民代表大会有权依照当地民族的政治、经济和文化的特点，制定自治条例和单行条例。自治条例是调整民族自治地方内各种关系的一种民族区域自治地方法规；单行条例是专为调整民族自治地方某种社会关系的一种民族区域自治地方法规。自治条例和单行条例是我国法律体系的重要组成部分。

自治条例和单行条例可以依照当地民族的特点，对法律和行政法规的规定作出变通规定，但不得违背法律或者行政法规的基本原则，不得对宪法和民族区域自治法的规定以及其他有关法律、行政法规专门就民族自治地方所做的规定作出变通规定。自治区的自治条例和单行条例，报全国人民代表大会常务委员会批准后生效。自治州、自治县的自治条例和单行条例，报省（自治区、直辖市）的人民代表大会常务委员会批准后生效。自治条例和单行条例报经批准后，分别由自治区、自治州、自治县的人民代表大会常务委员会发布公告予以公布。在人民代表大会常务委员会公报上刊登的自治条例和单行条例文本为标准文本。

各级煤矿安全行政执法机构在民族自治区域开展煤矿安全行政执法工作，应当遵守民族自治条例和单行条例中关于煤矿安全执法方面的有关规定。

（五）规　章

规章包括地方政府规章和部门规章，它是煤矿安全行政执法活动中运用最为广泛、规定最为具体的法律规范。规章在行政机关开展行政管理活动中发挥着十分重要的作用。

1. 部门规章。根据《立法法》的规定，部门规章就是指国务院各部、委员会、中国人民银行、审计署和具有行政管理职能的直属机构，根据法律和国务院的行政法规、决定、命令，在本部门的权限范围内依照法定程序制定的规章。部门规章规定的事项属于执行法律或者国务院的行政法规、决定、命令的事项。部门规章由部门首长签署命令予以公布，在国务院公报或者部门公报上刊登的规章文本为标准文本。

现行有效的可以作为煤矿安全行政执法依据的部门规章主要有《安全生产违法行为行政处罚办法》《煤矿安全监察行政处罚办法》《安全生产培训管理办法》《生产经营单位安全培训规定》《煤矿安全规程》《特种作业人员安全技术培训考核管理规定》《生产安全事故信息报告和处置办法》《生产安全事故应急预案管理办法》《安全生产事故隐患排查治理暂行规定》《煤矿领导带班下井及安全监督检查规定》《煤矿建设项目安全设施监察规定》《防治煤与瓦斯突出规定》《煤矿防治水规定》《煤层气地面开采安全规程（试行）》《工作场所职业卫生监督管理规定》《用人单位职业健康监护监督管理办法》《职业卫生技术服务机构监督管理暂行办法》《煤矿安全培训规定》《安全评价机构管理规定》《安全生产检测检验机构管理规

定》《煤矿企业安全生产许可证实施办法》等。

2. 地方政府规章。根据《立法法》的规定，地方政府规章就是指省（自治区、直辖市）和设区的市（自治州）人民政府，根据法律、行政法规以及本省（自治区、直辖市）的地方性法规，依照法定程序制定的规章。地方政府规章由省长、自治区主席或者市长、自治州州长签署命令予以公布，在国务院公报或者地方人民政府公报上刊登的地方政府规章文本为标准文本。

另外，煤矿安全行政执法机构在开展执法活动中，有时还会引用到政府规范性文件，规范性文件也包括国务院部门规范性文件和地方政府规范性文件。规范性文件规定的内容往往是对上位法有关规定的进一步细化，以便增强上位法有关规定的针对性和操作性，进一步强化执法效果。

（六）煤矿安全国家标准及行业标准

煤炭行业是灾害比较突出的行业，煤矿灾害治理过程中涉及很多技术方面的问题，为保障煤矿生产安全，尽量减少事故的发生，维护人民群众生命财产安全，国家及行业主管部门制定颁布了很多煤矿安全国家标准及行业标准，其中有很多是强制性的标准，这些标准的落实，对保障煤矿生产安全有着重要的意义。煤矿企业在生产过程中必须认真贯彻落实这些标准，煤矿安全执法机构在执法过程中，也要对煤矿企业贯彻落实这些标准的情况进行监督检查。

有关煤矿安全的国家标准和行业标准有很多，这里只是列举几个主要的标准：煤炭工业矿井设计规范（GB50215－2005）、煤炭工业小型矿井设计规范（GB50399－2006）、煤矿矿井瓦斯地质图编制方法（AQ/T1086－2011）、煤矿建设安全规范（AQ1083－2011）、煤层气开采防尘防毒技术规范（AQ4213－2011）、煤矿灾变环境混合气体测试方法与爆炸危险性判定规则（AQ/T1084－2011）、煤矿安全风险预控管理体系规范（AQ/T1093－2011）、煤矿瓦斯基本抽采指标（AQ1026－2006）等。

三、法律依据的灭失

作为行政执法依据的法律规范一经颁布施行即在一定区域内具有普遍约束力，也即具有法律效力，行政执法机构依据它而作出的行政执法行为就能产生相应法律后果。但是法律依据的效力也不是永恒的，它也会因某些因素被撤销、变更或废止，这就是法律依据的灭失现象。特别是当前我国正处于社会转型时期，随着改革的深化和社会的不断发展进步，法律依据也要进行相应的调整和完善，法律依据的立、改、废也显得更为频繁。所以，行政执法机关及其执法人员要认真学习了解法律依据的变化情况，准确理解和把握现行有效的各项法律制度，依法严格履行好行政执法职责。

（一）法律依据的撤销

法律依据的撤销是指当有权机关发现已经具有法律效力的法律规范与效力层次比它高的法律规范相抵触时，按照法定程序予以撤销的活动。为了保证法制的统一，我国宪法及相关法律明确规定，在不同的法律表现形式之间，效力层级是不一样的，下位法的内容不能同上位法的内容相抵触，如果相抵触即为违法，有权机关将按照法定程序对相关法律规范予以撤销。如，全国人民代表大会常务委员会有权撤销国务院制定的同宪法、法律相抵触的行政法规、决定和命令。法律依据的撤销是一项重要的立法监督活动，其目的是确保中国特色社会主义法律体系内部的完整和统一，建设和维护和谐的社会秩序。

（二）法律依据的变更

法律依据的变更是指当发现已经具有法律效力的法律规范不当或根据社会实践的变化需要对有关内容进行调整时，有权机关依照法定程序对其有关内容进行改变或者使其部分地失去效力并作出新规定的活动。法律依据的变更包括两个层面，一是有权机关对相关立法主体制定的法律规范发现需要进行变更时，依照相关规定予以变更，比如，按照我国宪法的规定，国务院有权改变各部、委员会和地方政府发布的不适当的规章和决定、命令；二是法定的立法机关对自己制定的法律规范作出修改决定予以变更，如《行政许可法》颁布实施后，国务院很多部、委根据《行政许可法》关于设定实施行政许可基本原则，对相关部门规章进行了修改，对部分内容做了变更。

（三）法律依据的废止

法律依据的废止是指当有权机关发现作为行政执法依据的法律规范已经不适当时，宣布予以废止或者针对同一事项和行为制定新的法律规范使原法律规范自行失去效力的活动。如 2010 年国家安全生产监督管理总局就根据全国煤矿安全实际及煤矿安全法律体系建设情况直接宣布废止了由其自己于 2003 年制定的规章《煤矿安全生产基本条件规定》。这里要特别强调的是，法律依据的废止并不等于之前根据该法律依据所发生的法律行为及其法律后果的失效，法律依据被废止之前根据该法律依据作出的具体行政执法行为及其产生的法律后果仍然有效。

四、法律依据的适用原则

我们知道煤矿安全行政执法法律依据的表现形式有多种，而且效力层次也不一样，同一表现形式的法律依据也可能有多部，一般情况下，这些法律依据之间应当是协调一致的。但是由于制定这些不同表现形式法律依据的主体具有一定的广泛性，而且同一主体制定的法律规范也会有很多，因此，不同法律依据之间的矛盾和不一致时有发生。这样，我们在行政执法过程中也会遇到不同法律表现形式之间或者同一主体制定的不同法律规范之间对同一个事项都有规定，但具体的内容却互相矛盾的情况，这时，我们就要按照一定的原则解决这些矛盾，以便及时有效地协调相关社会关系或处理相关纠纷，从而保障社会秩序的正常运转。这些解决法律依据之间矛盾的原则，就是法律依据的适用原则。一般来讲，在煤矿安全行政执法活动中法律依据的适用原则主要有以下几项。

（一）上位法优于下位法

中国特色社会主义法律体系的统一体现在各种不同表现形式法律规范之间的效力层次和位阶关系上，根据宪法和《立法法》的规定，不同表现形式的行政执法法律依据之间的效力是不一样的，有高低层次之分，与此相对应，不同表现形式的行政执法法律依据在整个法律体系中也形成了相应的等级和位阶关系，而且，下位法的内容不能与上位法的规定相抵触。但是，在实践中，往往出现一些层次较低的法律规范与层次较高的法律规范之间的规定不一致，甚至相抵触的情况。出现这种情况的原因是多方面的，有可能是因为调查研究不足，或者是对法律规范研究得不够深入，或者是受地方利益和部门利益的影响，等等。但无论何种原因导致这种情况的发生，已经具有法律效力的法律规范是具有拘束力的。如果煤矿安全行政执法机构及其执法人员在执法活动中遇到上述情况，就要按照上位法优于下位法的原则进行处理。所谓上位法优于下位法就是指当煤矿安全行政执法机构及其执法人员在执法活动中发现不同效力层次的法律依据对同一问题规定不一致时，应当执行效力层次较高的法律依据，而不是按照效力层次较低的法律依据进行执行。在煤矿安全行政执法活动中坚持上位法优于下位法的原则，就是在煤矿安全行政执法实践中坚持和维护我国社会主义法制统一的具体表现。

（二）变通法优于被变通法

变通法优于被变通法是指当某一下位法依法对上位法进行变通规定时，在这一区域内应当优先适用变通的法。变通法优于被变通的法的原则主要是针对自治条例和单行条例以及经济特区法规而言的。《立法法》明确规定，“自治条例和单行条例依法对法律、行政法规、地方性法规做变通规定的，在本自治地方适用自治条例和单行条例的规定。经济特区法规根据授权对法律、行政法规、地方性法规做变通规定的，在本经济特区适用经济特区法规的规定。”在变通法适用区，煤矿安全行政执法过程中也应当执行变通法的相关规定，特别是云南等辖区内民族自治区域比较多的省份，执法中尤其要关注自治条例和单行条例的相关变通规定。

（三）新法优于旧法

人们对社会经济发展规律和行政管理规律的认识是一个不断深化的渐进过程，特别是当前我国正处于社会转型时期，新事物、新情况、新问题层出不穷，人们对事物的认识也不断发生着变化。反映在立法活动中，就是同一立法机关后制定的法律文件与以前制定的法律文件之间可能出现不甚一致，甚至是相互抵触的情形。如果在煤矿安全行政执法活动中遇到上述情形，就要以新法优于旧法的原则进行处理。当然，在立法实践中，有的是后法颁布的同时就明文废止了以前制定的法律规范中不同规定，这就肯定不会引起争议了，问题是如果后法中没有提及以前制定的法律规范中的不同规定，而且以前制定的法律规范仍然还有效力的时候，就会引起争议，这时就要用到新法优于旧法的原则了。

所谓新法优于旧法是指，如果同一个立法机关就同一个问题制定有两个或两个以上的法律规范，就应该执行颁布时间在后的法律规范。《立法法》第83条对此作了明确规定。这里需要强调的是，新法优于旧法原则的适用是有条件的，即新法与旧法必须是同一立法机关制定并颁布的。如果是不同效力层次及位阶的两个或两个以上法律规范对同一事项有不同的规定，则不能用新法优于旧法的原则进行处理。新法优于旧法原则的适用主要有三种情形：一是同一立法机关针对同一事项制定的法律规范，新的一般规定与旧的一般规定不一致；二是同一立法机关针对同一事项制定的法律规范，新的特别规定与旧的特别规定不一致；三是同一立法机关针对同一事项制定的法律规范，新的特别规定与旧的一般规定不一致。

（四）特别法优于一般法

特别法优于一般法是指当同一立法机关制定的法律、行政法规、地方性法规、自治条例和单行条例、规章，特别规定与一般规定不一致的，按照特别规定进行执行。当然，特别法优于一般法原则不是随意可以适用的，而是受两个条件的限制：一是只有在同一个立法机关制定的法律规范之间才适用这一原则，不同的立法机关制定的法律规范之间的优先适用问题应当按照其他的原则进行处理；二是只有在旧的一般规定与新的特别规定，或者在同一时间制定的特别规定与一般规定之间的相关规定不一致时才能适用这一原则，如果是同一立法机关制定的新的一般规定与旧的特别规定不一致，则不能按照特别法优于一般法原则进行处理，而是要采取其他的方式进行处理。

（五）呈请有权机关决定

在煤矿安全行政执法实践中，我们经常会遇到这样的情况，即对同一个事项，两个或两个以上的法律规范作了不同的规定，有些甚至是相互抵触的，却不能用上述上位法优于下位法、变通法优于被变通的法、新法优于旧法、特别法优于一般法等法律依据适用原则进行处理的情况，这时就要适用呈请有权机关决定原则。所谓呈请有权机关决定就是指当两个或两个以上的法律规范对同一个事项作了不同的规定，而不能确定如何适用时，呈请有决定权的机关进行裁决，明确应当执行的法律规范的活动。根据《立法法》的规定，当法律之间对同一事项的新的一般规定与旧的特别规定不一致，不能确定如何适用时，由全国人民大会常务委员会裁决。当行政法规之间对同一事项的新的一般规定与旧的特别规定不一致，不能确定如何适用时，由国务院裁决。当地方性法规、规章之间不一致时，由有关机关依照下列规定的权限进行裁决：一是同一立法机关制定的新的一般规定与旧的特别规定不一致时，由制定机关裁决；二是地方性法规与国务院部门规章之间对同一事项的规定不一致，不能确定如何适用时，由国务院提出意见；国务院认为应当适用地方性法规的，应当决定在该区域适用地方性法规；认为应当适用国务院部门规章的，应当提请全国人民代表大会常务委员会裁决；三是国务院部门规章之间，国务院部门规章与地方政府规章之间对同一事项的规定不一致时，由国务院裁决；根据授权制定的法规与法律规定不一致，不能确定如何适用时，由全国人民代表大会常务委员会裁决。

五、法律依据条文的引用方法

法律依据条文的引用方法要解决的是如何规范引用具体的法律条款的问题。事实上，根据上述法律依据适用原则，法律依据具体条文的引用问题基本可以得到解决，但是，在具体的行政执法实践中，特别是执法文书的制作过程中，法律依据条文的引用不规范的问题极为突出，有些甚至直接影响到了行政执法行为的效力。如，有的现场处理决定只引用了法律依据的名称，没有引用到具体的条款；有的行政处罚决定所引用的法律依据条文下面有多个项、目，却没有引用到具体的项和目；有的行政强制决定所引用的法律依据与认定的事实对应不上，等等。由此可见，在具体的行政执法活动中，特别是在行政执法文书的制作过程中，法律依据条文的引用问题应当引起重视。

规范引用法律依据条文，应当做到如下几点：

1. 引用的条文要与认定的事实相对应。在煤矿安全行政执法实践中，法律依据条文引用方面经常出现的最严重的问题，就是所引用的条文与所认定的事实之间互相对应不上，如，认定的违法事实是煤矿井下提升运输设备不符合要求，但是，作出行政处罚决定时所引用的法律依据条文却是通风系统方面的，这样，作出的行政处罚决定就成了无源之水、无根之木，直接影响到了行政处罚决定的效力。出现这种情况的主要原因是工作责任心不强，不注意工作中的细节，做事不认真、不细致。当然，有时是因为法律规范规定得比较原则，对法律规范的理解出现了偏差，出现这种情形就要加强学习，不断提升执法人员的业务水平和工作能力。

2. 引用的条文要全面。在煤矿安全行政执法实践中，很多时候要引用多个法律依据条文才能准确作出行政执法决定，这时要把条文引用全面，不能有缺漏。一般情况下，如果要作出行政处罚决定，要先引用认定事实的条文，再引用实施处罚的条文。对于同一事项，如果上位法仅做了原则性规定，下位法作了细化规定的，上位法和下位法要同时引用。

3. 具体条文的引用要到款、项、目。我国法律文本的结构一般是按编、章、节、条、款、项、目进行编排，具体每一件法律文本的编排方式与法律文本的内容及其复杂程度密切相关，但是无论如何编排，一般情况下，每一件法律文本都会有“条”，即“第 X 条”。在行政执法过程中，在引用法律依据的时候，一般直接从“条”开始引用，即“第 X 条”，而没有必要从“编”“章”“节”开始引用。如果遇有你要引用的“条”下面有多个“款”，“款”下面有多个“项”，而“项”下面又有多个“目”的时候，就要针对所认定的事实，列出相对应的具体“款”“项”和“目”，而不能只列出“条”，这样，法律依据的引用才能准确。当然，如果你要引用的“条”里面的内容只有一“款”，直接引用到“条”即可。

第三节　煤矿安全行政执法的事实依据

一、事实依据的概念

事实就是事情的真实情况，又叫客观情况。煤矿安全行政执法的事实依据，是指煤矿安全行政执法主体作出煤矿安全行政执法行为所依据的，煤矿安全法律法规所规定的，能够引起煤矿安全行政法律关系产生、变更、消灭的客观事实，是符合煤矿安全行政法律规范的调整标准的具体的客观事实，也即煤矿安全行政法律事实。简单地说，煤矿安全行政执法的事实依据，就是指客观存在的煤矿安全行政法律事实。煤矿安全行政法律事实的重要功能就是能够引起煤矿安全行政法律关系的产生、变更或消灭。所谓行政法律关系是指煤矿安全行政执法主体与执法相对人之间的权利和义务关系。所谓煤矿安全行政法律关系的产生，是指煤矿安全行政执法主体与执法相对人之间实际构成了权利义务关系。如，因煤矿企业的安全生产违法行为，煤矿安全监察机构对它实施了行政处罚，这时，煤矿安全监察机构与被处罚煤矿企业之间就产生了行政处罚法律关系。煤矿安全行政法律关系的变更，是指煤矿安全行政法律关系产生后、消灭前，该关系的一方当事人或该关系的部分权利义务发生变化。如，在政府机构改革过程中，某煤矿安全执法机构及其职能并入另一行政机关，成立了新的行政执法机构，这时，它与相对人之间原来确立的权利义务关系依然有效。煤矿安全行政法律关系的消灭，是指原煤矿安全行政法律关系当事人之间权利和义务关系的消灭，其原因可能是该关系一方或双方当事人消失，也可能是该关系的权利与义务全部消失。如，某煤矿安全行政执法主体与某煤矿企业之间的行政处罚法律关系，可因煤矿企业按时全部缴纳罚款而消失。总之，事实依据是煤矿安全行政执法活动的重要基石，煤矿安全行政执法机构及其执法人员在执法过程中要高度重视煤矿安全行政法律事实，高度关注能够证明煤矿安全行政法律事实真实存在的相关证据的收集和保存工作。

作为煤矿安全行政执法事实依据的行政法律事实分为行政法律行为和行政法律事件。行政法律行为是指煤矿安全行政法律关系主体在某一煤矿安全行政法律关系产生过程中所实施的行为，包括煤矿安全行政执法机构及执法相对人的合法行为和违法行为。如，在煤矿安全行政许可法律关系中，煤矿安全监察机构授予煤矿企业安全生产许可证的行为；在煤矿安全行政处罚法律关系中，煤矿企业实施的违反煤矿安全行政法律规范的行为；等等。行政法律事件是指不以人的意志为转移而发生的客观现象，如人的死亡、自然灾害等等。

在煤矿安全行政执法实践中，多数情况下，作为行政执法依据的行政法律事实主要是煤矿安全行政违法行为。所谓煤矿安全行政违法行为，是指作为煤矿安全行政执法相对人的公民、法人和其他组织违反现行煤矿安全法律法规的规定，给社会或他人造成某种危害的、有过错的行为。如煤矿企业违反煤矿安全相关法律法规的规定，强令从业人员违章冒险作业，造成从业人员伤亡事故的发生。

二、事实依据的认定

事实依据的认定，也即煤矿安全行政法律事实的认定，是指煤矿安全执法机构及其执法人员在执法中分辨和确定与执法内容相关的各种客观情况的活动。事实依据的认定过程是煤矿安全行政执法活动中十分关键的一个环节，这个环节的工作做好了，就能为顺利开展好其他各环节的工作打下良好的基础。在煤矿安全行政执法实践中，往往也是在这个环节容易发生纰漏，从而导致整个执法活动出现问题。比如，某产煤大县煤矿安全行政执法机构在对辖区内某煤矿进行检查的过程中发现煤矿井下采煤工作面的风量不符合要求，据此对该煤矿实施了罚款的行政处罚，而认定该煤矿

“井下采煤工作面风量不符合要求”的主要证据是对当时陪同参加现场检查的该煤矿矿长王某的调查取证笔录和执法人员制作的现场检查笔录。该煤矿矿长王某在调查取证笔录中对此的表述是“当时在采煤工作面的时候感觉风量不能满足需要”，执法人员制作的现场检查笔录中也做了相同的表述。事后，煤矿企业拿着该矿通风工程技术人员根据当时井下采煤工作面作业人数、产煤量、井下通风系统分布及运行情况、矿井主要通风机的能力及运转记录、回风巷的测风记录、采煤工作面作业规程等等相关证据材料，提出虽然当时井下“感觉风量不能满足要求”，但实际上，当时井下的风量是符合要求的，并据此向县政府申请行政复议，要求撤销县煤矿安全行政执法机构对其所做的罚款的行政处罚。县政府根据煤矿企业提出的行政复议申请，对该行政处罚案件进行了审查，发现办理该行政处罚案件的执法人员没有现场检测风量，也没有提取其他相关证据，只是凭“感觉”就认定了违法事实，煤矿企业提供的相关证据足以证明当时的风量是符合相关规定要求的，据此撤销了县煤矿安全行政执法机构所做的罚款的行政处罚决定，并对相关责任人员进行了处理。这是一个典型的案例，在实际的煤矿安全行政执法活动中，在事实依据的认定方面产生纰漏的情况多种多样，稍不留意，任何方面都可能出现纰漏，所以，每一个执法人员都要严肃对待事实依据的认定工作，严格认定每一项行政法律事实，坚决避免出现纰漏。

说到这里，大家肯定会问，既然事实依据的认定工作如此重要，那么，它有没有一个统一的标准？答案是肯定的。根据我国法治政府建设与依法行政的相关要求，以及《行政诉讼法》《行政复议法》《国家赔偿法》《行政处罚法》《行政强制法》等相关行政法律的有关规定，在煤矿安全行政执法活动中，特别是作出行政处罚决定和实施行政强制的时候，事实依据的认定要做到事实清楚，证据确实、充分。这就是认定事实依据的标准。在煤矿安全行政执法过程中，每一项认定的行政法律事实都要符合这一标准，执法人员在执法活动中随时都要以这一标准来审视和判断所掌握的行政法律事实，发现有不符合这一标准情况的，要及时采取相应措施进行补充完善或进行重新认定。

所谓事实清楚，是指煤矿安全行政执法机构及其执法人员在作出行政执法决定时，据以作出行政执法决定的事实，必须做到具体、准确，且符合客观实际。特别是在煤矿安全行政违法案件的处理过程中，认定的违法事实，必须能够反映违法事实发生、发展的全过程，必须交代清楚违法事实发生的时间、地点、状态、手段、情节、后果、责任主体及其应负的责任等要素，而不能含糊不清、牵强附会、前后矛盾，更不能把一些道听途说、捕风捉影，甚至颠倒是非、无中生有、随意夸大或缩小的材料，当作作出行政执法决定的事实依据。

对于事实清楚，有人认为，就是基本事实清楚。我们认为这是正确的。因为在行政执法实践中，完全发现或证明已经发生的客观事实是根本无法做到的。但是，我们要特别注意，基本事实清楚，并不等于事实基本清楚。基本事实清楚与事实基本清楚是两个性质不同的事实认定标准，事实基本清楚标准的要求远远低于基本事实清楚标准的要求。在煤矿安全行政执法过程中，在认定事实依据时，我们应当坚持事实清楚，也即基本事实清楚的标准，而不能以事实基本清楚的标准认定的事实为根据作出行政执法决定，否则会造成执法错误，进而引发执法纠纷。

所谓证据确实、充分，既包括对证据质的要求，也包括对证据量的要求。一般认为，在煤矿安全行政执法过程中，证据确实、充分可以作以下理解：

（1）据以认定行政法律事实的证据均已查证属实。这是指作为认定行政法律事实根据的每一个证据都具有客观性、关联性和合法性等证据的本质属性，能经得起现实和历史的检验。

（2）认定的行政法律事实均有必要的证据予以证明。这是指煤矿安全行政执法机构认定的据以作出行政执法决定的煤矿安全行政法律事实均有证据予以证明，对没有证据证明的事实坚决予以舍弃，而不予以认定。

（3）证据之间、证据与将要认定的行政法律事实之间的矛盾得到合理的排除。煤矿安全行政执法机构及其执法人员在办理煤矿安全行政违法案件过程中收集到的证据，可能与其他证据或者与将要认定的行政法律事实有矛盾，出现这种情况的时候，必须进一步补充调查取证，有根据地排除矛盾，去伪存真，查明事实真相。绝不可置矛盾于不顾，勉强认定据以作出煤矿安全行政执法决定的行政法律事实。

（4）对认定的行政法律事实的证明结论是唯一的，排除了其他的可能性。这是指整个煤矿安全行政执法案件的证据不仅能证明认定的煤矿安全行政法律事实，而且，根据它们只能得出这一结论，不存在其他的可能性。

上述（1）主要是证据确实方面的要求，（2）（3）（4）共同构成证据充分方面的要求，而且，三点缺一不可。当然，证据确实与证据充分是联系在一起的，同时又是相互影响的。证据不确实，就谈不上充分；证据不充分，假证据就可能掺杂其中。因此，以上四点必须同时具备，才能认为证据已经达到确实、充分的程度。需要强调指出的是，在煤矿安全行政违法案件的办理过程中，证据确实、充分并非要求证据越多越好，更不意味着凡能证明案件真实情况的证据都必须收集齐全。一个案件，能够证明其真实情况的证据可能有很多，但是，执法人员不可能也没有必要把所有证据统统收集到手，只要收集到的证据能够达到上述四点要求即可。只要收集到的证据达到了上述要求，即使还可能收集到其他证据，也可以不再收集，以节省人力、物力及时间，保证使案件得到及时、正确的处理，促进提高行政执法的效率。当然，收集到的证据再多，如果不符合上述四点要求，也是不能定案的。

三、煤矿安全行政执法证据的基本特征

在事实依据的认定过程中，证据起着十分关键的作用，没有确实、充分的证据，事实依据就根本无法认定，更不用说达到事实清楚的程度了。所以，作为一个煤矿安全行政执法人员，必须学习和掌握一定的证据知识。

那么，什么是证据呢？证据的运用是十分广泛的，人们常常会在日常生活和工作当中举出自己已经知道的事实，来证明另一些事实的存在，这些已经知道的事实就是证据。由此可知，在一般意义上，证据就是证明的凭证，也即用来证明未知事实的已知事实。当然，在煤矿安全行政执法活动中，仅仅从一般意义上来理解证据的概念是远远不够的，因行政执法活

动的特殊性，决定了在行政执法过程中收集和运用的证据有其特殊的本质和特征。

煤矿安全行政执法证据，是指煤矿安全行政执法人员按照法定程序收集，并经审查核实的，用以证明行政执法案件认定的事实依据的一切客观事实。根据这一定义，与一般意义上的证据不同，煤矿安全行政执法证据具有以下三个特征，简称为证据的“三性”。

（一）客观性

证据的客观性，是指一切煤矿安全行政执法证据必须是不依人的意志为转移的、客观存在的真实情况，而不是通过主观想象、推测或者捏造得来的。例如，某煤矿企业井下某掘进工作面瓦斯超限仍在进行作业，这是典型的煤矿安全违法行为。要确定这一违法行为确实存在，就要证明“瓦斯超限”与“从业人员仍在进行作业”这两项事实确实存在，而且是同时存在。其中，“瓦斯超限”这一事实的认定，按照当前的方法，就是通过专用仪器进行检测确定当时作业现场空气中瓦斯含量是否超过了规定的界限，如果超过了，就可认定为“瓦斯超限”，否则就不能认定为“瓦斯超限”。这就说明，认定“瓦斯超限”这一事实的重要证据就是现场瓦斯检测记录（可由专业人员在现场进行检测，也可以是煤矿安全监控系统对于该工作面瓦斯变化情况的实时监测记录）。那么，按照证据客观性的要求，在收集该证据的过程中，我们应当做到：第一，现场空气中瓦斯的含量是真实检测出来的结果，是客观存在的，而不是猜测，甚至编造出来的；第二，现场检测出来的空气中瓦斯的含量是真实的，也即检测设备、检测方式都是符合要求的，检测结果也是真实的、确定的、唯一的、排他的；第三，现场瓦斯检测结果应当有书面记录，并记有现场检测情况描述（时间、地点、检测方式、检测人员等等）和检测的结果。当然，对于“从业人员仍在进行作业”这一事实的认定也要参照进行，虽然认定的方法会有所不同，但在本质要求上是一样的。由此，我们可以得知，证据的客观性包含以下几层含义：一是证据所反映的内容必须是对客观存在的事实的反映，是独立于人的意志以外，不依人的意志为转移的，如在上述案例中，需要通过专用仪器进行检测才能得知的空气中瓦斯的含量；二是证据的内容本身必须符合客观发生过的实际情况，如在上述案例中，对瓦斯所进行的检测及得出的结果必须是真实的，实际检测出来的结果是多少就是多少，而不能是推测或捏造出来的；三是证据必须具备能以某种方式为人们所感知的客观存在的形式，不能为人们所感知的“事物”，不可能成为证据，如在上述案例中，我们可以对空气中瓦斯含量进行检测并对检测结果进行记录保存，就说明这一证据是可以为人们所感知的。

证据的客观性是证据的本质属性，事实上，正是因为证据的客观性，也即用客观事实来证明行政执法中认定的案件事实，使我们在煤矿安全行政执法过程中，在认定案件事实的时候，增强了可靠性和说服力，提升了可信度，保证了执法的质量及社会效果。

（二）关联性

证据的关联性，是指证据必须与所要证明的煤矿安全行政执法案件事实之间有着客观的联系，多种证据之间能够相互印证，并形成证据链。这里需要特别强调指出的是，我们说证据与案件事实之间存在着客观的联系，只是说明这种联系是不依人的意志为转移的客观存在，人们只能如实地反映这种联系，而不能妄行联系。我们不能因为证据与案件事实之间的联系是客观的，就认为证据的关联性也是证据的客观性。证据的关联性是证据的一个独立的基本特征，具有独立的价值。证据的关联性要求，在收集和采用执法证据过程中，一切无关联的证据都应当予以排除。

为了正确把握证据的关联性，我们可以从以下几个方面进行理解：

1. 证据必须要与案件事实之间有联系。也即证据与案件的基本事实相关联。在煤矿安全行政执法案件中，就是指证据要关系到执法相对人是否存在违法行为、情节轻重、责任大小等等。如果收集的证据与认定的案件事实之间没有联系，证据就失去了意义，应当予以排除。比如，在一起煤矿安全行政处罚案件中，认定的违法事实是“该煤矿一水平八平巷上山采煤点无风作业”。执法人员收集到的证据材料有现场检查笔录、现场作业班长询问笔录、陪同下井检查的矿长的询问笔录、现场检测风量记录、矿井通风系统运行情况现场检查记录、井下使用的爆破材料的现场照片、采煤工具的现场照片、矿井瓦斯日报表、井下煤炭运输工具照片、煤矿编制的采煤作业规程、煤矿制定的安全检查制度及安全检查记录、煤矿相关证照的复印件、矿井通风系统图、矿井采掘工程平面图等等。上述证据材料中，只有现场检查笔录、现场作业班长询问笔录、陪同下井检查的矿长的询问笔录、现场检测风量记录、矿井通风系统运行情况现场检查记录、矿井通风系统图等证据与认定的案件事实之间有关联性，能够从不同侧面证明案件事实的存在，应当予以保留；而其他证据材料，虽然也都是真实存在的事实，但与案件认定的特定事实之间没有联系，在本案件的处理过程中，应当予以排除。

2. 证据与案件事实之间的联系必须是客观存在的，而不是执法人员主观猜测和外部强加的。比如，煤矿安全行政执法人员在对某煤矿进行现场检查中发现该煤矿井下使用非煤矿用机电设备，这是重大违法行为，证明这一违法行为的证据，是执法人员在井下发现了煤矿正在使用的两台没有“MA”（煤矿用设备许可标志）标志的动力开关。那么，作为证据的两台没有“MA”标志的动力开关，与认定的违法行为（也即违法事实）“煤矿井下使用非煤矿用机电设备”之间是一种什么样的关系呢？事实上，我们会发现，只要执法人员在煤矿井下发现煤矿使用了没有“MA”标志的动力开关等机电设备，“煤矿井下使用非煤矿用机电设备”这一违法行为即可认定成立，二者之间的客观联系即产生，与执法人员的主观意志没有关系。如果执法过程中发现收集到的证据与认定的案件事实之间联系是人为强加上去的，那么，该证据与案件事实之间的联系就不存在客观联系，这样的证据应当予以排除。

3. 证据与案件事实之间的联系是多种多样的。证据与案件事实之间的联系形式或渠道是多种多样的，包括直接的或间接的联系、正面的或反面的联系、肯定性的或否定性的联系等。但是，不管它们之间存在什么样的联系，都是表明证据反映了一定的案件事实。以煤矿安全行政处罚案件中的证据为例，有的能反映违法行为实施主体的情况、有的能反映违法的手段、有的反映安全隐患的存在状态、有的能反映违法行为的实施条件及过程、有的能反映违法的后果等等。

4. 证据必须能据以证明案件真实情况。这是证据关联性的根本意义之所在，其本质要求就是证据要有相应的证明力，也即不管是正面的，还是反面的，证据都要对案件实事有相应的证明作用。如果收集了很多证据，但是案件的主要事实还是不清楚，说明已经收集到的证据的证明力不强，价值不大。这就要求我们在行政执法实践中，要尽力收集与案件关联性大，证明力强的证据。比如，对于“煤矿企业在井下放炮作业中使用非煤矿用炸药”这一违法事实，有两个证据：一是该煤矿企业某从业人员听该煤矿放炮员说，该煤矿在井下放炮作业中使用的是非煤矿用炸药；二是执法人员在现场检查中发现该煤矿企业井下生产作业中使用非煤矿用炸药进行爆破作业，并制作了现场检查笔录。在这两份证据中，第二份证据的证明力明显强于第一份证据，在实际执法过程中，肯定要采用第二份证据。因为第一份证据只是转述别人说过的话，转述的内容是否是事实还有待于进一步加以证明，证明力太弱；而第二份证据却记录了执法人员亲眼看见的煤矿企业的违法行为，非常直接，具有较强的证明力。

（三）合法性

证据的合法性，是指取得证据的程序和证据的形式，应当符合法律法规的要求。它包括两方面的含义：一是证据应当具备法定形式；二是证据的取得应当遵守法定程序，用非法手段取得的证据材料不能作为煤矿安全行政执法证据。证据的合法性关系到证据能力问题，也即一定的事实材料能成为证明待证案件事实是否存在的证据在法律上的资格问题。一般来讲，不具备合法性特征的证据，就没有证据能力，不能作为认定案件事实的证据。

具体来讲，在煤矿安全行政执法实践中，证据的合法性要求主要包括以下内容：

1. 证据的收集必须由法定人员进行。这里所称法定人员，一般来讲，就是指煤矿安全行政执法人员。当然，参与执法的行政执法人员应当具备行政执法资格，依法取得行政执法资格证。不具备煤矿安全行政执法资格的人员收集的证据，就不具有证据能力，不能作为行政执法证据使用。按照相关规定，地方煤矿安全监督管理执法人员要取得省政府法制部门颁发的“行政执法证”；国家煤矿安全监察执法人员要取得国家安全生产监督管理总局颁发的“煤矿安全监察执法证”。只有取得上述执法资格证的人员才可以依法实施煤矿安全行政执法活动，收集相关执法证据。这里需要强调指出的是，法定人员并不一定都是具有煤矿安全行政执法资格的人员。比如，在除特别重大事故以外的煤矿安全事故的调查处理过程中，按照相关法律法规的规定，要由国家煤矿安全监察机构牵头组织相关部门组成事故联合调查组进行调查处理，所以，在法定的调查组组成人员中，有的具备行政执法资格，有的不具备行政执法资格，但是，他们都是合法的调查组组成人员，都应当按照调查组的统一安排，开展事故调查取证工作，这时，不具备行政执法资格的事故调查组组成人员依法提取的证据也是合法有效的。

2. 证据的收集必须依照法定程序进行。比如，现场检查笔录应当是先对煤矿企业的生产现场进行检查，然后再根据现场情况制作现场检查笔录，而不能是先制作现场检查笔录，再对现场进行检查。又如，制作调查取证笔录的时候，应当由两名执法人员进行，而不能由一名执法人员单独询问和记录。再如，作为证明煤矿安全行政执法机构对煤矿企业作出行政处罚决定的事实依据存在的证据，应当在作出行政处罚决定前进行调查收集并审查认定，而不能在作出行政处罚决定后，再收集相关证据。

3. 证据的来源必须合法。所谓来源合法是指获取证据的途径必须符合法律法规规定的条件。比如，现场检查笔录应当由煤矿安全行政执法人员制作，其他人员没有资格制作现场检查笔录。又如，当事人陈述，应当是煤矿企业了解实际情况的从业人员所做的陈述，而不能是其他人员的陈述。再如，证人证言必须由合格的证人作出，生理上、精神上有缺陷，不能辨别是非、不能正确表达的人，不能做证人。

4. 证据必须具备法定的形式。例如，现场检查笔录要有执法人员的签字和执法对象负责人的意见与签字；调查取证笔录要有调查取证对象对记录的意见；报表、隐患排查记录等书证应当提取原件，不能提取原件的，复制件要由煤矿企业进行盖章确认与原件核对无异，并注明复制时间及原件所在处。

综上所述，煤矿安全行政执法证据的特征是由客观性、关联性和合法性三个要素构成的，客观性和关联性是证据的内容，合法性是证据的形式，三个要素互相联系、缺一不可。证据的三个基本特征，为我们在煤矿安全行政执法活动中正确收集、审查和判断每一个证据提供了基本的标准，只要我们准确掌握了这三项标准，正确认定案件事实就有了可靠的基础，就能在执法活动中有效避免冤、假、错案的发生。

四、煤矿安全行政执法证据的种类

根据《行政诉讼法》《行政处罚法》《行政强制法》《煤矿安全监察条例》《生产安全事故报告和调查处理条例》等相关法律法规的规定，结合多年来各级煤矿安全行政执法机构在执法实践中收集和使用证据的实际情况，经过梳理，我们认为，在煤矿安全行政执法过程中，特别是煤矿安全事故调查处理案件、行政处罚案件和行政强制案件的办理过程中，认定案件事实依据的证据种类主要有现场检查笔录、参与人陈述、书证、物证、证人证言、视听资料、鉴定结论、勘验笔录、言词审理笔录。

（一）现场检查笔录

《煤矿安全监察条例》明确规定，煤矿安全监察行政执法人员对每次安全检查的内容、发现的问题及其处理情况，应当做详细记录。国家煤矿安全监察局根据《煤矿安全监察条例》的规定，颁布了现场检查笔录的制作格式。所以，现场检查笔录既是一种法定的煤矿安全行政执法文书，又是一种重要的煤矿安全行政执法证据。现场检查笔录主要用于记载煤矿安全行政执法人员对煤矿企业生产现场进行检查的情况，它真实记录了执法人员在现场检查中发现的煤矿企业现场安全生产状况、存在的事故隐患和非法违法生产行为，它是证明煤矿安全行政执法机构及其执法人员据以作出现场处理决定、实施行政处罚、采取行政强制措施的事实依据存在的重要证据。这就要求现场检查笔录必须做到真实、准确、详尽。

现场检查笔录具有以下特点：它是煤矿安全行政执法人员制作的；它是煤矿安全行政执法人员在“现场”制作的；它既记录执法人员在现场发现的煤矿企业的违法行为，又记录执法人员现场检查的方式方法等；它以文字记录为主，如果需要，也可以附现场拍摄的照片及收集的图片等；现场检查笔录必须有被检查单位负责人的签字及意见，被检查单位负责人拒绝签名或不能签名的，应当注明原因，有其他人在场的，可由其他人签名。

（二）参与人陈述

这里所称参与人包括煤矿安全行政执法案件的当事人和其他有关人员。参与人陈述就是指案件当事人和其他有关人员对自己所知道的案件事实所做的陈述。参与人陈述是从理论上对煤矿安全行政执法证据所做的分类，在实际执法活动中很少有这样的表述，所以，执法人员理解起来会有点不适应。但是，如果我们说我们在执法过程中经常制作的调查取证笔录所记载的内容，多数就是参与人陈述，我们就会容易理解得多。当然，调查取证笔录既可以记载参与人陈述，也可以记载证人证言，根据记载内容的不同归入不同的证据种类。为了便于理解，我们以煤矿安全行政处罚案件的调查处理为例做一个说明。在多数情况下，对煤矿企业的安全生产重大违法行为，如果需要给予行政处罚，煤矿安全行政执法机构就会对煤矿企业进行处罚。按照行政处罚的一般程序，煤矿安全行政执法机构就要进行调查取证。这时，我们就会发现，煤矿企业是行政处罚的相对人，行政处罚的责任由煤矿企业承担。但是，煤矿安全违法行为的具体实施者可能是煤矿企业的多个从业人员，包括煤矿企业的法定代表人或负责人和其他有关从业人员，他们是真正了解违法事实真实情况的人员，他们对案件事实的陈述具有不可替代性，具有独立的证据价值。所以，为了认定清楚案件事实，一般情况下，执法人员既要提取煤矿企业法定代表人或负责人对案件事实的陈述，也要提取其他了解案件情况从业人员的陈述。在这里，煤矿企业的法定代表人或负责人是“当事人”，其他从业人员是“相关人员”，他们都是案件的“参与人”，他们对案件事实的陈述，统称为“参与人陈述”。在执法实践中，我们注意到，多数情况下，了解案件真实情况的不是煤矿企业的法定代表人或负责人，而是现场作业人员或协助开展现场执法检查的管理人员，他们要么直接参与了违法行为的实施，要么参与了执法人员的现场检查活动，都了解案件事实。所以，在具体的执法活动中，执法人员收集的“参与人陈述”多数是“有关人员”的，这样，证据的证明力更强。

从上述可知，参与人陈述能够成为煤矿安全行政执法的重要证据种类，是由煤矿安全行政执法活动的特点所决定的。一般情况下，煤矿安全行政执法的相对人是煤矿企业，一方面，煤矿企业的安全生产违法行为肯定都是由具体的从业人员实施的；另一方面，煤矿企业的生产作业场所基本上与外界相隔离，特别是井工煤矿，生产活动现场都在井下，人员出入井又有严格的规定，只有从业人员才会了解煤矿企业的现场安全生产情况，非煤矿企业从业人员根本不可能了解煤矿企业井下生产现场的情况。所以，在办理煤矿安全行政执法案件过程中，要认定案件事实，煤矿安全执法人员必然要找了解案件事实的从业人员提取相关证据，这些证据就是参与人陈述，而不是证人证言，这一点，我们应当区分清楚。由于煤矿企业生产作业现场的特殊性，如果没有参与人陈述，案件事实的认定将非常困难。另外，参与人陈述也能为执法人员查清案件事实提供很多有价值的线索。因此，在煤矿安全行政执法活动中，我们应当特别注意收集参与人陈述。

参与人陈述具有如下特点：它是煤矿企业当中了解案件事实真实情况的从业人员对案件事实所进行的陈述；它应当由煤矿安全行政执法人员制作；煤矿安全行政执法人员制作参与人陈述，一般使用的文书为“调查取证笔录”；参与人陈述的内容应当与其他证据材料相映证。

（三）物 证

物证是指能够以其本身所具有的物质特征证明煤矿安全行政执法案件真实情况的一切物品和痕迹。从煤矿安全行政执法案件办理实际情况来看，物证是多种多样的，煤矿企业生产过程中几乎所有的客观存在都可能成为物证。如失爆的机电设备、瓦斯、没有“MA”标志的矿灯、瓦斯燃烧或爆炸的痕迹、现场发现的非煤矿用爆破物品、非法开采出的煤炭及其采掘设备、不符合要求的风门、煤矿企业从业人员所穿的不符合要求的劳保用品，等等。在煤矿安全行政执法活动中，物证是一种非常直观而重要的证据，在整个证据体系中的地位和作用，可谓举足轻重，具有很强的证明力。只要掌握有确实可靠的物证，不管行政执法相对人如何巧言善辩，我们都可以认定案件事实。因此，执法人员在收集证据的过程中，一定要做到眼界开阔，广泛收集与案件事实有关的各种物证。

物证具有如下特点：

1. 物证是以物品所特有的属性，即物质特征，来证明案件真实情况的。这是物证的一个重要特点，也是物证区别于其他证据的重要特征。物品的物质特征，包括外部特征和内部特征。物品的外部特征是指物品的外形、颜色、规格、大小、结构、商标、图案、存在的位置、数量、检测日期等特殊的标志；物品的内部特征是指物品的密度、质量等物理属性和化学成分。物品和痕迹都是依靠上述物质特征来证明案件真实情况的。如在煤矿安全行政执法案件办理过程中，没有“MA”标志的煤矿用机电设备、事故中燃烧的电缆残留的痕迹等物证是以物品的外部特征来证明案件真实情况的；而煤矿井下检测出的瓦斯、一氧化碳、硫化氢等有害气体则多数情况下是以该物品的内部特征，即化学成分，来证明案件真实情况的。

2. 与其他证据种类相比较而言，物证更直观，更容易把握。一般情况下，特别是以物品的外部特征来证明案件真实情况的物证，一看就能明白它要证明的内容，与参与人陈述、证人证言等言词证据相比，更为直观，更容易确认和把握。物证可以不依赖于言词证据而存在，而言词证据一般要靠物证来进行检验，往往需要与物证相结合，才能发挥其证明作用。

3. 物证一旦形成后，不易受到人们主观因素的影响，客观性更强。事实上，所有证据种类都有客观性，只是相比较而言，物证的客观性要更强一些。物证一旦出现以后，不可能仅仅是因为人们的主观意识的变化而发生变化，它的消失或者改变，只可能是受到了其他客观行为的作用。因为，物证是人的客观行为对物产生作用的结果，是随着煤矿安全行政执法案件的发生而出现的。而言词证据却不一样，言词证据在形成过程中，其真实性会受到一系列人的主观因素的影响。如，作为物证的现场发现的煤矿企业从业人员使用的没有“MA”标志的矿灯，一般是不容易发生改变的；但是，证明煤矿企业使用没有“MA”标志的矿灯的参与人陈述，则可能有真有假，受人的主观因素影响的可能性比较大。当然，我们说物证的客观性比较强，并不等于所有的物证都是真实的，尽管物证不易受到人们主观因素的影响，但也有可能被伪造。所以，在行政执法实践中，仍然需要对物证进行认真的审查判断。

鉴于物证在煤矿安全行政执法活动中的重大意义，物证的提取、固定和保管工作就显得尤为重要。特别是物证的固定工作，从当前的执法实践来看，还有很大的差距，每个执法人员都要引起特别的重视。所谓物证的固定，就是指在物证的提取和使用过程中，通过合理的方法和科学的技术手段，让作为物证的物品和痕迹的物质特征保持不变，不发生变形或者毁损。物证的固定方法多种多样，对于体积较小、重量较轻的物品，应当尽量提取原物，并制作笔录，予以说明；对于无法移动或体积较大的物品，以及难以提取的痕迹和无法长期保存的物品，应当采取制作笔录、拍照片、摄像或者复制模型等方法加以固定；对于一氧化碳、二氧化硫等必须用检测检验仪器才能确定的证物，应当制作检测检验笔录，对检测检验方式、人员、结果等内容予以详细的记录。收集的物证要随案保管，不能让其毁损和丧失证明作用。

（四）书　证

书证是指以文字、符号、图画等所表达的思想和记载的内容来证明煤矿安全行政执法案件真实情况的书面文件或其他物品。在煤矿安全行政执法案件办理实践中，书证是一种最为常见、使用最为广泛、也是非常重要的证据之一，而且形式多样，如煤矿企业采矿许可证、安全生产许可证、特种作业人员操作资格证、安全管理制度、安全生产会议记录、隐患排查治理记录、采掘工程平面图、通风系统图、瓦斯检查员现场瓦斯检查记录本、瓦斯日报表、现场瓦斯检测记录牌板、人员出入井记录、采掘作业规程、巷道贯通技术方案、从业人员安全培训记录、爆破物品领取记录、矿领导下井带班记录、合同书等等。

书证具有如下特点：

1. 书证是以其表达的思想和记载的内容来证明案件真实情况的。这是书面文件或其他物品成为书证的前提条件。如某煤矿企业某年某月某日形成的瓦斯日报表，一般情况下，它记载了该煤矿企业当日生产现场不同时间段的瓦斯检测结果及煤矿企业负责人的审阅记录，既能说明当日生产现场瓦斯变化情况，又能说明煤矿企业瓦斯管理情况。由此可见，这张瓦斯日报表，记载了一定的内容，所以，它就可能成为书证。但是，如果我们拿到的瓦斯日报表是一张没有任何内容的备用空表，没有表达任何思想或没有记载任何内容，它肯定是不能成为煤矿安全行政执法案件的书证的。由此可见，任何物品，如果附着其上的文字、符号、图画等，未表达任何思想或未记载任何内容，就根本不能成为书证，如，一张乱涂乱画的纸。当然，书证所记载的内容或表达的思想，必须是能够为人们所认知和理解，并能够借以发现有关信息的。如果一个物品所记载的内容或表达的思想，人们无法认知和理解，这个物品就肯定不能成为书证了，因为它对证明案件事实没有任何意义。对此，应当特别注意的是，能够为人们所认知和理解的内容，不仅仅是指人们所熟知的文字、符号或图画，在某些特定情况下使用的密码、暗号和标记等，也属于人们能够认知和理解的范围。

2. 书证表达思想或记载内容的方式及载体具有多样性。首先，反映书证所表达的思想或记载的内容的表现方式具有多样性，既可以是文字、图画，也可以是符号；其次，书证的载体具有多样性，书证的载体既可以是最为常见的纸张，也可以是石头、木头、皮革、布帛、竹片等其他材料；再次，书证的制作工具具有多样性，既可以是人们最为常用的笔，也可以是刀子、锥子、印刷机械等；最后，书证的制作方式具有多样性，既可以手写，也可以刀刻、印刷、火烙等等。因此，执法人员在收集书证的时候，不能简单地把书证的范围限定在以纸张为载体的书面文件上，同时，也不能简单地把日常生活中常见的以纸张为载体的书面材料等同于书证。

3. 书证所表达的思想和记载的内容，必须与案件有关联，能够用来证明案件真实情况。例如，执法人员在现场检查中发现某煤矿企业在进行正常生产作业，但是，该煤矿企业提供的采矿许可证却已经过期，这时，采矿许可证上记载的有效期限与煤矿企业的生产行为结合起来判断，就能确定煤矿企业在进行非法生产，执法人员应当责令煤矿企业停止生产。在这个行政执法案件中，采矿许可证就是书证，它与案件有关联，它所记载的内容能够用来证明案件真实情况。又如，某煤矿企业通风系统极不合理，采掘工作面风量不能满足需要，仍在组织生产活动。执法人员经过调查后，以通风系统极不合理，存在重大安全隐患为由，依法对该煤矿企业作出了责令停产整顿的行政处罚。在办理这个案件的过程中，执法人员收集了很多书面材料，当作书证使用。其中，有一份煤矿企业与供应商之间签订的矿用机电设备采购合同，当作证明煤矿企业组织生产的证据，也归入到书证当中。很明显，这份合同书与案件之间没有关联，煤矿企业采购机电设备的行为，不能证明煤矿企业在实际组织生产，可能只是在为生产活动作准备，这与实际的生产活动是有区别的。所以，虽然这份合同书记载了一定的内容，但不能成为本案件的证据。

在煤矿安全行政执法实践中，我们还要特别注意书证与物证之间的区别。由于书证必须以一定的物质材料为载体，而且我国在证据理论上又把书证与物证都归入实物证据类，所以，很容易把书证与物证混在一起，认为书证就是物证，如果是那样，就是十分错误的。从前面对书证和物证的分析当中，我们就已经说到，虽然书证的载体是物，但书证是以其所表达的思想或记载的内容来证明案件真实情况的，而物证是以物品所特有的物质特征来证明案件真实情况的，这就是书证和物证之间的本质区别。所以，对于书证，执法人员所要关心和利用的是它所表达的思想或记载的内容，而不是它的载体——物的形状、颜色或者化学性质等。当然，有些书面文件既可以当作书证使用，也可以当作物证使用，这时，我们就要看，这一书面文件是以其表达的思想或记载的内容来证明案件真实情况，还是以其物质特征来证明案件真实情况，如果是前者，它就是书证，如果是后者，那它就是物证，我们不能因此而把书证和物证混为一谈。例如，一份某煤矿企业某年某月某日的瓦斯日报表，如果是要以其记载的瓦斯检测数据来证明案件真实情况，它就是书证；如果是要以煤矿企业负责人的签字笔迹来证明案件真实情况，那它就是物证。

（五）证人证言

证人证言是指知道案件真实情况的人，向办理案件的人员就案件真实情况所做的陈述。在煤矿安全行政执法实践中，特别是煤矿安全事故的调查处理和煤矿安全中介机构行政违法案件的办理过程中，证人证言是一种常见的、运用较为广泛的证据种类。这里所称证人是指能够辨别是非和正确表达，且知道案件真实情况的除案件参与人以外的自然人。生理上、精神上有缺陷或者年幼，不能辨别是非、不能正确表达的人不能做证人；煤矿安全行政执法案件的参与人也不是证人，他们是具有独立特征的案件参与人。证人应当就自己所了解的案件情况如实进行陈述，而不需要对案件进行分析和判断。证人所陈述的案件情况，可以是亲自听到的或看到的，也可以是别人听到或看到后转告的。当然，别人听到或看到后转告的情况，必须说明来源，不能把说不清楚来源的道听途说的消息当作证人证言来证明案件事实。在煤矿安全行政执法实践中，制作证人证言所用的文书，一般为“调查取证笔录”，特殊情况下，也可以用一般的纸张制作。

证人证言具有如下特点：

1. 证人证言是知晓案件事实的自然人对所感知、记忆的案件情况向办案人员所做的陈述。也就是说，证人具有不可替代性，只有知晓案件真实情况的自然人才能成为证人。证人所陈述的内容，既可以是自己亲自听到或看到的情况，也可以是从他处获悉的情况。

2. 证人证言应当是证人对案件有关情况的客观陈述。证人只能对自己感知、记忆的案件情况进行陈述，而不能对案件情况进行分析、判断和评价。证人对案件事实的意见和看法，不能作为证人证言使用。

3. 与其他证据相比较而言，证人证言更为生动、具体、形象。由于证人证言能直接、具体地对案件有关情况作出明确的肯定或者否定的陈述，与书证、物证等证据相比，显得更为生动、具体、形象，能够对案件真实情况揭露得更为深入，对案件的办理具有独特的作用和意义。

4. 证人证言容易受到主观因素的影响。与书证、物证等相比较，这是证人证言最为突出的一个特点。证人证言是证人主观对客观的认知和反映，证人在感知、记忆和陈述案件情况的过程中，容易受到各种客观因素和主观因素的影响和干扰，从而使其变得不稳定与多变，也容易出现误差。另外，证人在陈述的过程中，也容易受到社会上各种不正之风的干扰，直接影响到所陈述内容的客观性。所以，证人提供的证言也可能有失真的情况。因此，对于证人证言，我们在办理执法案件的过程中，既不可盲目轻信，也不可轻易否定，而要在结合本案其他证据进行认真审查核实以后，再作出是否将其作为定案根据的决定。

一般来讲，证人证言往往能够证明案件事实的全部或一部分，即便证明不了全部或一部分，也能反映案件的有关线索，为办案人员进一步调查收集相关证据提供帮助。另外，通过与其他证据相对照，证人证言还可以起到印证和核实其他证据的作用。因此，在煤矿安全行政执法案件办理过程中，不可忽视证人证言的重要作用。

（六）视听资料

视听资料是指以声音、图像记录存储载体和计算机等现代科技设备和工具存储的音像或者电子信息来证明案件事实的证据。视听资料是一种随着科学技术的发展和普及而出现的新的证据种类，是一种独立的证据，它的具体内容也将随着现代科学技术的不断发展而更加丰富。

视听资料具有如下特点：

1. 物质载体的先进性。视听资料本身就是科技发展的产物，目前，绝大多数视听资料是通过高精技术手段制作而成的，其内容的显示，也要通过现代的高科技设备进行播放或演示，所以，视听资料的物质载体具有先进性。例如，现代录音、录像储存体已不仅仅停留在录音带、录像带，还有更为先进的数字录音、录像储存卡。又如，随着计算机使用越来越普及，更多的工作通过计算机来完成，更多的信息通过计算机进行处理，计算机技术的发展也日新月异，先进的计算机系统上形成的数据信息资料也越来越多。我们相信，随着科学技术的不断进步，视听资料的物质载体也会越来越先进。

2. 信息内容的综合性。视听资料，特别是录音、录像资料，通过听录音、观看录像内容，不仅能让人感受到证据内容本身，还可以了解到证据形成的环境和背景，能让人产生亲临现场的感觉，也即能够提供综合性的信息，更具有说服力。

3. 证明作用的直接性。由于视听资料，特别是录音、录像资料，直接来源于案件事实，是案件事实的直接反映，能够以原声、原貌，直观地、生动地再现案件事实的发生过程，所以，证明过程比较简单，能让人一听就明白、一看就清楚，与书证和物证不同，不需要经过一个推理或逻辑演绎的过程，可以作为证明案件事实的直接证据使用。

当然，由于视听资料制作过程和物质载体的特殊性，视听资料的内容是可以修改，甚至是伪造的，所以，在使用视听资料前要认真进行审查判断，以确保视听资料的真实性。

在煤矿安全行政执法活动中经常用到的视听资料，主要有以下几种：

1. 录音资料。录音资料，是指运用声学、电学、机械学等方面的科学技术，将正在进行的谈话、唱歌、演说、对话、呼叫以及爆炸、机械摩擦等声响录制下来，并且可以通过播放设备再现这些声响，以证明案件真实情况的证据。录音资料的物质载体是录音带、声音储存卡等。录音资料既可以通过运用录音的内容来证明案件事实，也可以通过运用录音所反映出的语音、语调、音质等特点来证明案件事实。

2. 录像资料。录像资料，是指运用光电效应和电磁转换的原理，将某件事情的过程或者片断原原本本地摄制下来，并且可以通过放像设备再现原始的形象，来证明案件真实情况的证据。录像资料的内容广泛丰富，而又生动形象，既有连续运动着的人物，又有运动着的背景，可以提供许多客观情况，供执法人员观察分析。所以，在煤矿安全行政执法活动中要注重录像资料的收集。录像资料既可以通过运用主图像来证明案件事实，也可以通过运用背景图像来证明案件事实。

3. 电子证据。有人认为，电子证据是一种独立于视听资料的证据。但是，关于电子证据是不是一种独立的证据种类以及电子证据概念的内涵和外延是什么，目前，我国尚缺乏统一的认识。所以，我们还是按照立法上的分类，将它作为视听资料的一种。在煤矿安全行政执法实践中，我们注意到，随着煤矿安全生产信息化工作的深入推进，计算机系统在煤矿安全生产管理中的运用越来越普遍，而且越来越发挥着重要的作用。所以，在煤矿安全行政执法案件办理过程中，这些计算机系统上形成的数据，对认定案件事实越来越重要，甚至是不可缺少的证据。例如，煤矿监测监控系统关于一段时间内采掘工作面瓦斯涌出变化情况的记录。通过对监控记录数据变体情况的分析，并结合煤矿企业针对变化情况所采取的措施，执法人员就能够对煤矿企业瓦斯管理是否符合有关要求作出准确的判断。因此，我们必须对电子证据有所了解。

在煤矿安全行政执法活动中，电子证据是指除计算机系统本身运行所不可缺少的信息以外存储于计算机系统中的与案件有关的一切信息资料。当前，计算机在煤矿日常管理中的运用十分广泛，而且在煤矿安全生产活动中，也已经普遍使用煤矿安全生产监测监控系统、人员定位系统等自动控制系统，可以随时掌握煤矿井下主要危险因素的变化情况及劳动定员管理情况。监测监控系统和人员定位系统的计算机控制服务器会随时记录并保存检测到的信息，出现紧急情况还会报警。这些计算机系统所记录的信息，能够准确反映出煤矿安全生产管理实际状况，对认定煤矿是否存在安全生产违法行为，具有重要的意义。在煤矿安全事故调查处理中，这些信息也能为正确认定事故种类、事故发生原因提供重要依据。所以，这些计算机应用系统所记录下来的信息都是电子证据，都可以作为认定煤矿安全行政执法案件事实的依据。随着煤矿安全生产科技水平的不断提高，计算机应用系统在煤矿安全生产中的运用必将更为普遍，必然地，电子证据在煤矿安全行政执法案件办理中的运用也会越来越普遍。当然，电子证据不仅包括计算机应用系统自动采集记录的信息资料，还包括计算机使用者采集输入到计算机中的信息资料。

在运用电子证据时，特别是运用监测监控系统、人员定位系统等应用系统的信息资料时，我们还要注意现场检查监测探头、感应器等监测仪器是否符合要求，运行是否正常，然后再确定是否采用。

（七）鉴定结论

鉴定，是鉴定人对专门性问题进行检测、分析、判断的活动。鉴定结论，又叫鉴定意见，是指由接受指派、委托或聘请的鉴定人，运用自己的专门知识和现代科技手段，对某些专门性问题进行科学鉴定后所作出的结论性意见。鉴定结论是一种独立的证据，鉴定结论的书面表现形式为鉴定人提供的鉴定意见书。在煤矿安全行政执法案件的办理过程中，特别是在煤矿安全事故调查处理过程中，也会遇到不少专门性问题，需要委托或聘请鉴定人进行鉴定。根据鉴定结论，我们可以解决办理案件中的疑难问题，正确认定案件事实。例如，在煤矿安全事故调查处理过程中，事故直接原因的确定是个非常重要而又非常专业的问题。针对这一专门性问题，我们可以按照相关规定成立事故直接原因调查鉴定专家组，指派或委托专家组对事故发生的直接原因进行鉴定，并根据专家组作出的事故直接原因鉴定报告，正确认定事故发生的直接原因，及时开展事故调查，严肃追究相关责任单位和责任人员的事故责任。

鉴定结论具有如下特点：

1. 鉴定结论的科学性。鉴定结论是由符合条件的鉴定人，运用自己所掌握的专门知识，并借助必要的科学仪器和设备，对鉴定材料进行检测、分析、判断后所作出的结论性意见，而不是人为主观猜测出来的，所以，是科学的。也就是说，我们说鉴定结论具有科学性，是与鉴定人的特殊性和鉴定方法的科学性紧密联系在一起的。首先，鉴定人必须是具备专门知识的人员，并不是任何人都可以做鉴定人，这样就增强了鉴定结论的可信度和科学性。如，煤矿事故死亡人员死亡原因的鉴定结论，一般由法医作出；煤矿安全事故直接原因鉴定结论，应当由煤矿安全生产工程技术人员作出。其次，鉴定人是运用专门知识，甚至借助先进的仪器和设备，对鉴定材料进行检测、鉴别后作出鉴定结论的，而不是凭空编造出来的，鉴定方法和鉴定过程具有科学性。因此，一般来讲，鉴定结论是科学的、客观的。

2. 鉴定结论的事实针对性。鉴定结论只能叙述鉴定人依据鉴定材料所观察到的情况、鉴定手段和方法、鉴定过程、鉴定结果及其理由与依据等内容，而不应当对鉴定对象专门性问题的断定做法律上的评价。因为，在办理行政执法案件中，对有关事实进行法律评价是行政执法机构的职权。行政执法机构在办理案件过程中，也只可能依据鉴定人经过鉴定后提出的结论性意见来证明案件事实，而其他的内容对证明案件事实没有什么意义。

3. 鉴定结论的派生性。作为一种独立的证据种类，鉴定结论并不是产生、形成于案件事实发生、发展的过程中，而是在案件事实发生以后，因涉及专门性问题，需要由具备专门知识的鉴定人进行解决时才出现的。在这一点上，鉴定结论与其他证据种类有着明显的区别。同时，鉴定材料是鉴定结论之源，鉴定结论是鉴定人通过对鉴定材料的科学鉴定而引申出来的，脱离了鉴定材料，鉴定结论无从产生。所以说，鉴定结论具有派生性，是派生性证据。

4. 鉴定结论的确定性。鉴定人经过鉴定后提出的结论性意见，应当是十分明确，而不能是模棱两可的，也即要有确定性。否则，委托或聘请鉴定人对专门问题进行鉴定就失去了意义。对于行政执法机构来讲，委托或聘请鉴定人对专门问题进行鉴定，就是要通过鉴定破解专门问题，得出一个明确的结论。如果一份鉴定意见书，没有明确的结论性意见，它的证明作用必然也是十分有限的。

在煤矿安全行政执法活动中，需要注意的是，由于鉴定结论往往会涉及很多专门性问题，必须要求鉴定人提交书面的鉴定结论，而不能只做口头陈述，以便保存和使用。

（八）勘验笔录

勘验笔录，是指煤矿安全行政执法案件办理人员，对与案件有关的场所、物品进行勘察、检验而制作的实况记录。一般情况下，在办理煤矿安全行政执法案件中制作的勘验笔录，由现场文字记录、现场绘图和现场照片等三个部分组成。例如，煤矿安全事故直接原因调查现场勘察报告，一般都附有勘察现场示意图及相关图件和勘察现场照片。勘验笔录，既不是书证，也不是物证，而是一种独立的证据种类。在煤矿安全行政执法活动中，特别是煤矿安全事故调查处理过程中，勘验笔录是一种经常用到的证据，对正确认定案件事实具有重要的作用。

勘验笔录具有如下特点：

1. 勘验笔录的制作人员是办案人员。与鉴定结论不同，勘验笔录一般是由办案人员在现场制作或主持制作的。当然，参加勘验的办案人员，应有相应的专业知识，而且，与案件没有利害关系。例如，煤矿安全事故直接原因调查现场勘察人员，必须是具备煤矿安全生产知识的专业工程技术人员。

2. 勘验笔录只能记载观察到的事实。勘验人员在制作勘验笔录时，不能将自己对现场有关情况的分析判断加到里面去，只能采用白描的手法，直接将勘验过程、勘验方法、现场状况、发现的其他证据、勘验结果描述出来即可。例如，煤矿安全事故直接原因调查现场勘察报告，直接将现场勘察中发现的事实反映出来即可，而不需要对这些事实进行分析和判断。对勘察报告中反映出来的事实进行分析和判断，是事故直接原因鉴定的任务。当然，勘验笔录要把观察到的事实记载全面。

3. 勘验笔录的记录手段具有多样性。勘验笔录一般以文字记录为主，但是，根据需要，也可以用现场绘制的示意图及相关图件，现场拍摄的照片，甚至可以用现场录音、录像等方式，真实记载勘验过程中观察到的事实，所以，勘验笔录往往也比较形象生动。

（九）言词审理笔录

所谓言词审理笔录是指煤矿安全行政执法机构对行政执法案件进行言词审理过程中制作形成的笔录，包括听证笔录。由于在煤矿安全行政执法活动中，运用得比较多的言词笔录是听证笔录，所以，我们在这里主要讨论听证笔录。

听证笔录是煤矿安全行政执法机构在组织召开听证会时，记录听证会进行情况及听证参加人的陈述和质证等所形成的笔录。按照《行政处罚法》和国家安全监督管理总局规章《安全生产违法行为行政处罚办法》和《煤矿安全监察行政处罚办法》的规定，煤矿安全行政执法机构作出责令停产整顿、责令停止生产、吊销有关证照、较大数额罚款等行政处罚之前，应当告知相对人有要求举行听证的权利；相对人要求听证的，煤矿安全行政执法机构应当组织听证。按照《行政许可法》的规定，煤矿安全行政执法机构在实施行政许可项目过程中，如果需要组织听证，也应当组织听证。组织听证应当制作听证笔录。听证结束后，煤矿安全行政执法机构应当根据听证情况，作出相应的行政处罚或行政许可决定。所以，听证笔录是煤矿安全行政执法机构作出行政处罚决定和行政许可决定的重要依据。

制作听证笔录，首先，要记清楚时间、地点、参加人等听证基本信息。其次，要认真记录听证会的全部过程，特别是行政执法机构案件承办人、行政相对人、案件第三人对案件事实的陈述、申辩等方面的内容要详细记录。最后，听证参加人都要在听证笔录上签字或盖章。

五、煤矿安全行政执法证据的收集和保全

（一）收集证据的概念

收集证据，是指煤矿安全行政执法人员或煤矿安全事故调查人员，依法提取、采集和固定与案件有关的各种证据材料的活动。煤矿安全行政执法机构办理任何案件，都必须首先查明案件事实，而收集证据是查明案件事实的前提和基础。由此可见，收集证据在煤矿安全行政执法活动中具有十分重要的意义。

上述关于收集证据的概念，包含以下几个方面的内容：

1. 在煤矿安全行政执法活动中，收集证据的主体是煤矿安全行政执法人员和煤矿安全事故调查人员。这里把煤矿安全事故调查人员也加进来，是由煤矿安全事故调查处理活动的特殊性所决定的。按照《煤矿安全监察条例》和《生产安全事故报告和调查处理条例》的规定，除特大煤矿安全事故外，其他煤矿安全事故由国家煤矿安全监察机构根据事故级别，由国家煤矿安全监察机构分级牵头组织事故调查组进行调查处理。事故调查组成员单位除煤矿安全执法机构外，还有公安、行业管理、纪检监察、工会等单位。而事故调查组成员单位派出参加事故调查的人员中，不少人并不是煤矿安全行政执法机构的执法人员，但是，按照相关法律法规的规定，在事故调查过程中，这些人也具有相应的事故调查人员资格，可以在事故调查中开展收集相关证据的活动。需要说明的是，收集证据与提供证据是两个不同的概念，煤矿安全行政执法相对人和其他人员可以向煤矿安全行政执法机构提供相关证据，但该证据是否被采用由煤矿安全行政执法机构决定。

2. 收集证据要依法进行。在煤矿安全行政执法活动中，只能运用法律许可的方法和手段，发现、采集和提取证据，不能违法收集证据。特别是收集证据的方法方面，煤矿安全行政执法人员只能采用调查方法收集证据，而公安机关在办理刑事案件过程中，还可采用侦查手段，这就是两者之间的区别。

3. 证据材料经过审查以后才能成为证据。执法人员收集到的各种证据材料，并不都能成为证据。收集到的证据材料，只有经过认真的审查和判断，核实了真伪，确定了与案件之间的联系以后，才能成为认定案件真实情况的证据。

（二）收集证据的基本要求

在煤矿安全行政执法活动中，收集证据除了必须遵守法律法规的有关规定外，还应当符合以下基本要求：

1. 收集证据要严格依法进行。收集证据是一项重要的执法活动，所以，要严格依法进行。第一，收集证据要由法定的主体根据法定的权限进行收集，也即要由煤矿安全行政执法人员依法收集；第二，收集证据的方法要符合法律规定，煤矿安全行政执法人员收集证据只能采用调查方法；第三，收集证据时，要充分保障公民和行政相对人行使自己的权利，更不能侵犯他们的合法权益。

2. 收集证据要主动、及时。主动、及时就是要求证据收集主体要不失时机地收集对认定案件真实情况有帮助的证据材料。这一点在煤矿安全行政执法活动中显得尤为重要。由于煤矿企业的现场生产活动状况是随时变化的，所以，煤矿安全行政执法人员在现场检查中，要根据煤矿企业生产现场情况主动开展工作，及时着手收集并固定发现的违法证据；在事故案件调查处理中，接到事故发生报告后，要立即赶赴现场，并快速着手收集相关证据。否则，将会失去收集证据的机会，给案件的办理带来不利影响。在煤矿安全行政执法案件办理中，收集证据时拖延的时间越长，相关证据的变化就可能越大，收集证据就会越为困难。只有主动、及时地收集证据，书证、物证、视听资料等才容易取得，了解案件情况的人也才容易查找，案件事实也才会容易查清。

3. 收集证据要全面、客观。煤矿安全行政执法人员收集证据的目的是查明案件真实情况，所以，在收集证据的过程中，要坚持实事求是的态度，全面客观地收集证据，为正确认定案件事实奠定坚实的基石。所谓收集证据要全面，就是要从多个不同的角度去收集能够反映案件真实情况的一切证据材料，不要有遗漏。所谓收集证据要客观，就是要从客观实际出发去收集客观存在的证据材料，而不能根据主观需要去收集证据材料，更不能伪造证据材料。

4. 收集证据要深入、细致。我们知道，收集证据工作对正确处理案件具有举足轻重的意义，而各种证据会由于环境条件的变化、时间的推移，甚至是人为的破坏或伪造等原因，变得很难收集。所以，必须运用深入、细致的调查研究方法，发现、收集和固定各种证据材料，否则，很难完成收集证据的任务。例如，在煤矿安全行政执法活动中制作调查取证笔录时，除了要问清楚时间、地点、行为、情节、后果等内容外，还要问清楚关键情况的细节，更要对实质性的问题深入追问，抓到要害。

（三）收集证据的方法

在煤矿安全行政执法活动中，收集证据的方法主要有以下几种：

1. 检查。在煤矿安全行政执法活动中，检查就是对煤矿企业的生产现场安全生产情况进行检查的专门活动。煤矿安全行政执法机构可以依照法定权限通过查看、检测等手段对煤矿企业的生产现场进行检查，以调查了解煤矿企业贯彻落实煤矿安全方针政策、法律制度及相关技术标准的情况，督促煤矿企业实现生产安全，避免生产安全事故的发生。这是煤矿安全行政执法机构开展执法活动的重要方式。在进行现场检查的同时，煤矿安全行政执法人员应当收集各种证据。现场检查是发现和收集煤矿企业违法非法生产证据的重要途径。

2. 询问。所谓询问，是收集证据的主体通过与了解案件情况的有关人员的谈话，以了解掌握案件真实情况的专门活动。询问是一种运用较为频繁的收集证据方法，在办理煤矿安全行政执法案件中，几乎每一个案件都会运用到询问的方法，所以，可以说做好询问是每一个煤矿安全行政执法人员的“基本功”。询问应当制作笔录，记录询问内容的常用文书为调查取证笔录。

3. 提取原物。所谓提取原物，就是提取与案件有关的物品或文件资料，包括可移动的物证、书证和视听资料等。在办理煤矿安全行政执法案件中，收集证据的时候，应当尽可能提取原物，因为原物能准确反映案件有关真实情况，具有较强的证明力。在原物数量比较多的情况下，煤矿安全行政执法机构可以采取抽样的方式提取和保留原物，并对抽样情况用书面文字予以说明。

4. 拍照、录音、录像。拍照、录音、录像也是常见的收集证据方法。拍照就是用照相设备将证据记录下来的活动。拍照既可以适用于反映煤矿企业现场安全生产状况，也可以适用于收集物证、书证等。录音就是用录音设备将与案件有关的声响记录下来的活动。与询问记录相比，录音更能真实地反映谈话的内容。录像就是用录像设备将与案件有关的一些事情的过程或片断记录下来的活动。录像通过记录的声音和图像，能够全面、客观、形象、直观地反映案件的真实情况，非常有利于认定案件事实。

5. 复印、抄录。在不能提取书面证据材料原件的时候，我们就要采用复印、抄录的方法收集证据。复印、抄录书面证据材料时，要注意与原件认真核对无误，并注明出处和原件所在单位。复印、抄录件应当由原件持有者核对无异后盖章或签名。

6. 勘验。勘验是煤矿安全行政执法人员及相关人员亲临现场，对与案件有关的场所、物品等进行观察、检验，并提取和收集发现的证据的专门活动。勘验时，对场所要仔细进行观察，并绘制现场示意图等相关图件；对发现的物证、书证、音像资料等证据材料要进行收集，并对这些证据材料在现场的存在状况、相互关系等进行记录。勘验时，还可以根据需要进行拍照、录音、录像。在煤矿安全事故调查处理过程中，勘验是经常使用的一种证据收集方法。勘验应当制作勘验笔录，勘验笔录是一种重要的证据形式。

7. 鉴定。鉴定，是指具有特定专业知识的人，接受指派或委托，利用自己的专业知识，同时借助必要的现代科技设备，对案件中涉及的一些专门性问题进行检测、分析、判断，并提出结论性意见的活动。鉴定主体是各学科或专业领域的专业人员。鉴定对象多种多样，既可以是场所、物品、痕迹、书面材料，也可以是尸体等。鉴定要形成鉴定结论，并由鉴定人出具鉴定意见书。鉴定结论可以作为证据使用。煤矿安全事故调查处理过程中，事故直接原因鉴定，一般由事故调查组指派煤矿安全专业技术人员组成专家组进行鉴定，并提出鉴定报告。在办理煤矿安全行政执法案件中，煤矿安全行政执法机构也可以委托符合要求的鉴定机构和鉴定人员对有关专门性问题进行鉴定。

（四）证据的保全

在煤矿安全行政执法活动中，证据的保全是指煤矿安全行政执法机构及其执法人员在能够证明案件真实情况的证据材料可能灭失或以后难以取得的情况下，采取一定措施对证据加以固定和保管的调查取证活动。证据的保全是调查收集证据工作的重要环节，发现证据后，执法人员就应当及时予以提取和固定，并加以妥善保管，否则，证据一旦被毁坏或灭失，就达不到收集证据的目的了。事实上，证据的保全就是要保护证据在认定案件真实情况中的作用，以确保案件得到正确的处理，所以，执法人员要对此予以高度重视。

证据的保全要根据需要保全的证据的不同特点，应当采取不同的保全措施。根据《安全生产违法行为行政处罚办法》第 26 条的规定：煤矿安全行政执法人员在收集证据时，在证据可能灭失或者以后难以取得的情况下，经本单位负责人批准，可以先行登记保存。这里所称“登记保存”就是一种重要的证据保全措施。对于登记保存的证据，应当在 7 日内作出处理决定，而不能长时间采取保全措施。对于违法事实成立依法应当没收的，作出行政处罚决定，予以没收；依法应当扣留或者封存的，予以扣留或者封存。对于违法事实不成立，或者依法不应当予以没收、扣留、封存的，应当解除登记保存。这里需要强调的是，“登记保存”只是保全证据的措施之一，在煤矿安全行政执法活动中，我们还可以采用多种保全证据的措施。例如，对于证人证言，我们可以制作笔录进行固定保全，对于物证、书证，我们可以采用拍照、录像等方式进行固定保全，等等。

六、煤矿安全行政执法证据的审查判断

（一）证据审查判断的概念

证据审查判断，就是指煤矿安全行政执法人员对收集到的证据材料进行分析、研究和鉴别，以确定其与案件真实情况之间的客观联系和证明作

用，并据此对案件真实情况作出正确认定的一种活动。要正确理解证据的审查判断的实质，必须把握好以下几点：

1. 证据审查判断主体是执法人员。因为只有执法人员对证据的审查判断活动才会产生法律效果，才会对案件真实情况的认定产生影响，也才会对执法相对人产生决定性的影响。

2. 证据审查判断也是执法人员的一种思维活动，是执法人员运用逻辑思维方法，通过科学的分析、鉴别和判断而完成的。

3. 证据审查判断的前提和基础是收集证据。证据的审查判断是在收集证据的基础上进行的，没有收集证据的过程，证据的审查判断就无从进行；当然，如果对收集的证据不进行审查判断，就难以分辨证据的真伪以及对案件的证明作用。同时，我们还要看到，收集证据和审查判断证据之间不是完全相分离的，二者往往是结合着反复进行的，收集证据的过程中要对证据进行初步的审查判断，对证据进行审查判断后，要根据需要重新收集证据，如此反复，直到查明案件真实情况。

4. 证据审查判断的目的在于鉴别证据真伪，确定证据是否具有证据能力和证明力以及证明力的大小，以便查明案件真实情况。

5. 证据审查判断，就其内涵来说，既包括对单个证据的审查判断，也包括对案件所有证据的综合审查判断。通过对单个证据的审查判断，我们可以确定该证据的真伪以及与案件事实之间的联系和证明力的大小。通过对案件所有证据的综合审查判断，我们可以确定案件各个证据之间的联系以及整个案件的证据是否已经达到确实充分的要求。

（二）证据审查判断的基本任务

煤矿安全行政执法人员在对证据进行审查判断时，不能无目的、无重心地进行，否则，肯定不会收到满意的效果。也就是说，煤矿安全行政执法人在审查判断证据前，首先必须明确证据的审查判断的基本任务是什么，也即必须明确执法人员应当针对证据的哪些方面和事项进行审查判断。证据的审查判断的基本任务，包括对单个证据的审查判断和对全案证据的综合审查判断两个方面。

对于单个证据的审查判断，事实上，从前面的论述中，我们已经知道，证据必须具备“三性”，也即客观性、关联性和合法性，所以，对证据的审查判断的基本任务就是确定已经收集的证据是否具备“三性”。审查判断证据的客观性，可以从证据的来源、内容等方面入手，例如，证人与当事人之间是否具有利害关系；有关人员是否出于不良动机提供了虚假的证据；证据的内容本身有无矛盾；等等。审查判断证据的关联性，可以从分析判断证据与案件事实之间有无客观联系以及联系的形式和性质等方面入手。审查判断证据的合法性，可以从收集证据的主体和程序是否合法，证据是否具备法定的形式等方面入手。

对全案证据的综合审查判断的基本任务，就是通过对全案所有证据材料进行综合分析、鉴别和判断，以确定其内容和反映的情况是否协调一致，能否排除合理的怀疑，能否相互印证，是否确实充分，能否证明案件全部事实。对全案证据的综合审查判断可以从全案证据是否形成完整的证据链，各个证据与案件事实之间的关联程度及证明力，各个证据之间有无矛盾、能否相互印证，对案件真实情况的证明是否协调一致等方面入手。

（三）证据审查判断的基本方法

要使证据的审查判断活动有效果，必须掌握和运用一些科学的方法，只有方法正确，效果才会好。在煤矿安全行政执法活动中，证据的审查判断通常可以采用如下一些基本方法进行：

1. 甄别法。甄别就是审查鉴别的意思，甄别法，又称鉴别法。甄别法主要用于对单个证据的审查判断。运用甄别法审查判断证据，就是根据客观事物发生、发展、变化的一般规律和常识去辨别证据的真伪，以辨别其是否具有证据能力和证明力以及证明力的大小。甄别法是审查判断证据最为通用的方法，也往往是最先使用的方法，可以对证据进行初次净化和筛选。

2. 对比法。对比法，又称比较法或比对法。是指对证明同一案件事实的两个或两个以上具有可比性的证据进行比较或对照，以判断它们是否具有证据能力或证明力以及证明大小。一般来说，经过比较或对照，证据所反映的内容相符或一致，没有矛盾，就是确实可靠的；反之，则说明证据还存在问题或矛盾，需要采取进一步的措施进行查证。需要强调指出的是，采用对比法审查判断证据的关键在于用来进行对比的各个证据之间必须具有“可比性”。所谓“可比性”就是指用来进行对比的各个证据所证明的对象必须是同一事实或事物，否则就不能运用对比法来审查判断这些证据。

3. 印证法。印证法就是指将若干证据所分别证明的同一案件的若干事实结合起来进行验证，以判明它们之间是否互相呼应、协调一致的方法。印证法同对比法相比，它不要求证明对象的同一，而只要求证据与需要证明的案件事实之间存在着客观联系，因而运用的范围更为广泛。

4. 鉴定法。鉴定法，是指当案件中遇到一些专门性问题时，煤矿安全行政执法机构指派或委托具有专门知识的人员对专门性问题进行分析、鉴别和判断，并作出结论性意见，并据此对案件有关事实进行认定的方法。鉴定法不仅是一种收集证据的方法，也是一种审查判断证据的方法。特别是对有些物证、书证的审查判断，鉴定法是一种必不可少的手段。

5. 辨认法。辨认法是指当某一事物不能确定的情况下，在执法人员的主持下，组织曾与该事物有过接触的有关人员进行识别、确认的方法。辨认法也是审查判断证据的一种有效方法。辨认的过程和结果要制作成笔录，详细予以记录，并由参加辨认的人和主持人签字。使用辨认结果时，应当有其他证据互相印证，否则容易发生错误，造成严重后果。所以，辨认结果的使用要慎重。

6. 对质法。对质法是指执法人员组织曾就案件事实提出过相反陈述的两个或多个证人相互询问、反驳和辩论，以判明其陈述真伪的方法。由于对质难于掌握，所以，对质要谨慎，一般只有在涉及案件的重要问题，而且别无他法的情况下才可以采用。

7. 反证法。反证法是指通过否定某一种证据来肯定与之恰好相反的证据为真实的一种方法。在执法实践中，反证法也是一种常用的审查判断证据的方法。需要注意的是，用反证法审查判断证据时，用以否定某一证据的依据必须查证属实，而且，被否定的证据与被肯定的证据之间必须是非此即彼的关系。

8. 排除法。在执法实践中，我们会遇到案件中的某一事实同时存在多种相互矛盾的说法而无法作出准确判断的情况，这时，经常采取的办法就是将几种说法都放在一起，通过一一予以排除的方法来最终确定案件真实情况，这种方法就是排除法。使用排除法审查判断证据时，必须穷尽所有可能的判断，否则，排除法就不会奏效。

9. 综合审查。综合审查是指同时运用多种方法来对证据进行审查判断，以确定其有无证据能力和证明力以及证明力的大小。事实上，案件事实的认定，往往是综合运用各种证据审查判断方法的结果，各种方法可以相互补充、相辅相成、交错进行。综合审查的方法主要依靠的是形式逻辑，所以，执法人员要对形式逻辑有所了解。在对证据的审查判断中具体运用形式逻辑时，应当做到概念明确、判断恰当、推理符合逻辑，特别是在推理过程中，要严格遵守同一律、矛盾律和排中律等逻辑思维规律。

第四章　煤矿安全行政执法程序

行政执法程序与行政执法行为是紧密联系在一起的，只要有行政执法行为存在，必然就会伴随有相应的行政执法程序存在，而且，行政执法程序是否合法，将直接影响到行政执法行为的效力。也就是说，一个合法有效的行政执法行为，除了必须具备其他各项实体内容方面的有效要件以外，还必须符合法定的程序，否则，该行政执法行为属于行政违法行为，有权机关必须予以纠正。所以，在煤矿安全行政执法活动中，我们必须严格遵守法定的执法程序，切实做到严格、规范、公正、文明执法。本章我们将对煤矿安全行政执法程序的主要内容进行较为系统的阐述。

第一节　煤矿安全行政执法程序概述

一、煤矿安全行政执法程序的概念

一般认为，程序就是人们处理事务、进行活动的方式、步骤、次序和时限等的总和。行政执法程序就是进行行政执法活动、处理行政执法事务所必须遵循的法定方式、步骤、次序和时限等的总和。行政执法程序既包括行政执法机构进行行政执法活动、处理执法事务所必须遵循的法定方式、步骤、次序和时限，又包括行政相对人和其他相关人员参与有关行政执法活动所必须遵循的法定方式、步骤、次序和时限。

行政执法程序具有以下特点。

（一）法定性

与一般组织和个人的行为程序不同，行政执法程序并不是行政执法机构自行创设的，而是规定于相关的法律法规之中，所以，行政执法机构在行政执法活动中必须严格遵守法定的各项执法程序制度。从目前我国行政程序立法情况看，行政执法程序法律制度规定于不同的相关行政法律文件中，而且很多是程序方面的内容与实体方面的内容混合规定在一起。如，有关煤矿安全行政处罚程序在《行政处罚法》《安全生产法》《国务院关于预防煤矿生产安全事故的特别规定》和国家安全生产监督管理总局规章《安全生产违法行为行政处罚办法》《煤矿安全监察行政处罚办法》等法律文件中都有相应的规定，煤矿安全行政执法机构实施行政处罚活动时，应当严格执行这些行政处罚程序法律制度。

（二）行政性

没有行政权力的实施活动，就不会有行政执法程序的存在，行政执法程序的核心功能就是约束和规范行政权力的正确实施，所以，行政执法程序具有鲜明的行政性。当然，在有些行政执法活动中，行政相对人或相关人员的行为在行政执法过程中往往具有十分重要的意义，所以，他们的许多行为也被相关法律法规设定为实施行政执法活动中必须遵守的环节，也即法定的执法程序。例如，行政处罚决定作出之前，被处罚对象的陈述和申辩；又如，在重大行政处罚听证制度中，除对行政执法机构所必须遵循的程序作出了规定外，还对行政相对人提出申请、申请回避、辩论等程序作出了规定。对此，我们要明确这些规定也是由于行政权力实施所引发的，没有行政权力的实施活动也就不会产生这些行政相对人和相关人员相应的活动，因此，并不能据此而否定行政执法程序的行政性特征。

（三）形式性

任何行政执法行为都是行政执法实体内容与行政执法程序形式两方面的统一，就像任何事物的内容都离不开形式一样，任何行政执法行为都离不开行政执法程序。例如，煤矿安全行政机构要对存在重大安全生产隐患的煤矿企业作出责令停产整顿的行政处罚，如果没有责令停产整顿的主体、方式、步骤、次序、时限等程序性的规定相伴随，煤矿安全行政执法机构就无法实现对煤矿企业作出责令停产整顿的行政处罚活动。可能有人会说，没有这些程序性的规定，照样可以对煤矿企业实施责令停产整顿的行政处罚，那我就告诉你，你在实施的过程中，同样没有办法离开“程序”，你没有办法抛开处罚的方式、步骤、次序等程序性的环节而实施任何行政处罚，形式性的“程序”仍然存在，当然，这一“程序”是否合法有效就另当别论了。

（四）可控性

由于行政执法程序法律制度是在行政执法行为实施之前就已经在相关法律法规中做了明确的规定，所以，行政执法机构及其行政执法人员在实施行政执法活动过程中，就可以按照事先已经确定的行政执法程序标准和要求对行政执法过程进行监控，并可以对实施行政执法活动过程中出现的偏差及时予以纠正，以确保执法行为的有效性。例如，某县煤矿安全行政执法机构的执法人员，在对辖区内某煤矿企业进行现场检查后认为，该煤矿企业存在重大安全生产违法行为，拟对该煤矿企业作出罚款的行政处罚。当执法人员要将行政处罚决定书送交煤矿企业负责人签收的时候，执法机构带队领导发现执法人员没有事先告知煤矿企业处罚的内容就欲下达行政处罚决定书，违反了行政处罚程序规定，及时予以制止，重新按法定的行政处罚程序进行了处罚，保证了行政处罚的合法性。

（五）多样性

这是由行政执法机构所面对的社会的复杂性所决定的。不同的行政执法机构所面对的具体的执法对象和执法内容差异性比较大，所以，不同的行政执法机关所实施的行政执法行为在具体的行政执法程序形式上也千差万别。即便是同一个行政执法机构，在实施不同的行政执法行为时，其行政执法程序也是不一样的。例如，煤矿安全行政执法机构实施行政处罚的程序与实施行政许可项目的程序是不一样的。当然，有些行政执法程序法律制度是所有行政执法行为都要遵守的，例如，表明身份制度。行政执法程序的多样性要求我们在行政执法过程中，既要关注各种行政执法行为所要共同遵守的执法程序，也要关注每种行政执法行为所具有的特殊的执法程序。

根据上述对行政执法程序的分析，我们认为，煤矿安全行政执法程序，是指在煤矿安全行政执法过程中具体执法行为所必须遵守的方式、步骤、次序、时限等方面的强制性法律制度。包括现场处理程序、行政处罚程序、行政强制程序、事故调查处理程序、行政许可程序、国家煤矿安全监察机构向地方各级人民政府及其有关部门提出加强和改善煤矿安全生产管理工作建议或者意见程序，以及在行政执法过程中必须遵守的其他程序性法律制度。

需要强调指出的是，虽然任何煤矿安全行政执法活动都表现为一定的过程，但是，煤矿安全行政执法程序决不等于煤矿安全行政执法过程或煤矿安全行政执法工作流程。我们知道，煤矿安全行政执法过程或煤矿安全行政执法工作流程包括煤矿安全行政执法活动从开始到结束的所有环节，而其中有些环节是随机的、不可控的，如去煤矿企业的交通线路的选择可能有多种，查看图纸和其他书面材料的次序也可能是随机的，检查煤矿企业生产现场的具体线路和内容也是不确定的，对于这些环节没有必要预先控制，也不可能控制；而有些环节是确定的、可控的，而且非常重要，是必须预先就做好具体的操作规定，如执法人员表明身份、告知煤矿企业行政处罚的内容并听取其意见、送达行政处罚文书等等环节。煤矿安全行政执法程序法律制度规定的就是上述那些确定的、可控的、重要的具体行政执法环节的实施方式、步骤、次序、时限等方面的内容。由此可见，煤矿安全行政执法过程或煤矿安全行政执法流程包含法定的煤矿安全行政执法程序，却并不等于法定的煤矿安全行政执法程序。在这里，我们之所以要强调这个问题，是因为在当前的煤矿安全行政执法实践中，很多人把行政执法程序与行政执法过程或行政执法流程混为一谈，没有真正把握行政执法程序的先定性和可控性特征。

二、煤矿安全行政执法程序的基本原则

（一）公开原则

公开原则，是指除涉及国家机密、商业秘密或者个隐私外，煤矿安全行政执法程序应当向行政相对人和社会公开。公开是现代民主政治发展的基本要求。从当今世界范围来看，随着民主宪政思想日益深入人心，作为国家权力主体的公民要求更多地参与到国家各项事务的管理活动中，以直接表达自己的意愿，特别是涉及自身利益的行政执法行为，尤其表现出强烈的参与愿望。在煤矿安全行政执法程序中确立公开的原则，就是要把煤矿安全行政执法权的运作过程向执法相对人和社会公开，接受行政执法相对人和社会的监督，以预防煤矿安全行政执法权被滥用。程序公开原则要求，煤矿安全行政执法机构实施煤矿安全行政执法权的依据、实施主体、执法信息、执法决定等都应当公开。

（二）公正公平原则

公正公平原则，是指煤矿安全行政执法机构应当排除各种可能导致不公正或者不公平的因素，公正公平地行使煤矿安全行政执法权，在执法程序上公正公平地对待各方当事人。程序公正公平原则要求，煤矿安全行政执法机构及其执法人员在执法过程中，要公正公平地对待适用于相同执法程序的不同当事人，而不能在程序上区别对待。

（三）相对人参与原则

相对人参与原则，是指除法律有特别规定外，在煤矿安全行政执法过程中，煤矿安全行政执法相对人在程序上有了解并被告知有关自身权益的权利。相对人参与原则要求，煤矿安全行政执法机构在执法过程中，应当尽可能为行政执法相对人提供参与执法活动的各种条件和机会，确保行政执法相对人实现执法程序权益。在煤矿安全行政执法过程中，相对人参与原则更多地体现在执法相对人参与听证、进行陈述和申辩、申请行政复议等活动中。

（四）效率原则

效率原则，是指煤矿安全行政执法程序的设置与采取必须有助于确保基本行政执法效率的实现。当然，提高行政执法效率不得损害执法相对人的合法权益，不得违反公正公平原则。在煤矿安全行政执法活动中，程序效率原则主要体现在时效、不停止执行等制度中。

三、煤矿安全行政执法程序的作用

煤矿安全行政执法程序在煤矿安全行政执法活动中可以发挥以下几个方面的作用。

（一）保证煤矿安全行政执法权的落实

行政执法程序是将应然的行政权利义务转化为实然的权利义务，将各项静态的法律制度运用于社会生活，使之成为动态的法律制度的桥梁。煤矿安全行政执法权只有通过一系列的煤矿安全行政执法程序才能真正作用于煤矿安全生产管理实践活动，发挥出应有的积极推动煤矿安全生产工作的作用。煤矿安全行政执法程序为煤矿安全行政执法机构及其执法人员实施煤矿安全行政执法权设定了具体的、公开化的操作规程，一方面为煤矿安全行政执法权落到实处创造了条件；另一方面也为社会各界监督煤矿安全行政执法权的实施提供了可能，反过来又将促进煤矿安全行政执法权的落实。

（二）规范煤矿安全行政执法权的正确实施

我们知道，现代行政权的行使要符合民主法治精神，要符合依法行政的要求，要做到公开、公正，避免行政权行使的随意性和专断性，而预先设定的煤矿安全行政执法程序就是正确实施煤矿安全行政执法权的重要保障。一般来讲，行政执法程序具有明显的条件导向性功能，也即当具备一定的条件时，依照行政执法程序势必会得出正当的结论，因此，煤矿安全行政执法程序通过设定具体的实施煤矿安全行政执法权的方式、步骤、次序和时限等内容，对煤矿安全行政执法权的实施起着规范、制约和引导的作用，这就能够有效限制煤矿安全行政执法权的恣意行使，保证煤矿安全行政执法权实施结果的公正性和合理性，实现执法的目的。

（三）缓解煤矿安全行政执法法律关系主体之间的利益冲突

在煤矿安全行政执法法律关系中，煤矿安全行政执法机构和执法相对人是两个相对应的主体，在这两个主体中，一般来讲，煤矿安全行政执法机构代表着社会公共利益和国家利益，而行政相对人代表个人利益或局部利益。在煤矿安全行政执法活动中，按照现代民主法治精神的要求，两者的利益应当在兼顾公平和效率的基础上得到整体上的平衡，然而，由于行政权本身所具有的特点，在煤矿安全行政实体法上，煤矿安全行政执法机构的主导地位和行政优先权是客观存在的，如果对此不加约束就容易出现冲突。煤矿安全行政执法程序通过赋予执法相对人参与执法活动、进行陈述申辩等程序性权利，以及通过设定煤矿安全行政执法机构的告知、听取意见等程序性义务，有力制约了煤矿安全行政执法机构在执法活动中的行政优先权，维护了行政相对人的合法权益，从而有效缓解了煤矿安全行政执法活动中的利益冲突，保证了执法行为的确定性，实现了煤矿安全行政执法活动执法效果与社会效果的有机统一。

（四）提高煤矿安全行政执法活动的效率

法定的行政执法程序并不是随意创设的，它是根据行政执法活动客观规律进行设计并以法律形式确定下来的进行行政执法活动的最佳途径，所以说，按照行政执法程序开展行政执法活动必能有效提高行政执法的效率，节约行政成本，有效利用行政资源。另外，严格的行政执法程序本身也会使煤矿安全行政执法法律关系主体之间复杂的社会关系从进入行政执法程序这一刻开始，就与社会隔离开来并转化为简单的程式化关系，尽量排斥了其他非程序性因素的影响作用，也有利于行政执法效率的提高。

第二节　煤矿安全行政执法程序主要制度

一、信息公开制度

信息公开是指除法律法规规定应予保密外，凡是涉及行政执法相对人权利、义务的行政信息资料，特别是涉及社会公众重大利益的事项，煤矿安全行政执法机构都应当依法向社会公开，任何公民、法人或者其他组织都可依法进行查阅或复制。信息公开是一项十分重要的行政执法制度，也是依法行政的基本要求。具体来讲，煤矿安全行政执法机构应当向社会公开的信息主要包括有关煤矿安全生产的法律、法规、规章、规范性文件、行政许可结果、责令停产整顿等重大行政处罚、行政统计资料等。当然，信息公开也有另外，当拟公开的信息涉及国家安全、个人隐私和商业秘密时，应当免除公开。

信息公开制度要求，煤矿安全行政执法机构应当设立相应的管理制度，及时、主动公开应当公开的信息，特别是煤矿安全相关法律制度和重大政策措施，煤矿安全行政执法机构不但要及时、主动公开，还要做好相应的宣传教育工作，积极推动相关法律制度和政策措施的落实。当前在信息公开制度的贯彻落实方面存在的主要问题是应当公开的信息没有及时公开。

二、表明身份制度

表明身份是指煤矿安全行政执法人员在进行煤矿安全行政执法活动之前，应当向行政执法相对人出示执法证件，以证明自己已享有进行煤矿安全行政执法活动的职权或者资格的一种程序制度。表明身份制度体现了行政公开的原则，它通过行政执法人员自觉公开自己身份的方式，使行政执法相对人免受不法侵害。需要强调指出的是，在时间顺序上，表明身份一般在进行行政执法活动之前。关于具体出示的证件，国家煤矿安全监察机构执法人员应当出示由国家安全生产监督管理总局制发的煤矿安全监察执法证，其他煤矿安全行政执法机构执法人员一般应当出示省级煤矿安全执法机构或者县级以上地方人民政府统一制作的行政执法证。从云南省的情况看，全省统一使用的是省人民政府法制办公室统一制作的行政执法证。

表明身份制度不仅仅是为了防止不法分子假冒和诈骗，更是为了防止行政执法机构及其执法人员超越职权、滥用职权。在表明身份的过程中，对于执法人员来说是公开了自己的身份和将要执行的任务，行政执法相对人对此应当予以支持和配合；而行政执法相对人即可知道执法机构及其执法人员基本的执法事项和范围，对于超出职权范围的要求和事项可以予以拒绝，直至通过法律救济途径依法维护自身合法权益。对于不出示行政执法证件即开展行政执法活动的行政执法人员，行政执法相对人可以予以拒绝。

三、告知制度

告知是指煤矿安全行政执法机构及其执法人员在开展行政执法活动过程中，以书面或口头形式告知行政执法相对人享有的权利、需要承担的义务以及行使权利、履行义务的方式和途径等有关事项的一种程序制度。比如，煤矿安全行政执法机构按一般程序作出行政处罚决定之前，应当书面告知行政处罚相对人拟作出行政处罚的内容和依据，对于重大行政处罚，行政处罚相对人可以据此在规定的时限内提出听证申请。告知是煤矿安全行政执法机构及其执法人员在进行行政执法活动时必须履行的一项法定义务，如果因煤矿安全行政执法机构及其执法人员未履行告知义务，致使行政执法相对人因丧失相关权利或未履行相关义务而遭受损害的，煤矿安全行政执法机构应当承担相应的法律责任。

告知制度主要运用于具体行政执法行为，它体现了现代行政执法活动中对行政执法相对人人格权利的尊重，也是实现行政公开的重要制度。告知制度为行政执法相对人在行政执法活动中充分享有应有的权利提供了保障，也为及时履行相关行政执法义务创造了条件，使行政执法机构与行政执法相对人之间的权利义务关系在整个行政执法活动中得到基本的平衡，并增加了行政执法活动的透明度，有效沟通协调了两者之间的关系，保证了行政执法活动的顺利进行，促进提高了行政执法的效率。在煤矿安全行政执法活动中，煤矿安全行政执法机构及其执法人员在实施行政处罚、行政强制、行政许可等活动的过程中都要按照相关法律法规的规定履行告知义务。

四、说明理由制度

在煤矿安全行政执法活动中，说明理由是指煤矿安全行政执法机构及其执法人员在作出行政执法决定时，应当将作出行政执法决定的事实理由和法律理由对行政执法相对人进行说明的一种程序制度。比如，煤矿安全行政执法机构作出不予行政许可决定的，应当对行政许可申请人说明不予许可的理由。又如，煤矿安全行政执法机构作出行政处罚决定的，应当在处罚决定书中说明作出处罚决定的事实理由和法律理由。如果煤矿安全行政执法机构作出的行政执法决定没有任何事实和法律上的理由，那么，该行政执法决定的效力就必然会出现问题。所以，煤矿安全行政执法机构在作出现场处理决定、行政处罚、行政强制、行政许可等行政执法决定时，都要按照相关法律法规的规定进行说明理由。

在煤矿安全行政执法活动中，说明理由制度是一项十分重要的执法程序制度。通过说明理由，可以使行政执法相对人清楚明白地理会行政执法决定的内容，心悦诚服地接受和执行行政执法决定，实现和谐执法，维护行政执法权威。通过严格执行说明理由制度，可以促使煤矿安全行政执法机构及其执法人员不断提高执法质量，尽力克服随意执法、滥用职权行为的发生，因为随意执法和滥用职权都将使执法人员不能自圆其说，无法说清理由。通过说明理由，还可以使行政执法相对人清楚地知道自己的合法权益是否受到了侵害，便于依法维护自身的合法权益。

五、回避制度

在煤矿安全行政执法活动中，回避是指当煤矿安全行政执法人员执行公务时，如果与所执行的行政执法行为有利害关系，该行政执法人员即不得参与执行相关行政执法行为的一种程序制度。回避制度的重要意义在于，通过严格执行执法人员的回避制度，有效防止执法活动中偏私行为的发生，既保障了行政执法实体结果的公正，又保障了行政执法程序形式的公正，增强了行政执法行为的公信力。按照《行政处罚法》及国家安全生产监督管理总局《安全生产违法行为行政处罚办法》的规定，在煤矿安全行政执法活动中，煤矿安全行政执法人员有下列情形之一的应当回避：①本人是本案的当事人或者当事人的近亲属的；②本人或者其近亲属与本案有利害关系的；③与本人有其他利害关系，可能影响案件的公正处理的。对于存在上述情形的，煤矿安全行政执法人员应当自行要求回避；行政执法相对人也可以申请煤矿安全行政执法机构责令该行政执法人员回避；煤矿安全行政执法机构发现行政执法人员存在应当回避情形的，可以直接令其回避。

在具体的操作方式上，煤矿安全行政执法人员的回避，由派出其进行行政执法活动的煤矿安全行政执法部门的负责人决定。进行行政执法活动的煤矿安全行政执法部门负责人的回避，由该部门负责人集体讨论决定。回避决定作出之前，煤矿安全行政执法人员不得擅自停止行政执法活动。

六、时效制度

在煤矿安全行政执法活动中，时效是指煤矿安全行政执法活动的各个阶段或全过程都要遵守法定的时间期限的一种程序制度。时效是一种法定的时间期限，它能够引起煤矿安全行政执法法律关系的产生、变更或者消灭。时效制度同时涉及煤矿安全行政机构及行政执法相对人，煤矿安全行政执法机构及其行政执法人员在法定期限内不履行职责，就可能导致行政执法行为的无效或引发相应的法律责任；煤矿安全行政执法相对人不在法定的期限内行使权利或履行义务，也可能丧失享有的权利或产生相应的法律责任。比如，对于煤矿企业的安全生产违法行为，煤矿安全行政执法机构在两年内未能发现的，不能给予行政处罚。又如，煤矿安全行政执法机构对于煤矿企业或煤矿安全中介机构提出的行政许可申请，应当在法定的期限内作出决定，否则将被追究相关责任。再如，煤矿企业不服煤矿安全行政执法机构对其作出的行政处罚决定的，应当在法定期限内提出行政复议申请或提起行政诉讼，否则将丧失相关权利。

时效制度是现代行政的一项重要制度，其重要意义在于，对于行政执法机构来说，通过严格执行时效制度，能够促使行政执法机构及其行政执法人员不断提高行政执法效率，及时作出行政执法行为，有效防止和避免官僚主义，依法保障行政执法相对人的合法权益；对于行政执法相对人来说，时效制度的存在，将促使其认真履行相关义务，积极配合行政执法机构顺利开展相关执法活动，并及时行使享有的权利，依法维护自身合法权益。时效制度为提高行政执法效率，有效利用行政执法资源提供了重要保障。

第三节 煤矿安全行政执法现场处理程序

一、现场处理程序的适用范围

按照《安全生产法》《煤矿安全监察条例》《安全生产违法行为行政处罚办法》《煤矿安全监察行政处罚办法》等法律法规的规定，煤矿安全行政执法机构及其执法人员在对煤矿企业及煤矿安全中介机构等煤矿安全行政执法相对人进行现场检查过程中，发现行政执法相对人有安全生产违法行为，但不需要立即给予行政处罚时，应当作出现场处理决定。现场处理程序就是煤矿安全行政执法机构及其执法人员在作出现场处理决定时应当遵守的执法程序。

二、现场处理程序

按照相关法律法规的规定，煤矿安全行政执法机构及其执法人员作出现场处理决定应当按照下列程序进行。

（一）执法准备

严格地说，执法准备一般发生在执法活动开展前，并不属于严格意义上的行政执法程序范畴，但是在执法实践中，任何行政执法工作都离不开精心的执法活动开展前的准备工作，它是任何高质量的行政执法活动的重要保障。所以，我们还是要把执法准备作为行政执法程序的一个重要的环节予以高度重视。

执法准备的具体工作内容是非常多的，不同的执法活动所要做的执法准备工作也有所区别。由于煤矿安全行政执法机构及其执法人员在对煤矿企业开展安全执法时作出现场处理决定的情况较为普遍，我们就以对煤矿企业作出现场处理决定时应当遵守的执法程序为例进行说明。煤矿安全行政执法人员在对煤矿企业进行煤矿安全行政执法活动前，通常应当做好以下执法准备工作：一是确定执法对象，明确执法目的、任务，也即确定对哪些地区的哪些煤矿企业开展执法活动，明确开展本次执法活动的原因及所要完成的具体执法任务和所要达到的执法目的，做到有针对性地开展执法活动；二是了解并掌握执法对象的安全生产情况，上次开展执法活动时查出的事故隐患整改情况；三是确定开展具体执法活动的内容、方法和步骤，准备好开展执法工作所必需的瓦检仪、测风表、软尺等现场检测检验工具、制作执法文书工具以及有关法律法规及标准等资料；四是视执法任务确定负责实施本次执法活动任务的执法人员，需要注意的是，所确定的执法人员不得少于2人。

（二）表明身份

在行政执法程序意义上，表明身份就是人们常说的出示证件，亮证执法。具体来讲，就是煤矿安全行政执法人员在开展行政执法活动前，应当向执法对象出示合法有效的执法证件。煤矿安全行政执法活动中，表明身份是正式进行行政执法活动的重要标志，煤矿安全行政执法人员出示行政执法证件后，执法对象应当积极配合和支持执法人员开展相关执法工作。需要注意的是，表明身份的时候应当是所有执法人员都出示执法证件，而不是其中的一个人或者几个人出示执法证件。

（三）编制现场检查方案

现场检查方案应当由参加本次执法活动的执法人员负责编制，而且本次执法的现场检查工作也应当基本按照现场检查方案确定的重点内容和方式方法进行。从时间上看，现场检查方案的编制通常应当在对执法对象的生产现场情况进行检查前完成。当然，在编制现场检查方案前，执法人员可以先听取执法对象汇报有关现场安全生产状况，查阅执法对象有关安全生产工作资料，并结合平时掌握的执法对象的安全生产情况，再编制有针对性的现场检查方案，为提升执法效果创造条件。需要强调指出的是，已经确定的现场检查方案也不是不能再改动的，在实际开展现场检查工作的时候，也可能会遇到新情况或者新问题，不能再按照已经确定的检查方案开展检查工作，这时，就应当根据新情况或者新问题，及时改变现场检查工作内容，待现场检查工作结束后再重新修订现场检查方案。

（四）进行现场检查

通常，现场检查应当按照现场检查方案确定的方式方法和内容进行。对于煤矿企业的现场检查，主要是按照确定的现场检查方式方法和检查内容，对煤矿企业的安全生产工作相关资料、生产作业现场安全生产情况以及有关安全生产设施和设备进行查阅、查看、检测等。井工煤矿和露天煤矿的现场检查方式方法和内容有所不同。

在现场检查过程中，对于发现的安全生产违法行为和事故隐患，煤矿安全行政执法人员要进行记录并收集和保存有关证据。对于发现的违法行为和事故隐患，需要当场立即作出现场处理决定的，执法人员应当当场立即作出现场处理决定，需要立即撤出作业人员的，应当下达责令立即撤出作业人员的命令，需要立即停止作业的，应当下达责令立即停止作业的指令。当场作出的现场处理决定可以口头下达，事后再补做执法文书。在现场检查过程中，执法人员还可以使用有关仪器仪表和工具对煤矿生产作业现场瓦斯等气体、风量和安全设施等进行检测检验。

现场检查工作结束后，执法人员还应当针对现场检查中发现的违法行为和事故隐患，根据需要开展进一步的调查取证工作，收集并保存相关证据材料。这是现场检查工作的进一步延续，是准确认定有关违法事实的重要保障，所以，我们也可以把它当作现场检查工作的一个重要组成部分。

（五）分析现场检查情况

分析现场检查情况的主要目的是通过充分的讨论和分析，对执法对象的安全生产状况做一个全面的、准确的判断，对检查中发现的违法行为和事故隐患进行准确的认定，并在此基础上确定需要采取的执法措施。所以，所有现场检查工作结束后，带队的执法负责人应当将所有执法人员召集在一起，对现场检查情况，包括对检查中发现的安全生产违法行为和事故隐患，进行全面、深入的讨论和分析，并形成统一的意见。通过讨论和分析，如果发现认定违法事实的证据不足或者理由不充分的，还应当进行补充调查取证。

执法人员形成统一的现场检查意见后，对拟认定的违法行为和事故隐患，应当充分听取执法相对人的意见，对执法相对人提出的事实、理由和证据，还应当进行复核，如果执法相对人提出的事实、理由或者证据成立的，执法机构应当予以采纳，并对现场检查意见进行修正。执法人员充分听取执法相对人的意见，对正确认定违法事实，加强执法机构与执法相对人之间的相互沟通，实现和谐执法，具有重要的意义。

（六）制作现场检查笔录

对于现场检查情况，执法人员应当制作现场检查笔录，详细记录现场检查的过程以及现场检查中发现的违法行为和事故隐患。煤矿安全行政执法过程中制作的现场检查笔录应当有煤矿企业负责人或其委托的人签署的意见和签字。现场检查笔录应当使用规定的执法文书制作。

（七）作出现场处理决定

根据现场检查情况，对于发现的安全生产违法行为和事故隐患，煤矿安全行政执法机构应当作出现场处理决定，责令煤矿企业予以改正或排除。作出现场处理决定应当制作现场处理决定书。对于在现场检查过程中就已经由执法人员口头作出的责令立即撤出作业人员的命令，也应当在这个时候补做执法文书。当然，对于需要予以行政处罚的安全生产违法行为，则应当按照行政处罚程序予以处罚。现场处理决定书应当当场交付行政执法相对人。

（八）提出建议或意见

煤矿安全行政执法机构在执法活动中提出建议或者意见包括两个层面的含义，一是向执法相对人提出改进煤矿安全生产管理工作建议；二是向地方人民政府及其有关部门提出加强和改善煤矿安全管理工作建议或者意见。煤矿安全行政执法机构作出现场处理决定后，结合现场检查情况，可以向执法相对人提出加强和改进安全生产工作的建议，并就有关安全生产管理工作予以指导。国家煤矿安全监察机构则还可以根据现场检查情况，向执法相对人所在地县级以上地方人民政府提出加强和改善煤矿安全管理工作建议；向执法相对人所在地县级以上地方人民政府煤矿安全监管部门提出加强和改善煤矿安全管理工作意见，积极督促执法相对人所在地人民政府及其煤矿安全监管部门抓好煤矿安全生产监督管理工作。向地方人民政府及其有关部门提出加强和改善煤矿安全管理工作建议或者意见是一个选择性的煤矿安全行政执法程序环节，并不是每一个现场处理活动都是必须有这一环节的，实际操作中，可以根据执法工作需要选择适用，而且主要是国家煤矿安全监察机构采用，其他煤矿安全行政执法机构较少采用。国家煤矿安全监察机构向地方人民政府提出加强和改善煤矿安全管理工作建议，应当制作和发送执法文书《加强和改善安全管理建议书》，向地方人民政府煤矿安全监管部门提出加强和改善煤矿安全管理工作意见，应当制作和发送执法文书《加强和改善安全管理监察意见书》。

（九）复　查

复查就是经过一定期限后，对执法相对人落实本次执法活动作出的现场处理决定的情况进行检查和复核并作出相应执法决定的活动。复查是现场处理的一个重要程序环节。国家煤矿安全监察机构作出的现场处理决定，可以自行复查，也可委托执法相对人所在地地方人民政府煤矿安全监管部门进行复查。其他煤矿安全行政执法机构作出的现场处理决定应当自行复查。

行政执法相对人被责令限期改正或者限期进行事故隐患排除治理，因不可抗力无法在规定限期内完成的，应当在进行整改或者治理的同时，于限期届满前10日内提出书面延期申请，煤矿安全行政执法机构应当在收到申请之日起5日内书面答复是否准予延期。

复查工作的启动分为两种情况，一种是行政执法相对人因提前完成整改，在现场处理决定书确定的整改期限届满前就向作出现场处理决定的煤矿安全行政执法机构提出复查申请而进行复查；另一种是现场处理决定书确定的整改期限届满，煤矿安全行政执法机构主动进行复查。煤矿安全行政执法机构应当自行政执法相对人申请或者现场处理决定书确定的限期届满之日起10日内进行复查。复查应当对执法相对人实际整改的情况进行现场检查和核实，并制作现场检查笔录，详细记录实际整改情况。

（十）作出复查意见

经过现场检查核实以后，煤矿安全行政执法机构应当作出复查意见，对逾期未整改、未治理或者整改、治理不合格的，应当按照行政处罚程序依法给予行政处罚。作出复查意见应当制作复查意见书并交付行政执法相对人。煤矿安全行政执法机构复查人员和被复查行政执法相对人都应当在复查意见书上签字。地方煤矿安全监管机构根据国家煤矿安全监察机构的委托进行复查的，应当及时将复查意见书转送国家煤矿安全监察机构。

（十一）案卷归档

案卷归档也不是一个严格意义上的行政执法程序环节，它主要属于行政执法机构内部管理的范畴。但是，执法案件办理完毕后，及时收集和归档保存办理案件过程中形成的各种资料，特别是有关执法文书和证据材料，是一个法定的要求，所以，可以说它是一个重要的、不能缺少的对执法行为的收尾工作，是加强煤矿安全行政执法机构内部管理工作的基本要求。案卷归档要及时，执法案件办理完毕即应当进行归档保存。执法案卷应当以一案一卷的形式集中保存，不能长期由个人保管。

三、现场处理程序中容易出现的问题

从煤矿安全行政执法实践来看，煤矿安全行政执法机构及其执法人员在实施现场处理过程中，程序方面容易出现以下主要问题：一是没有按规定出示执法证件；二是没有按要求制作现场检查方案；三是在现场检查过程中，对应当当场命令撤出作业人员时，没有当场责令立即撤出作业人员；四是没有在规定的期限内进行复查；五是没有将现场处理案卷及时归档保存。

第四节　煤矿安全行政处罚简易程序

一、行政处罚简易程序的适用范围

煤矿安全行政处罚简易程序是为了提高行政执法效率而设立的，主要是针对较轻微的行政处罚。简易程序的主要特点就是可以当场作出行政处罚决定。煤矿安全行政执法人员在开展煤矿安全行政执法活动过程中，如果发现煤矿企业、煤矿安全中介机构及其从业人员存在安全生产违法行为，需要给予行政处罚的，以下两种情形可以按照行政处罚简易程序当场作出行政处罚决定：

1. 对个人处以50元以下罚款或者警告的行政处罚。

2. 对单位处以1000元以下罚款或者警告的行政处罚。

煤矿安全行政执法人员当场作出行政处罚决定的，事后应当及时报所属煤矿安全行政执法机构备案。

二、行政处罚简易程序

按照相关法律法规的规定，煤矿安全行政执法人员依照简易程序实施的行政处罚，应当按照下列程序进行。

（一）执法准备

与现场处理程序相同。

（二）表明身份

与现场处理程序相同。

（三）编制现场检查方案

与现场处理程序相同。

（四）进行现场检查

与现场处理程序相同。

（五）收集保存证据

收集和保存证据是十分重要的一个执法环节。收集证据可以在开展现场检查过程中边检查边收集，也可以在现场检查活动结束后，根据需要专门收集相关证据材料。收集证据除了制作现场检查笔录、调查取证笔录外，还要收集其他书证、物证、视听资料等证据材料。

（六）分析案情

完成现场检查和证据收集工作后，执法人员应当对整个案情进行讨论分析。分析案情要仔细审核各种证据材料，认真梳理违法事实，查明法律依据，并形成初步的行政处罚意见，以确定是否可以按简易程序进行处罚。对于经分析案情后认为应当按行政处罚一般程序进行处罚的，则依一般程序实施行政处罚。对于经分析案情后，认为不需给予行政处罚的，应当做其他处理。

（七）告　知

告知就是将拟作出的行政处罚决定告知处罚相对人。按照简易程序实施的行政处罚，也应当在作出处罚决定前将拟作出的行政处罚决定告知处罚相对人。按照简易程序实施的行政处罚，采用口头形式当场告知即可。处罚相对人可以对行政执法人员拟作出的行政处罚决定进行陈述和申辩，如果处罚相对人提出的事实、理由或者证据成立的，执法人员应当予以采纳，并对拟作出的行政处罚决定进行修正。经听取拟处罚相对人陈述和申辩意见后，执法人员认为不需要给予行政处罚的，应当做其他处理。

（八）作出处罚决定

按照简易程序实施的行政处罚，执法人员可以当场作出行政处罚决定。作出行政处罚决定应当制作行政处罚决定书，并当场交付处罚相对人。在作出行政处罚决定的同时，还应当责令当事人认真整改存在的违法行为和事故隐患。当事人对当场作出的行政处罚决定不服的，可以依法申请行政复议或者提起行政诉讼。

（九）提出建议或者意见

与现场处理程序相同。

（十）执行处罚决定

执行处罚决定是使行政处罚真正落到实处并发挥出制裁和惩戒作用的重要环节。煤矿安全行政执法机构作出行政处罚决定后，当事人应当自觉履行处罚决定。当事人不履行处罚决定的，依法强制执行或者采取相应的执法措施。

（十一）案卷归档

按照简易程序实施的行政处罚案件执行完毕后，执法人员应当制作案件结案报告，及时办理案件结案手续。案件办结，执法人员应当制作执法案卷首页和卷内目录，将办理案件过程中形成的执法文书、证据材料等案件材料及时归档保存。执法案卷应当以一案一卷的形式集中保存，不能长期由个人保管。煤矿安全行政执法机构要加强对执法案卷的管理，实行严格的借阅制度。

三、行政处罚简易程序中容易出现的问题

按照简易程序实施行政处罚过程中，程序方面容易出现以下主要问题：一是为了追求执法效率，应当按照一般程序实施的行政处罚按简易程序实施处罚；二是在处罚过程中不履行告知义务即作出行政处罚决定；三是当场收缴的罚款不按照规定的期限交付单位或者银行。

第五节　煤矿安全行政处罚一般程序

一、行政处罚一般程序的适用范围

煤矿安全行政执法机构在开展执法活动过程中，如果发现煤矿企业、煤矿安全中介机构及其从业人员存在安全生产违法行为，需要给予行政处罚的，除依照简易程序作出的行政处罚外，应当按一般程序予以处罚。根据煤矿安全生产相关法律法规的规定，在煤矿安全行政执法活动中，以下行政处罚应当按照行政处罚一般程序实施处罚：对个人处以 50 元以上的罚款处罚，对单位处以 1000 元以上的罚款处罚；没收违法所得、没收非法开采的煤炭产品、采掘设备；责令停产停业整顿、责令停产停业、责令停止建设、责令停止施工；暂扣或者吊销有关许可证，暂停或者撤销有关执业资格、岗位证书；关闭；拘留，以及煤矿安全生产法律、行政法规规定的应当按照行政处罚一般程序实施的其他行政处罚。

二、行政处罚一般程序

按照相关法律法规的规定，煤矿安全行政执法机构依照一般程序实施

的行政处罚，应当按照下列程序进行：

（一）执法准备

与现场处理程序相同。

（二）表明身份

与现场处理程序相同。

（三）编制现场检查方案

与现场处理程序相同。

（四）进行现场检查

与现场处理程序相同。

（五）分析现场检查情况

现场检查工作结束后，煤矿安全行政执法人员应当对现场检查中发现的执法对象的安全生产违法行为和事故隐患，进行全面、深入的讨论和分析。通过讨论和分析现场检查情况，对需要作出现场处理决定的，应当按照现场处理程序作出现场处理决定；对需要给予行政处罚的，除可以按照简易程序实施的行政处罚外，应当提出立案建议；对需要做其他处理的，采取其他处理措施。

（六）立　案

立案，就是设立专案。一旦立案，煤矿安全行政执法机构就必须确定专门的执法人员对该案件进行调查处理。一般来说，立案的前提是执法人员已经对拟立案查处的违法事实做了初步的调查了解，至少已经掌握了部分违法事实。立案是按照一般程序实施行政处罚的重要环节。在时间次序上，煤矿安全行政执法机构在对案件进行调查处理之前必须先办理立案手续，但是，对确需立即查处的煤矿安全生产违法行为，可以先进行调查取证，并在5日内补办立案手续。

立案决定应当由煤矿安全行政执法机构负责人作出。对执法人员提出的立案建议，派出执法人员的煤矿安全行政执法机构负责人应当认真进行审查，对于同意立案的，应当作出予以立案的决定并指定该案件调查处理人员。立案要办理立案手续，填写立案审批表，制作立案决定书。立案决定书确定的执法人员就是该案件的调查处理人员。当然，在案件调查处理过程中，根据工作需要，煤矿安全行政执法机构可以对调查处理人员进行调整。立案决定书确定的调查处理人员必须是具备行政执法资格的人员，而且不得少于2人。

（七）案件调查

立案后，执法人员就要对案件全面、客观、公正地进行调查，并收集和保存相关证据材料。根据现场检查中掌握的情况，执法人员可以制定一个详细的调查方案，并按照调查方案进行调查取证，这样可以使调查取证工作有条不紊地进行。案件调查可以采取检查、勘验、检测、抽样、询问、查阅有关材料等方式进行。案件调查过程中，要特别注意收集和保存与案件有关的现场检查笔录、证人证言、书证、物证、视听资料等各种证据材料。案件调查工作要突出重点，要着重收集能够证明案件主要事实的直接证据材料，以提高案件调查的效率。在案件调查过程中，需要特别注意的是，有关案件事实的正反两方面的证据都要收集，不能只收集正面的证据。在案件调查过程中，在证据可能灭失或者以后难以取得的情况下，经煤矿安全行政执法机构负责人批准，执法人员可以对证据先行登记保存。

在案件调查过程中，要高度重视案情分析工作。分析案情是案件调查的重要手段，实际上，在整个案件调查过程中，执法人员都要不断地对当时掌握的案情进行分析，并根据案情分析结果不断地调整调查取证的方向和内容，直至完成整个案件的调查取证工作。案件调查取证工作全部结束以后，执法人员还要对整个案情进行讨论分析，仔细筛选和甄别所有证据材料，认真梳理违法事实，查明法律依据，并形成案件调查终结处理意见。案件调查终结后，执法人员应当将案件调查结果报所属煤矿安全行政执法机构负责人审批。

（八）案件审查

案件审查，就是由煤矿安全行政执法机构负责人对执法人员调查终结的案件进行审核，并对案件作出处理决定。案件调查终结后，负责承办案件的执法人员应当填写案件处理呈批表，连同有关证据材料一并报所属煤矿安全行政执法机构负责人审查。在案件审查方面，煤矿安全监察机构的情况相对特殊一些。由于有些省份煤矿安全监察机构监察区域比较大，从办公驻地到煤矿企业的路程往往较为遥远，为提高执法效率，对于依法需要经煤矿安全监察机构负责人批准或者煤矿安全监察机构负责人主持集体讨论决定的行政处罚，可以由现场监察执法人员以电话或者电传形式，把案件调查情况和处罚意见如实报告所属煤矿安全监察机构负责人，经批准或者集体讨论决定后，以电话或者电传形式通知现场监察执法人员，由现场监察执法人员依法实施行政处罚。电话应做书面记录。

煤矿安全执法机构负责人应当对案件调查结果进行审查，并根据不同情况，分别作出以下决定：①确有应受行政处罚的违法行为的，根据情节轻重及具体情况，作出行政处罚决定；②违法行为轻微，依法可以不予行政处罚的，不予行政处罚；③违法事实不能成立的，不予行政处罚；④违法行为已构成犯罪的，移送司法机关。对严重的煤矿安全生产违法行为需要给予责令停产停业整顿、责令停产停业、责令停止建设、责令停止施工、暂扣或吊销有关行政许可证照、撤销有关执业资格或者岗位证书、较大数额罚款、没收违法所得或者没收非法开采煤炭的采掘设备折合人民币 3 万元以上的行政处罚的，由煤矿安全行政执法机构的负责人集体讨论决定。

（九）告　知

煤矿安全行政执法机构负责人对案件调查结果进行审查后，对认为需要给予行政处罚的，在依法作出行政处罚决定前，应当指派执法人员告知当事人拟作出的行政处罚的事实、理由、依据及当事人享有的权利。除按照简易程序实施的行政处罚外，告知应当采用书面形式，制作行政处罚告知书并送交当事人。当事人可以对煤矿安全行政执法机构拟作出的行政处罚决定进行陈述和申辩，如果当事人提出的事实、理由或者证据成立的，煤矿安全行政执法机构应当予以采纳，并对拟作出的行政处罚决定进行修正。当事人对拟作出的行政处罚提出听证申请的，煤矿安全行政执法机构应当依法组织听证。

（十）作出行政处罚决定

煤矿安全行政执法机构听取当事人陈述和申辩或者组织听证后，仍然认为要给予行政处罚的，煤矿安全行政执法机构应当作出行政处罚决定，并制作行政处罚决定书送交当事人。煤矿安全行政执法机构不得因当事人陈述或者申辩而加重处罚。煤矿安全行政执法机构制作的行政处罚决定书应当载明以下内容：①当事人的姓名或者名称、地址或者住址；②煤矿安全生产违法行为的事实和证据；③行政处罚的种类和依据；④行政处罚的履行方式和期限；⑤不服行政处罚决定，申请行政复议或者提起行政诉讼的途径和期限；⑥作出行政处罚决定的煤矿安全行政执法机构的名称和作出决定的日期。煤矿安全行政执法机构在作出行政处罚决定的同时，还应当责令当事人停止、改正或者限期改正违法行为。

（十一）送达行政处罚文书

煤矿安全行政执法机构依法作出行政处罚决定的，应当在宣告行政处罚决定后当场将行政处罚决定文书交付当事人；当事人不在场的，煤矿安全行政执法机构应当在7日内将行政处罚决定文书送达当事人或者其他法定受送达人。

煤矿安全行政执法机构送达行政处罚决定文书，应当符合下列规定：

1. 送达行政处罚决定文书必须有送达回执，当事人或者其他法定受送达人收到行政处罚决定文书后，应当在行政处罚决定文书送达回执上注明收到日期、签名或者盖章。

2. 送达应当直接送交受送达人，受送达人是法人或者其他组织的，应当由法人的法定代表人、其他组织的主要负责人或者该法人、组织负责收件的人签收。

3. 受送达人是个人的，交其本人签收；本人不在交他的同住成年家属签收，并在行政处罚决定文书送达回执的备注栏内注明与受送达人的关系。

4. 当事人指定代收人的，交代收人签收并注明受当事人委托的情况。

5. 直接送达有困难的，可以挂号邮寄送达，也可以委托当地政府煤炭主管部门或者基层组织代为送达，代为送达的当地政府煤炭主管部门或者基层组织收到行政处罚决定文书后，必须立即交受送达人签收。

6. 当事人或者他的同住成年家属拒绝签收的，送达人应当邀请有关基层组织的代表或者有关人员到场，注明情况，在行政处罚决定文书送达回执上记明拒收的事由和日期，由送达人、见证人签名或者盖章，将文书留在当事人的收发部门或者住所；也可以把行政处罚决定文书留在受送达人的住所，并采用拍照、录像等方式记录送达过程，即视为送达。

7. 受送达人被监禁的，通过其所在监所转交；受送达人被采取强制性教育措施的，通过其所在强制性教育机构转交；代为转交的机关、单位收到行政处罚文书后，必须立即交受送达人签收，以在送达回证上的签收日期，为送达日期。

8. 受送达人下落不明，或者用以上方式无法送达的，可以公告送达，自公告发布之日起过60日，即视为送达。公告应当在公开发行的媒体上发布。公告送达，应当在案卷中注明原因和经过。

（十二）提出建议或者意见

与现场处理程序相同。

（十三）执行行政处罚决定

煤矿安全行政执法机构作出行政处罚决定后，当事人应当自觉履行处罚决定。当事人拒不履行处罚决定的，煤矿安全行政执法机构应当依法强制执行或者申请人民法院强制执行，而且，除了法律另有规定外，当事人对煤矿安全行政执法机构作出的行政处罚决定不服申请行政复议或者提起行政诉讼的，行政处罚不停止执行。

对于罚款的行政处罚，我国实行的是作出罚款决定的机构和收缴罚款的机构相分离的制度。对于罚款的行政处罚，当事人确有经济困难，需要延期或者分期缴纳罚款的，经当事人申请和煤矿安全行政执法机构批准，可以暂缓或者分期缴纳。

对于没收非法财物的行政处罚，煤矿安全行政执法机构应当依法处理没收的非法财物。对于应当予以销毁的非法物品，依照国家有关规定进行销毁处理；没有规定的，经县级以上煤矿安全行政执法机构负责人批准，由2名以上煤矿安全行政执法人员监督销毁，并制作销毁记录。除依法应当予以销毁的物品外，依法没收的非法财物必须按照国家规定公开拍卖或者按照国家有关规定处理。没收非法财物拍卖的款项，必须全部上缴国库，任何煤矿安全行政执法机构或者个人不得以任何形式截留、私分或者变相私分。

对于责令停产整顿的行政处罚，煤矿安全行政执法机构应当将责令停产整顿行政处罚决定书抄送采矿许可证、营业执照颁证管理部门，相关部门应当暂扣上述证照；以发送行政公函或抄送责令停产整顿行政处罚决定书的形式告知公安部门控制被责令停产整顿煤矿企业的火工品供应；以发送行政公函或抄送责令停产整顿行政处罚决定书的形式告知供电单位限制被责令停产整顿煤矿企业的供电；3日内将责令停产整顿的行政处罚决定报送县级以上地方人民政府，并在当地主要媒体公告被责令停产整顿煤矿企业名单。被责令停产整顿的煤矿企业应当制定停产整顿方案，并认真按照方案进行整改，整改完毕并自检合格后，应当向煤矿企业所在地县级以上地方煤矿安全监管部门提出恢复生产的验收申请，经验收合格的，地方煤矿安全监管部门应当报国家煤矿安全监察机构审核，经国家煤矿安全监察机构审核同意的，地方煤矿安全监管部门应当报请有关地方人民政府主要负责人签字批准，相关颁发证照的部门发还被暂扣的证照，煤矿企业方可恢复生产。对于同意煤矿企业恢复生产的，作出责令停产整顿行政处罚决定的煤矿安全行政执法机构应当自同意煤矿企业恢复生产之日起3日内在当地同一媒体上予以公告。

对于暂扣有关证照的行政处罚，煤矿安全行政执法机构宣告暂扣有关证照的行政处罚决定后，当事人应当当场将相关证照正副本交给煤矿安全行政执法机构暂扣保存。对于作出暂扣有关证照的行政处罚的，煤矿安全行政执法机构应当同时责令当事人停产停业。对煤矿企业作出暂扣证照行政处罚的，煤矿安全行政执法机构应当将暂扣有关证照行政处罚决定报送煤矿企业所在地县级以上地方人民政府。证照暂扣期间，煤矿安全行政执法机构应当对当事人进行监督检查。暂扣证照期限届满，符合返还条件的，予以返还；返还煤矿企业有关证照的，应当告知煤矿企业所在地县级以上地方人民政府。对暂扣证照期限届满，仍不具备返还条件的，经当事人申请，可以延长暂扣期限，经延长暂扣期限仍不具备返还条件的，依法吊销。

对于吊销有关证照的行政处罚，如果是吊销煤矿企业的有关证照，煤矿安全行政执法机构应当将吊销有关证照行政处罚决定报送煤矿企业所在地县级以上地方人民政府。吊销有关证照的，颁证部门应当在相关媒体予以公告。

（十四）行政处罚备案

煤矿安全行政执法机构作出行政处罚决定，应当按照相关规定办理备案手续。县级煤矿安全监管部门处以 5 万元以上罚款、没收违法所得、没收非法财物价值 5 万元以上、责令停产停业、停止建设、停止施工、停产停业整顿、撤销有关资格、岗位证书或者吊销有关许可证的行政处罚的，应当自作出行政处罚决定之日起 10 日内报设区的市级煤矿安全监管部门备案。设区的市级煤矿安全监管部门、煤矿安全监察分局处以 10 万元以上罚款、没收违法所得、没收非法财物价值 10 万元以上、责令停产停业、停止建设、停止施工、停产停业整顿、撤销有关资格、岗位证书或者吊销有关许可证的行政处罚的，应当自作出行政处罚决定之日起 10 日内报省级煤矿安全监管监察部门备案。省级煤矿安全监管监察部门处以 50 万元以上罚款、没收违法所得、没收非法财物价值 50 万元以上、责令停产停业、停止建设、停止施工、停产停业整顿、撤销有关资格、岗位证书或者吊销有关许可证的行政处罚的，应当自作出行政处罚决定之日起 10 日内报国家安全生产监督管理总局或者国家煤矿安全监察局备案。对上级煤矿安全行政执法机构交办案件给予行政处罚的，由决定行政处罚的煤矿安全行政执法机构自作出行政处罚决定之日起 10 日内报上级煤矿安全行政执法机构备案。

（十五）结　案

按照一般程序实施的行政处罚案件执行完毕后，执法人员应当制作案件结案报告，及时办理案件结案手续。行政处罚案件，自立案之日起，一般应当在30日内办理完毕；由于客观原因不能完成的，经煤矿安全行政执法机构负责人同意，可以延长，但不得超过90日；特殊情况需进一步延长的，应当经上一级煤矿安全行政执法机构批准，可延长至180日。

（十六）案卷归档

按照一般程序实施的行政处罚案件办结后，执法人员应当制作执法案卷首页和卷内目录，将办理案件过程中形成的执法文书、证据材料等案件材料，按照一案一卷的原则分类归档。执法案卷应当集中保管，不能长期由个人留存。案件材料立卷归档后，任何煤矿安全行政机构和个人不得擅自增加、抽取、涂改和销毁案卷材料。煤矿安全行政执法机构要加强对执法案卷的管理，未经煤矿安全行政执法机构负责人批准，任何单位和个人不得借阅案卷。

三、行政处罚一般程序中容易出现的问题

按照一般程序实施行政处罚过程中，程序方面容易出现的主要问题有：一是在一份行政处罚告知书、一份行政处罚决定书、一份行政处罚送达收执中，包含多个行政处罚对象，没有针对不同的行政处罚对象分别制作执法文书，而且只向一个行政处罚对象告知和送达；二是在告知拟作出的行政处罚决定后，不听取当事人的陈述和申辩；三是作出行政处罚决定后，没有责令当事人改正违法行为；四是执法人员当场收缴的罚款不按照规定的期限交付单位或者银行；五是在作出没收非法财物行政处罚后，不按照规定处理没收的非法财物；六是作出停产整顿行政处罚决定后，未及时将处罚决定告知相关部门；七是对煤矿企业作出的停产整顿行政处罚决定及同意其恢复生产的决定未在当地主要媒体上进行公告；八是作出暂扣相关证照行政处罚决定后，对超过暂扣期限的未及时做相应处理。

第六节　煤矿安全行政强制程序

一、行政强制程序适用范围

煤矿安全行政执法机构在开展行政执法活动中，由煤矿安全行政执法机构自己负责实施的行政强制程序主要适用于以下几种情形：

1. 煤矿安全行政执法机构在开展执法活动中发现煤矿企业使用不符合国家标准或者行业标准的安全设施、设备、器材的，煤矿安全行政执法机构及其执法人员可以予以查封、扣押。

2. 煤矿企业或煤矿安全中介机构及其从业人员逾期不履行煤矿安全行政执法机构作出的金钱给付义务行政处罚的，煤矿安全行政执法机构可以依法加处罚款。

3. 煤矿企业拒不执行煤矿安全行政执法机构依法作出的执法指令，且有发生生产安全事故的现实危险的，煤矿安全行政执法机构应当通知有关单位对该煤矿企业停止供电、停止供应民用爆炸物品，有关单位应当予以配合。

二、查封、扣押程序

煤矿安全行政执法机构实施查封、扣押行政强制措施，应当按照下列程序进行。

（一）检查检测

煤矿安全行政执法机构及其执法人员在对煤矿企业开展执法活动中，应当对煤矿企业使用的安全设施、设备、器材进行检查检测，以确定煤矿企业使用的安全设施、设备、器材是否符合安全生产相关要求。

（二）收集证据

煤矿安全行政执法机构及其执法人员在检查检测过程中，发现煤矿企业存在使用不符合煤矿安全生产相关要求的安全设施、设备、器材违法行为的，应当收集保存相关证据材料，并制作现场检查笔录。

（三）报　批

煤矿安全行政执法人员经检查检测，认为对煤矿企业使用的不符合煤矿安全生产相关要求的安全设施、设备、器材需要采取查封、扣押行政强制措施的，在采取行政强制措施前应当向所属煤矿安全行政执法机构负责人报告，煤矿安全行政执法机构负责人应当根据报告的内容作出是否同意采取行政强制措施的决定。

（四）告　知

煤矿安全行政执法机构负责人同意采取行政强制措施的，执法人员应当通知当事人到场，当场告知当事人拟采取行政强制措施的理由、依据以及当事人依法享有的权利、救济途径。执法人员告知拟采取的行政强制措施后应当听取当事人的陈述和申辩。

（五）作出查封、扣押决定

经听取当事人陈述和申辩后，煤矿安全行政执法机构仍然认为需要采取行政强制措施的，应当作出查封、扣押决定，并制作行政强制决定书和查封、扣押清单当场交当事人。查封、扣押行政强制决定书应当载明下列事项：①当事人的名称、地址；②查封、扣押的理由、依据和期限；③查封、扣押设施、设备、器材的名称、数量等；④申请行政复议或者提起行政诉讼的途径和期限；⑤煤矿安全行政执法机构的名称、印章和日期。查封、扣押清单应当制作一式二份，由当事人和煤矿安全行政执法机构分别保存。

（六）实施查封、扣押

煤矿安全行政执法机构采取查封、扣押行政强制措施，应当由 2 名以上行政执法人员负责实施。查封应当采用贴封条的方式，封条要注明查封的日期，并加盖煤矿安全行政执法机构印章。扣押要制作扣押物品清单，并由当事人和 2 名执法人员现场签字确认，当事人拒绝签字的，可以邀请煤炭主管部门有关人员或者煤矿企业所在地基层组织有关人员进行证明，并在清单上予以注明。已被其他行政机关依法查封的，煤矿安全行政执法机构不得重复查封。

（七）后续处理

煤矿安全行政执法机构采取查封、扣押行政强制措施后，应当在30日内对查封、扣押的设施、设备、器材依法予以处理；情况复杂的，经煤矿安全行政执法机构负责人批准，可以延长查封、扣押的期限，但是除法律、行政法规另有规定的以外，延长期限不得超过30日，而且延长查封、扣押的决定应当及时书面告知当事人，并说明理由。对物品需要进行检测、检验或者技术鉴定的，查封、扣押的期间不包括检测、检验或者技术鉴定的期间。检测、检验或者技术鉴定的期间应当明确，并书面告知当事人。检测、检验或者技术鉴定的费用由煤矿安全行政执法机构承担。

查封、扣押期限届满，煤矿安全行政执法机构对安全设施应当责令煤矿企业限期拆除重做或者整改；对可以修理的设备、器材应当责令煤矿企业限期修理；对非煤矿用产品或者需要拍卖查封、扣押的设备、器材以充抵罚款的，由煤矿安全行政执法机构依法拍卖，将拍卖所得扣除拍卖费用后返还煤矿企业或者以拍卖所得充抵罚款；对依法应当没收的非法财物予以没收；法律、行政法规规定应当销毁的，依法销毁。

（八）材料归档

查封、扣押行政强制措施实施完毕后，煤矿安全行政执法机构应当及时收集实施查封、扣押行政强制活动相关材料归档保存。对通过拍卖查封、扣押的设备、器材以充抵行政处罚罚款的，待行政处罚案件结案后，与行政处罚案卷材料一并归档保存。

三、加处罚款程序

煤矿安全行政执法机构采取加处罚款的行政强制执行方式，应当按照下列程序进行。

（一）审　查

煤矿安全行政执法机构在执法活动中作出金钱给付义务行政处罚决定后，应当督促当事人按期履行处罚决定。履行期限届满的，煤矿安全行政执法机构应当对当事人履行金钱给付义务行政处罚情况进行认真审查，以确定当事人是否存在逾期不履行金钱给付义务行政处罚决定的情况。

（二）催　告

对经审查后确定当事人在规定期限内并未履行金钱给付义务行政处罚决定的，煤矿安全行政执法机构应当催告当事人及时履行，并明确履行的方式和期限以及应当给付的金额。催告应当以书面形式作出并送达当事人。当事人收到催告书后有权进行陈述和申辩，煤矿安全行政执法机构应当充分听取当事人的意见，对当事人提出的事实、理由和证据，应当进行记录、复核。当事人提出的事实、理由或者证据成立的，煤矿安全行政执法机构应当采纳。在催告期间，对有证据证明有转移或者隐匿财物迹象的，煤矿安全行政执法机构可以作出立即强制执行决定。

（三）作出行政强制执行决定

经催告后，当事人无正当理由逾期仍不履行金钱给付义务行政处罚决定的，煤矿安全行政执法机构应当告知当事人加处罚款的标准，作出加处罚款的行政强制执行决定，并将行政强制执行决定文书送达当事人。行政强制执行决定文书应当载明下列事项：①当事人的姓名或者名称、地址；②强制执行的理由和依据；③强制执行的方式和时间；④申请行政复议或者提起行政诉讼的途径和期限；⑤煤矿安全行政执法机构的名称、印章和日期。加处罚款的数额不能超出金钱给付义务的数额。

（四）达成执行协议

作出行政强制执行决定后，如果当事人提出要求，煤矿安全行政执法机构可以在不损害公共利益和他人合法权益的情况下，与当事人达成执行协议。执行协议可以约定分阶段履行；当事人采取补救措施的，可以减免加处的罚款。当事人应当履行执行协议。

（五）行政强制执行

当事人不愿意达成执行协议或者达成执行协议后又不履行执行协议的，如果有被查封、扣押的财物，煤矿安全行政执法机构应当依法予以拍卖充抵罚款本金和加处的罚款；如果没有被查封、扣押的财物，煤矿安全行政执法机构应当申请人民法院强制执行。煤矿安全行政执法机构申请人民法院强制执行不需要缴纳申请费；执行费用也由被执行人承担。

（六）中止执行

煤矿安全行政执法机构在实施行政强制执行过程中，遇有下列情形之一的，应当中止执行：①当事人履行金钱给付义务行政处罚决定确有困难或者暂无履行能力的；②第三人对执行标的主张权利，确有理由的；③执行可能造成难以弥补的损失，且中止执行不损害公共利益的；④煤矿安全行政执法机构认为需要中止执行的其他情形。

中止执行的情形消失后，煤矿安全行政执法机构应当恢复执行。对没有明显社会危害，当事人确无能力履行，中止执行满 3 年未恢复执行的，煤矿安全行政执法机构不再执行。

（七）终结执行

煤矿安全行政执法机构在实施行政强制执行过程中，遇有下列情形之一的，应当终结执行：①公民死亡，无遗产可供执行，又无义务承受人的；②法人或者其他组织终止，无财产可供执行，又无义务承受人的；③执行标的灭失的；④据以执行的行政处罚决定被撤销的；⑤煤矿安全行政执法机构认为需要终结执行的其他情形。

（八）材料归档

行政强制执行完毕后，煤矿安全行政执法机构应当及时收集实施行政强制执行活动相关材料，与行政处罚案卷材料一并归档保存。

四、通知有关单位停止供电、停止供应民用爆炸物品程序

煤矿安全行政执法机构采取通知有关单位停止供电、停止供应民用爆

炸物品的行政强制执行方式，应当按照下列程序进行。

（一）认定拒不执行执法指令行为

煤矿安全行政执法机构实施通知有关单位停止供电、停止供应民用爆炸物品的行政强制措施，首先得认定执法相对人存在拒不执行煤矿安全行政执法机构依法作出的责令停止生产、停产整顿、停止建设、停止施工、停止使用相关设施或设备的行政执法指令的行为，而且，执法相对人拒不执行执法指令的结果，有可能导致生产安全事故的发生，煤矿安全行政执法机构只有果断采取相关执法措施，才能有效避免危险状态的进一步发展。煤矿安全行政执法机构认定执法相对人拒不执行执法指令，应当收集保存有关证据材料。

（二）作出通知有关单位停止供电、停止供应民用爆炸物品的决定

煤矿安全行政执法机构作出通知有关单位停止供电、停止供应民用爆炸物品，应当由执法人员报请主要负责人审批同意。煤矿安全行政执法机构主要负责人要认真审核煤矿企业拒不执行执法指令的情况，根据执法工作实际需要作出是否通知有关单位停止供电、停止供应民用爆炸物品的决定。煤矿安全行政执法机构决定对煤矿企业停止供电的，除紧急情况外，应当提前24小时通知煤矿企业。

（三）制作并送达通知书

煤矿安全行政执法机构主要负责人决定采取通知相关单位停止供电、停止供应民用爆炸物品的行政强制执行措施的，执法人员应当制作书面通知书，记明单位名称、内容、时间等。通知书要加盖单位行政印章。通知书要送达受通知单位，并办理送达手续留存。

（四）相关单位停止供电、停止供应民用爆炸物品

负责对煤矿企业供电、供应民用爆炸物品的单位接到煤矿安全行政执法机构送来的停止供电、停止供应民用爆炸物品通知书后，应当按照通知书的要求对煤矿企业停止供电、停止供应民用爆炸物品。如果相关单位不按照煤矿安全行政执法机构的要求对煤矿企业停止供电、停止供应民用爆

炸物品，由此导致发生严重后果的，将被依法追究相应的法律责任。

（五）对执法相对人履行执法决定情况进行检查

相关单位对煤矿企业停止供电、停止供应民用爆炸物品后，煤矿安全行政执法机构对煤矿企业履行执法决定情况进行监督检查，并根据检查情况作出是否恢复供电、恢复供应民用爆炸物品的决定。对不宜恢复供电、恢复供应民用爆炸物品的，应当依法作出相应的处理。

（六）作出恢复供电、恢复供应民用爆炸物品决定并通知相关单位

被停止供电、停止供应民用爆炸物品后，煤矿企业积极履行执法决定，并具备恢复供电、恢复供应民用爆炸物品条件的，煤矿安全行政执法机构应当及时作出对煤矿企业恢复供电、恢复供应民用爆炸物品的决定，并书面通知相关单位。

（七）相关单位恢复对执法相对人供电、供应民用爆炸物品

相关单位接到煤矿安全行政执法机构作出的恢复供电、恢复供应民用爆炸物品通知后，应当及时按相关规定恢复对煤矿企业供电、供应民用爆炸物品。

（八）材料归档

煤矿安全行政执法机构实施完对煤矿企业停止供电、停止供应民用爆炸物品的行政强制执行措施后，应当及时收集整理相关材料归档保存。

五、行政强制程序中容易出现的问题

煤矿安全行政执法机构在实施行政强制过程中，程序方面容易出现的问题主要有：一是执法人员未经报告批准即采取行政强制措施；二是实施行政强制措施之前未听取当事人陈述和申辩；三是采取行政强制措施后未在规定期限内进行后续处理；四是未经催告即加处罚款；五是拒绝与当事人签订执行协议，直接强制执行。

第七节　煤矿安全行政许可基本程序

一、煤矿安全行政许可基本程序适用范围

由于煤矿安全工作事关人民群众人身健康和生命财产安全，所以，在各个事关煤矿安全生产的不同关键环节，国家都设立了严格的行政许可准入制度，因此，有关煤矿安全的行政许可项目较多，而且各个许可项目的具体内容各不相同，实施程序也有较大差异。但是，按照《行政许可法》的要求，有些行政许可实施环节是所有行政许可项目都必须严格遵守的，煤矿安全行政许可基本程序就是有关煤矿安全的各项行政许可项目在实施过程中都必须遵守的基本程序。当然，各项煤矿安全行政许可项目在实施过程中除了要遵守基本程序要求外，还要遵守实施本行政许可项目的特别的程序性要求。

二、煤矿安全行政许可基本程序

煤矿安全行政执法机构实施行政许可项目，应当按照下列基本程序进行。

（一）公　示

煤矿安全行政执法机构在实施行政许可项目前，应当将依法由本单位负责实施的行政许可项目在主流媒体上向社会进行公示。公示的内容为所有行政许可项目名称、行政许可项目依据文件和行政许可项目法定实施主体等。当行政许可条件发生变化时，煤矿安全行政执法机构也应当及时向社会进行公示。行政许可项目的公示，各地的操作方式有所不同，一般由一级政府统一向社会公示各所属单位负责实施的行政许可项目。行政许可项目的公示具有公开告知的作用，行政许可项目一经公开告知，从事相关事项的公民、法人和其他组织就应当向相关部门申请行政许可。

（二）收到申请

各项煤矿安全行政许可项目的实施机关都是法定的，公民、法人或者其他组织申请有关煤矿安全行政许可事项的，应当向法定的实施机关提出。法律、法规、规章规定由煤矿安全行政执法机构负责实施的行政许可事项应当向煤矿安全行政执法机构提出申请。申请人可以委托代理人提出行政许可申请，但是，依法应当由申请人到煤矿安全行政执法机构办公场所提出行政许可申请的除外。

申请人向煤矿安全行政执法机构申请行政许可事项的，应当提交申请书。申请书需要采用格式文本的，煤矿安全行政执法机构应当向申请人提供行政许可申请书格式文本。申请书格式文本中不得包含与申请行政许可事项没有直接关系的内容。在条件允许的地方，申请人可以通过信函、电报、电传、传真、电子数据交换和电子邮件等方式提出行政许可申请。申请人应当如实向煤矿安全行政执法机构提交申请行政许可有关材料和反映真实情况，并对其申请材料实质内容的真实性负责。煤矿安全行政执法机构不得要求申请人提交与其申请的行政许可事项无关的煤矿安全技术资料和其他材料。

煤矿安全行政执法机构应当在本单位行政许可办理窗口公示由本单位负责实施的所有行政许可项目名称、实施依据、应当具备的条件、许可数量、办理程序、办理时限以及需要提交的全部材料的目录和申请书示范文本等，以方便申请人办理行政许可有关事项。申请人要求对公示内容予以说明、解释的，煤矿安全行政执法机构行政许可受理窗口工作人员应当进行说明、解释，提供准确、可靠的信息，不得推诿、拒绝。

（三）受　理

负有实施行政许可项目职责的煤矿安全行政执法机构应当设立专门的行政许可办理窗口，统一受理由本单位负责实施的各项行政许可申请，实行一个窗口对外办理所有行政许可事项。煤矿安全行政执法机构行政许可办理窗口工作人员一般不得少于 2 人，工作日应当都有人值班。行政许可办理窗口工作人员应当做到衣着整洁、文明大方、态度随和、服务热情。

申请人申请行政许可事项，应当向煤矿安全行政执法机构行政许可办理窗口提出，由窗口统一办理行政许可受理和送达等业务。

煤矿安全行政执法机构行政许可办理窗口对申请人提出的行政许可申请应当进行形式审查，并根据下列情况分别作出处理：①申请事项依法不需要取得行政许可的，应当即时告知申请人不受理；②申请事项依法不属于本煤矿安全行政执法机构职权范围的，应当即时作出不予受理的决定，并告知申请人向有关行政机关申请；③申请材料存在可以当场更正的错误的，应当允许申请人当场更正；④申请材料不齐全或者不符合法定形式的，应当当场或者在5日内一次告知申请人需要补正的全部内容，逾期不告知的，自收到申请材料之日起即为受理；⑤申请事项属于本煤矿安全行政执法机构职权范围，申请材料齐全、符合法定形式，或者申请人按照本煤矿安全行政执法机构的要求提交全部补正申请材料的，应当受理行政许可申请。煤矿安全行政执法机构行政许可办理窗口受理或者不予受理行政许可申请，应当出具加盖本煤矿安全行政执法机构专用印章和注明日期的书面凭证。

（四）审　查

煤矿安全行政执法机构实施行政许可项目应当实行受理与审查决定相分离的制度，也即申请人提交的行政许可申请材料由行政许可窗口集中受理后，行政许可窗口只作形式审查，对于符合条件决定受理的，行政许可窗口应当将行政许可申请材料送交本单位内部相应的业务部门进行实质审查。业务部门部门审查后，应当将行政许可审查结果文件或者证书送交窗口，由窗口按类别统一发送申请人。

煤矿安全行政执法机构负责行政许可实质审查业务部门审查行政许可申请要坚持标准，严把煤矿安全生产事项准入关口。各行政许可实质审查业务部门要按照依法行政与廉洁行政的原则，依法科学设计行政许可审查决定环节，建立健全内部行政许可审查权分解、制衡制度，做到不同的审查环节由不同的人审查并提出意见，形成相互制约、相互监督、相互负责的行政许可审查决定机制，保证行政许可事项的公正实施。

煤矿安全行政执法机构负责行政许可业务实质审查部门对行政许可申请进行审查时，发现行政许可事项直接关系他人重大利益的，应当及时通知行政许可办理窗口，由窗口告知该利害关系人。申请人、利害关系人有权进行陈述和申辩。煤矿安全行政执法机构应当听取申请人、利害关系人的意见，并根据听取意见情况作相应的处理。

（五）决　定

煤矿安全行政执法机构对行政许可申请进行审查后，应当按照规定程序作出行政许可决定。行政许可业务实质审查部门对行政许可事项审查完毕后，应当由部门负责人将审查结果报煤矿安全行政执法机构负责人决定是否准予行政许可。对于重大行政许可事项，应当由煤矿安全行政执法机构负责人集体讨论决定。

各项行政许可事项都应当在法定期限内审查完毕并作出是否准予行政许可的决定。由于各项有关煤矿安全行政许可事项的一些具体审查环节有所差异，各项行政许可事项的审查决定期限也有所不同，例如，安全生产许可证的法定审查决定期限为45天，其他多数有关煤矿安全行政许可事项的审查决定期限为20天。特别需要注意的是，有些工作时间是不能算在行政许可期限里面的，例如，煤矿企业新申请安全生产许可证的，煤矿安全行政执法机构应当组织人员到现场进行检查复核；煤矿企业申请建设项目安全设施设计审批的，煤矿安全行政执法机构需要组织专家组进行审查。根据相关规定，上述现场检查、复核和专家组审查期限都不能算在煤矿安全行政执法机构审查决定行政许可事项的期限内。所以，煤矿安全行政执法机构在实际实施有些行政许可事项时所花费的时间给人的感觉会相对多一些，但是，仍然属于在法定期限内。另外，需要明确的是，煤矿安全行政执法机构实施行政许可事项的期限以工作日计算，不含法定节假日，而且应当排除现场检查、复核、专家论证等时间。煤矿安全行政执法机构在规定的期限内不能作出是否准予行政许可决定的，除法律法规另有规定外，经本单位负责人批准，可以延长10日，并应当将延长期限的理由告知申请人。

（六）通知或者送达

煤矿安全行政执法机构准予或不予行政许可的，应当作出书面决定。

决定不予行政许可的，行政许可业务实质审查部门应当制作不予行政许可决定书，送行政许可办理窗口，由行政许可办理窗口负责通知申请人领取或者送达申请人。煤矿安全行政执法机构作出不予行政许可决定的，应当说明理由，并告知申请人享有依法申请行政复议或者提起行政诉讼的权利。

煤矿安全行政执法机构决定准予行政许可的，行政许可业务实质审查部门应当制作准予行政许可的决定文件或者行政许可证照，送行政许可办理窗口，由行政许可办理窗口负责通知申请人领取或者送达申请人。煤矿安全行政执法机构作出准予行政许可的决定，应当自作出决定之日起 10 日内将制作好的行政许可证照或者行政许可决定文件送达申请人或者通知申请人领取。

（七）公　开

这里的公开是指准予行政许可决定的公开。煤矿安全行政执法机构作出的准予行政许可的决定，应当面向社会予以公开，公众有权查阅。公众通过查阅和分析有关信息，可对煤矿安全行政执法机构实施行政许可的情况进行监督。准予行政许可的决定，一般应当在政府网站上进行公开。

（八）材料归档

行政许可事项实施完毕后，煤矿安全行政执法机构应当及时收集相关工作材料，立卷归档保存。

三、行政许可基本程序中容易出现的问题

煤矿安全行政执法机构在实施行政许可项目过程中，程序方面容易出现的问题主要有：一是不能在规定的期限内作出是否准予行政许可的决定；二是对于不予受理行政许可申请的决定不出具书面凭证；三是对于需要进行现场复核或者组织专家组进行审查的，复核或者审查的期限过长或不确定，而且不告知申请人；四是对于作出不予行政许可决定的，不告知申请人依法享有的权利；五是对于准予行政许可的决定不及时向社会公开，公众无处查询行政许可情况。

第八节　煤矿安全行政执法听证程序

一、听证程序适用范围

听证是现代民主政治的产物，有广义和狭义之分。广义上的听证是指各类国家机关在作出有关决定之前，就特定事项听取利害关系人意见的程序性法律制度。狭义上的听证是指行政机关在作出影响行政相对人权利义务的行政决定之前，就有关事实问题和法律问题广泛听取利害关系人意见的程序性法律制度。煤矿安全行政执法机构在执法活动中组织的听证属于狭义上的听证。煤矿安全行政执法机构在开展行政执法活动中，听证程序主要适用于以下两种情形：

1. 煤矿安全行政执法机构在实施行政许可过程中，法律法规规定实施行政许可应当听证的事项，或者煤矿安全行政执法机构认为需要听证的其他涉及公共利益的重大行政许可事项，煤矿安全行政执法机构应当向社会公告，并举行听证；煤矿安全行政执法机构负责实施的行政许可直接涉及申请人与他人之间重大利益关系，申请人或者利害关系人提出听证申请的，煤矿安全行政执法机构应当组织听证。

2. 煤矿安全行政执法机构在实施行政处罚过程中，在作出责令停产停业整顿、责令停产停业、责令停止建设、暂扣或吊销有关证照、较大数额罚款（对个人罚款 1 万元以上或者对单位罚款 3 万元以上）等行政处罚决定之前，当事人要求听证的，煤矿安全行政执法机构应当组织听证。

煤矿安全行政执法机构组织听证不得向当事人收取听证费用。

二、听证程序

煤矿安全行政执法机构实施行政许可和行政处罚的听证程序的主要内容基本相同，所以，下面以行政处罚听证程序为例，对听证程序做详细说明，行政许可听证可参照执行。煤矿安全行政执法机构组织行政处罚听证，应当按照下列程序进行。

（一）收到听证申请

对行政执法机构拟作出的行政处罚决定提出听证申请是当事人的法定权利，当事人可以申请听证，也可以放弃听证权利。对煤矿安全行政执法机构拟作出的行政处罚决定，当事人如果要申请听证，应当在接到行政处罚告知书之日起3日内向拟作出该行政处罚的煤矿安全行政执法机构提出听证申请。听证申请应当以书面形式提出。

（二）审查听证申请

煤矿安全行政执法机构收到当事人提出的听证申请后，应当及时对听证申请是否符合相关规定进行审查，审查的主要内容是拟作出的行政处罚是否可申请听证，当事人是否在接到行政处罚告知书后的3日内提出听证申请，是否以书面方式提出听证申请等。煤矿安全行政执法机构对听证申请进行审查后，应当作出是否组织听证的决定；对经审查不符合听证要求的，应当将拒绝组织听证的理由告知听证申请人。

（三）听证通知

煤矿安全行政执法机构经审查当事人提出的听证申请后，对决定组织听证的，应当在举行听证会7日前将举行听证会的时间、地点通知当事人。当事人应当按期参加听证会。当事人有正当理由要求延期的，经组织听证的煤矿安全行政执法机构负责人批准可以延期1次；当事人未按期参加听证会，并且未事先说明理由的，视为放弃听证权利。当事人可以委托1~2名代理人参加听证会，并提交委托书。当事人及其委托代理人参加听证会应当遵守听证会场纪律，服从听证会主持人指挥，如实回答听证会主持人的提问。在举行听证会过程中，当事人及其委托代理人有权对案件调查人员提出的证据质证并提出新的证据，有权对案件涉及的事实、实用法律及有关情况进行陈述和申辩。

（四）确定听证有关人员

煤矿安全行政执法机构决定组织听证并已确定举行听证会时间的，发出举行听证会通知后，应当及时确定听证会主持人、听证员和书记员，并做好听证会相关准备工作。听证会主持人、听证员和书记员应当由组织听证的煤矿安全行政执法机构负责人指定的法制工作机构工作人员或其他有关人员担任，本案的调查人员不得担任听证会主持人、听证员和书记员。

（五）举行听证会

组织听证应当举行听证会。除涉及国家秘密、商业秘密或个人隐私外，听证会应当公开举行。听证会一般按照下列程序进行：①书记员宣布听证会场纪律、当事人的权利和义务，听证会主持人宣布案由，核实听证参加人名单，并宣布听证会开始；②案件调查人员提出当事人的违法事实并出示相关证据，对拟作出行政处罚的内容及法律依据进行说明；③当事人或其委托代理人对案件事实、证据、适用的法律等进行陈述和申辩，提交新的证据材料；④听证会主持人就案件的有关问题向当事人、案件调查人员、证人进行询问；⑤案件调查人员、当事人或其委托代理人进行相互辩论；⑥当事人或其委托代理人做最后陈述；⑦听证会主持人宣布听证会结束。

（六）制作听证笔录

听证会书记员应当详细记录听证会举行过程及听证的内容，制作好听证笔录。听证会一结束，书记员应当及时将听证笔录当场交当事人审校无误后签字或者盖章。

（七）审查听证报告

听证会结束后，听证会主持人依据听证情况，制作听证会报告书，对听证结果提出处理建议，连同听证笔录一并报送煤矿安全行政执法机构负责人审查。煤矿安全行政执法机构负责人应当对听证会报告书及听证笔录认真进行审查，涉及行政处罚重大事项应当由煤矿安全行政执法机构负责人集体讨论决定。根据审查情况，煤矿安全行政执法机构应当依法作出下列决定：①对确有应受行政处罚违法行为的，根据情节轻重及具体情况，作出行政处罚决定；②对违法行为轻微，依法可以不予行政处罚的，不予行政处罚；③对违法事实不能成立的，不予行政处罚；④对违法行为构成犯罪的，移送司法机关。

（八）材料归档

听证活动全部结束后，煤矿安全行政执法机构法制工作部门人员应当及时收集听证活动材料归档保存。对于经听证后仍然决定给予行政处罚的，待行政处罚案件结案后，与行政处罚案卷材料一并归档保存。

三、听证程序中容易出现的问题

煤矿安全行政执法机构在组织听证过程中，容易出现的问题主要有：一是应当听证的行政许可事项没有组织听证；二是当事人超过法定期限提出听证申请；三是案件调查人员没有在听证会上全部出示相关证据材料；四是对当事人及其委托代理人在听证会上提出的新的证据材料不进行核实；五是煤矿安全行政执法机构负责人不对听证报告进行审查即作出行政处罚决定。

第九节　煤矿安全事故调查处理基本程序

一、事故调查处理基本程序适用范围

根据国务院颁布实施的行政法规《煤矿安全监察条例》和《生产安全事故报告和调查处理条例》的规定，煤矿企业发生安全生产特别重大事故的，由国务院或者国务院授权的有关部门组织事故调查组进行调查处理；煤矿企业发生安全生产重大事故、较大事故和一般事故的，由省级煤矿安全监察机构及其监察分局分别负责牵头组织事故调查组进行调查处理。由于煤矿安全事故的调查处理牵涉面大，具体程序环节也比较多，而且不同级别的事故牵涉面大小也会有所不同，相应地，事故调查处理程序环节上也有所区别。所以，本书将主要介绍所有煤矿安全事故的调查处理都应当遵守的重点程序环节，也即基本程序要求。事故调查组在组织调查处理煤矿安全事故的过程中，除了要严格遵守这些基本程序要求以外，还要根据不同级别事故调查处理的特点，遵守相应的程序性特别要求。

二、事故调查处理基本程序

依法成立的煤矿安全事故调查组组织调查处理事故，应当按照下列基本程序进行。

（一）获知事故信息

煤矿企业发生生产安全事故后，获知事故信息是负责煤矿安全事故调查处理的部门启动事故调查处理程序的前提。负责煤矿安全事故调查处理的部门一般可从三个方面获知煤矿企业发生生产安全事故的信息：一是煤矿企业或有关政府安全监管部门上报；二是群众举报；三是有关单位移送。

煤矿企业或有关政府安全监管部门上报是获知事故信息的主要途径。煤矿企业如果故意瞒报生产安全事故，将被追究相应的法律责任。

群众举报是获知事故信息的重要途径之一。如果煤矿企业瞒报事故信息，知情的公民、法人和其他组织可以向各级人民政府及其有关部门和国家煤矿安全监察机构举报。接到举报的相关单位应当对举报内容进行核实，对经核实后确实存在瞒报事故的，应当依法进行查处。

各级政府有关部门或者司法机关在开展相关工作过程中，获知煤矿企业发生生产安全事故信息的，应当移送负责煤矿安全事故调查处理的部门。接受移送的部门应当对相关单位移送来的材料进行核实，对经核实煤矿企业确实发生生产安全事故的，应当依法进行查处。

（二）参与事故救援

负责煤矿安全事故调查处理的部门获知事故信息后，应当组织包括负责人在内的有关人员立即赶赴事故现场，协助地方政府做好事故应急救援工作。在做好事故应急救援有关工作的同时，负责煤矿安全事故调查处理的部门要结合事故救援工作，协调安排有关单位和人员妥善保护事故现场以及相关证据，收集保存好相关证据材料，避免事故现场被破坏、相关证据被毁灭，从而影响事故调查处理工作的顺利进行。

（三）立　案

事故救援工作结束后，按照事故调查分级负责原则，负责调查处理该事故的部门应当及时办理立案手续，制作立案决定书，启动事故调查处理工作。

（四）成立调查组

立案后，应当成立事故调查组，及时开展事故调查处理工作。特别重大煤矿安全事故由国务院或者国务院委托国家安监总局牵头，国家公安部、监察部门、全国总工会等部门参加，组成事故调查组进行调查，并邀请最高人民检察院派员参加事故查处。重大事故、较大事故和一般事故分别由省级煤矿安全监察机构及其监察分局牵头，按照事故调查分级原则，会同县级、市级或省级安全生产监管、公安、监察、工会、煤炭行业管理、煤矿安全监管等部门组成事故调查组进行调查，并邀请同级人民检察院派员参加事故查处。发生特别重大煤矿安全事故的，事故发生地省级人民政府安全生产监管部门、公安部门、煤炭行业主管部门、监察部门、工会以及设在当地的煤矿安全监察机构都应当派员参加事故调查相关工作。

成立事故调查组应当召开事故调查组成立大会，明确事故调查组具体组成人员及分工，并宣布启动事故调查工作。事故调查组成员应当具有进行事故调查工作所需要的知识和专长，并与事故发生单位和所调查的事故没有直接利害关系。事故调查组一般下设技术组、管理组和综合组，并根据各自工作分工调查事故有关情况。

（五）事故调查

成立事故调查组后，事故调查组组成人员应当在事故调查组组长的领导下全面开展事故调查工作。技术组主要由相关煤矿安全生产专业技术人员组成，主要负责调查技术方面的问题，特别是要查明事故发生的直接原因。事故调查组可以委托具备相应资质的专业鉴定机构或者聘请相关专业人员组成专家组对事故有关技术问题进行鉴定，特别是对事故发生的直接原因进行鉴定。技术组要根据鉴定机构或者专家组的意见，结合事故调查过程中掌握的有关情况，作出事故发生直接原因的结论，提交事故发生直接原因技术鉴定报告。管理组一般负责调查事故发生的间接原因，包括煤矿企业在安全生产管理方面存在的差距和问题以及相关政府主管部门在煤矿安全生产监管方面存在的不足。调查工作结束后，管理组应当提交事故发生间接原因调查报告。综合组则要在综合组织协调各项事故调查处理事务的基础上，还要对技术组提供的事故直接原因技术鉴定报告和管理组提供的间接原因调查报告进行综合分析，提出事故责任划分及对相关责任人的处理建议，总结事故教训，制定事故防范措施，撰写并形成事故调查报告初稿，提交事故分析会议讨论。

事故调查报告初稿形成后，事故调查组组长应当召集事故调查组成员会议，分析、讨论、研究调查报告，听取意见。对经讨论后需要进行补充调查取证的，应当及时组织开展补充调查取证工作。事故调查报告经事故调查组会议讨论通过形成统一意见后，事故调查组成员应当在事故调查报告上签名。

（六）上报事故调查报告

事故调查组形成事故调查报告后，将事故调查报告报送至负责事故调查的国家安全生产监管总局或者煤矿安全监察机构后，事故调查工作即告结束。特别重大煤矿安全事故的调查报告，国家安全生产监管总局应当上报国务院；较大、重大煤矿安全事故的调查报告，经征求市级人民政府、省级人民政府意见后，负责组织事故调查的煤矿安全监察机构应当上报上一级煤矿安全监察机构。

（七）事故批复

按照我国的事故调查处理制度，事故调查报告需经有关机关批复后，才能追究事故相关责任。按照有关规定，特别重大煤矿安全事故调查报告报经国务院同意后，由国家安全生产监督管理总局批复。重大煤矿安全事故调查报告经征求省级人民政府意见后，报国家煤矿安全监察局批复。较大煤矿安全事故调查报告经征求设区的市级人民政府意见后，报省级煤矿安全监察机构批复。一般煤矿安全事故由煤矿安全监察分局批复。事故批复应当主送落实责任追究的有关地方人民政府及其有关部门或单位。

（八）事故处理

事故处理就是追究有关单位和人员对事故负有的责任。事故调查报告批复以后，有关地方人民政府及其有关部门或者单位应当依照法律、行政法规规定的权限和程序，对事故责任单位和责任人员按照事故批复的规定落实责任追究，并及时将落实情况书面反馈批复单位。

煤矿安全监察机构应当按照事故批复的要求，依照职责划分，依法对煤矿事故责任单位和责任人员实施行政处罚，对责任单位落实事故防范措施情况实施监察，跟踪了解事故批复中给予党纪政纪处分、刑事处罚、矿井关闭等处理情况。

（九）公布事故调查处理情况

事故调查处理工作结束后，除了依法应当保密的以外，事故调查处理的情况应当向社会公布。

（十）材料归档

事故调查处理工作结束后，事故调查处理的有关资料应当由组织事故调查的煤矿安全监察机构归档保存。归档保存的材料包括技术鉴定报告、重大技术问题鉴定结论和检测检验报告、尸检报告、物证和证人证言、直接经济损失文件、相关图纸、视听资料、批复文件、有关行政处罚文书等。

三、事故调查处理基本程序中容易出现的问题

煤矿安全监察机构在组织开展事故调查处理过程中，在基本程序方面容易出现的问题主要有：一是开展事故调查没有办理立案手续；二是设有煤矿安全监察机构的地方，由地方安全监管机构牵头开展事故调查；三是没有在规定期限内完成事故调查工作；四是没有在规定期限内批复事故调查报告；五是追究事故责任人员党纪政纪责任、刑事责任的情况相关单位没有及时反馈组织事故调查的部门；六是没有及时向社会公布事故调查处理情况。

第五章　煤矿安全行政执法责任

按照现代法治的要求，有权必有责，行政执法权不仅意味着权力，还意味着责任和义务。煤矿安全行政执法作为行使煤矿安全行政执法职权的活动，在执法过程中如有违法行政、不当行政的行为，应当承担相应的法律责任。特别是当前，随着我国法治政府建设的深入推进，行政执法责任制度将越来越完善，责任追究的力度也将越来越大。各级煤矿安全行政执法机构及其执法人员应当熟悉和掌握执法责任追究相关规定，并认真履行好执法职责。

第一节　煤矿安全行政执法责任概述

一、煤矿安全行政执法责任的概念

通常认为，在现代汉语中，责任一词在两个意义上使用。一是指分内应做的事，如职责、岗位责任等；二是指没有做好分内的事而应承担的不利后果。责任又可以分为法律责任和非法律责任，一般来讲，法律责任是指行为人因违反法律相关规定而应承受的不利的法律后果。本章所称煤矿安全行政执法责任实际上是一种法律责任，是指煤矿安全行政执法机构及其内设部门或执法人员违法行政、不当行政或者由于法律规定而应承受的某种不利的法律后果。

二、煤矿安全行政执法责任的特征

煤矿安全行政执法责任具有下列特征：

1. 煤矿安全行政执法责任是法律责任的一种，其内容是由相关法律法规设定的，没有法律上的依据，不应当追究煤矿安全行政执法责任。

2. 煤矿安全行政执法责任只能在煤矿安全行政执法活动过程中产生，煤矿安全行政执法主体实施与煤矿安全行政执法工作无关的事项而产生的相应责任，不属于煤矿安全行政执法责任。

3. 煤矿安全行政执法职权的存在是产生煤矿安全行政执法责任的前提，行使煤矿安全行政执法职权的组织应当依法拥有煤矿安全行政执法职权。

4. 煤矿安全行政执法责任往往基于违法执法、不当执法或者行政侵权而产生，而且行为与后果之间存在必然的因果联系。

5. 煤矿安全行政执法责任是一种不利的法律后果，是一种否定性的评价，责任单位或责任人员通常要承受法律的制裁或依法承担补偿的责任。

6. 煤矿安全行政执法责任只能由法定的国家机关追究，追究责任应当依照法定的程序和内容进行。

三、煤矿安全行政执法责任的适用原则

只有严肃追究责任才能实现设定责任的目的，同时，追究责任也不能任意为之，必须依法实施，严格遵守相关规定和程序。按照相关法律法规的规定，追究煤矿安全行政执法责任应当做到事实清楚、证据确凿、定性准确、处理适当、程序合法、手续完备，为使煤矿安全行政执法责任追究工作符合上述要求，在追究责任过程中应当严格遵循下列原则。

（一）责任法定原则

责任法定，是指认定和归结煤矿安全行政执法责任，必须有现行有效的法律法规加以明确规定。如果相关法律法规没有相应责任方面的规定，

就不应当追究煤矿安全行政执法责任。同时，在追究责任的过程中，责任追究的内容和程序也应当符合相关法律法规的规定。责任法定原则要求，在追究煤矿安全行政执法责任过程中，禁止责任擅断、非法追责。

（二）有错必纠的原则

煤矿安全行政执法机构及其执法人员实施煤矿安全行政执法活动的过程是个运用国家行政执法权的过程，能否正确行使煤矿安全行政执法权，直接影响到国家行政机关的形象及执法相对人的合法权益。所以，在煤矿安全行政执法活动中，如果发现有违法行政、不当行政的行为，不管涉及任何单位和个人都应当坚决予以纠正，如果给行政相对人造成了损失，应当依法予以赔偿或补偿。

（三）责任与过错相当原则

责任与过错相当，是指责任人所承担的责任的大小、轻重应当与违法或不当煤矿安全行政执法行为的性质、情节、危害程度、行为人的主观恶性等相适应，在追究责任过程中，必须尊重事实和法律，做到不枉不纵。责任与过错相当原则是公平理念在追究煤矿安全行政执法责任工作中的具体体现。

（四）惩教结合的原则

追究责任不是目的，只是一种手段。所以，在追究煤矿安全行政执法责任过程中，应当坚持惩处与教育相结合，让责任人及其他执法人员充分认识到违法或不当执法行为的危害性，严格要求自己，不断提高执法能力和水平，避免类似行为再次发生。

四、承担煤矿安全行政执法责任的主体

根据相关法律法规的规定，在煤矿安全行政执法活动中，因行政违法、行政不当而应承担责任的主体包括三类，即煤矿安全行政执法机构、煤矿安全行政执法机构的内设部门和煤矿安全行政执法人员。需要强调指出的是，煤矿安全行政执法机构的内设部门并不具有独立的机关法人主体资格，

无法承担外部法律责任，所以，对它只能由煤矿安全行政执法机构追究内部行政责任。由此可见，煤矿安全行政执法机构的内设部门只是有限的承担责任主体。

第二节 煤矿安全行政执法责任的类型

一、行政责任

（一）行政责任的概念

这里所称行政责任，是指行政法律责任，也即煤矿安全行政执法机构及其内设部门和执法人员因违法执法、不当执法而应当承担的不利的法律后果。行政责任是煤矿安全行政执法责任体系的重要组成部分，当前，随着法治政府建设工作的深入推进，行政责任制度也越来越完善，责任追究工作也正逐步强化。

（二）行政责任的特征

在煤矿安全行政执法过程中产生的行政责任具有下列特征：

1. 只能产生于煤矿安全行政执法过程中，煤矿安全行政执法机构及其执法人员实施与执法工作无关的事项所产生的相关责任，不属于煤矿安全行政执法责任。

2. 承担责任的主体只能是煤矿安全行政执法机构及其内设部门和执法人员；任何不具备相应执法主体资格的单位和人员都不能成为煤矿安全行政执法责任承担主体。

3. 产生责任的主要原因是虽然煤矿安全行政执法机构及其内设部门和执法人员实施了行政违法行为或行政不当行为，但其危害程度仍然在行政法规定的违法限度内。

4. 责任主体承担责任的方式多样化。

（三）行政责任的形式

1. 煤矿安全行政执法机构及其内设部门的责任形式。

（1）责令限期改正。煤矿安全行政执法机构及其内设部门在执法活动中实施了违法或者不当的执法行为的，应当责令其限期改正。责令限期改正应当根据违法或者不当执法行为的内容和性质，提出明确的整改内容和整改方式。整改方式一般有：纠正不当行为，停止违法行为，赔礼道歉、承认错误，恢复名誉、消除影响，返还权益、恢复原状，履行法定义务，等等。责令限期改正应当提出明确的整改期限。对于拒不整改或在规定期限内未予整改的，应当予以相应处理。

（2）约谈。煤矿安全行政执法机构及其内设部门在执法活动中实施了违法或者不当的执法行为，经责令限期改正后，对存在的执法错误和问题不认真予以纠正，执法质量在一定期限内仍未能提高的，应当对其进行约谈。约谈要指出被约谈单位在煤矿安全行政执法活动中存在的突出问题及其危害性，并提出具体的整改要求。对煤矿安全行政执法机构进行约谈，既可约谈该单位主要负责人，也可以约谈该单位领导班子。对煤矿安全行政执法机构内设部门进行约谈，应当约谈该部门负责人。经约谈后，被约谈单位对存在的执法错误和问题仍不予以整改的，应当对其予以相应处理。

（3）取消当年评优评先资格。评优评先资格就是参加规定的各层级优秀单位或先进单位评比并根据参评实绩获得优秀单位或先进单位荣誉称号的资格。获得优秀单位或先进单位荣誉称号是对一个单位工作实绩的肯定和正面评价，有助于树立单位良好的社会形象。所以，取消某个单位的评优评先资格，使该单位失去了获得荣誉称号的机会，是对该单位的一个负面评价，也是对该单位的一种行政惩处。根据相关规定，煤矿安全行政执法机构及其内设部门在煤矿安全行政执法活动中，实施的违法或者不当的行政执法行为情节较重、危害较大的，在年度行政执法评议考核中被确定为不合格的，一年内被申请行政复议或者被提起行政诉讼的执法行为中被撤销、变更、确认违法的比例占20%以上的，应当取消当年评优评先资格。取消评优评先资格一般仅限于本年度。

（4）通报批评。根据相关规定，煤矿安全行政执法机构及其内设部门在煤矿安全行政执法活动中，实施的违法或者不当的行政执法行为情节较重、危害较大的，对执法监督中发现的错误和问题不认真予以纠正的，在年度行政执法评议考核中被确定为不合格的，应当予以通报批评。通报批评可以根据需要在系统内或在一定范围内进行。

（5）撤销违法决定。及时撤销违法的行政执法决定是有效纠正执法错误的重要措施，通过及时撤销违法的行政执法决定，能够有效消除或者控制执法错误所造成的不利影响，同时也有利于树立煤矿安全行政执法机构公正、诚信的良好执法形象。一般情况下，煤矿安全行政执法机构所作出的行政执法决定，主要事实不清、证据不足的，适用法律法规错误的，违反法定执法程序的，应当予以撤销。

（6）撤销违法的抽象行政行为。抽象行政行为，即指煤矿安全行政执法机构制定规范性文件的行为。煤矿安全行政执法机构根据执法工作需要可以制定规定性文件，但是，规范性文件的制定程序应当符合相关规定，其内容应当符合相关法律法规的要求。对于煤矿安全行政执法机构制定的违法规范性文件，应当予以撤销。被撤销的违法规范性文件自始无效。

（7）赔偿损失。煤矿安全行政执法机构在实施执法活动中侵犯公民、法人或其他组织合法权益的，应当按照《国家赔偿法》的规定予以赔偿。

（8）法律法规规定的其他责任形式。

2. 煤矿安全行政执法人员的责任形式。

（1）约谈。对煤矿安全行政执法人员的约谈又称为诫勉谈话。煤矿安全行政执法人员在执法活动中实施了违法或者不当的执法行为，但情节较轻、危害较小的，可以对其进行约谈；煤矿安全行政执法人员对存在的执法错误和问题不认真予以纠正的，应当对其进行约谈。约谈要指出被约谈人在执法活动中存在的错误和问题及其危害性，通过批评教育，促使其提高认识、改正错误。经约谈后，被约谈执法人员对存在的错误和问题仍不予以整改的，应当给予相应处理。

（2）通报批评。煤矿安全行政执法人员在执法活动中实施了违法或者不当的执法行为，经责令改正后，对存在的执法错误和问题仍不认真予以纠正的，应当予以通报批评。通报批评可以根据需要在系统内或在一定范围内进行。

（3）离岗培训。离岗培训就是安排执法人员暂时脱离执法岗位工作，参加相关执法业务知识和技能培训，促使其提高执法业务能力。煤矿安全行政执法人员在执法活动中实施了违法或者不当的执法行为，但情节较轻、危害较小的，可以安排其离岗培训；煤矿安全行政执法人员在年度行政执法评议考核中被确定为不称职的，应当安排其离岗培训。

（4）取消当年评优评先资格。评优评先资格对执法人员来讲，就是参加规定的各层级优秀个人或先进个人评比并根据参评实绩获得优秀个人或先进个人荣誉称号的资格。取消某执法人员的评优评先资格，使该执法人员失去了获得荣誉称号的机会，是对该执法人员的一种行政惩处。煤矿安全行政执法人员在执法活动中实施了违法或者不当的执法行为，或者在年度行政执法评议考核中被确定为不称职的，应当取消其当年评优评先资格。

（5）暂扣行政执法证件。暂扣行政执法证件的实质就是使该行政执法人员暂时失去执法资格。暂扣行政执法证件期间，该执法人员应当停止参加执法活动。暂扣行政执法证件的通知应当书面作出。煤矿安全行政执法人员在执法活动中实施了违法或者不当的行政执法行为，情节较重、危害较大的，可以暂扣其行政执法证件；煤矿安全行政执法人员在年度行政执法评议考核中被确定为不称职的，应当暂扣其行政执法证件。

（6）调离执法岗位。调离执法岗位就是让执法人员脱离行政执法工作岗位，使其不能再从事行政执法工作，从本质上讲，就是取消了该行政执法人员的执法资格。煤矿安全行政执法人员在执法活动中实施了违法或者不当的执法行为，情节较重、危害较大的，可以调离执法岗位。

（7）行政处分。煤矿安全行政执法人员在执法活动中实施了违法或者不当的执法行为，需要给予行政处分的，应当按照《公务员法》《行政机关公务员处分条例》《安全生产领域违法违纪行为政纪处分暂行规定》等相关法律法规的规定，由有权机关给予行政处分。行政处分的种类有警告、记过、记大过、降级、撤职、开除六种。给予煤矿安全行政执法人员行政处分，应当做到事实清楚、证据确凿、定性准确、处理恰当、程序合法、手续完备。

按照《安全生产领域违法违纪行为政纪处分暂行规定》的规定，煤矿安全行政执法人员在执法活动中，不执行国家安全生产方针政策、法律法规和有关决定、命令、指示的，违反规定实施安全生产行政许可项目的，违法违规向生产经营单位提供危险物品的，干预、插手生产经营活动危及生产安全的，对发现的重大事故隐患未按规定采取措施导致产生严重后果的，在生产安全事故的防范、报告、应急救援、事故调查处理工作中有失职渎职行为的，阻挠、干涉生产安全事故调查处理工作的，给予警告、记过或者记大过处分，情节较重的给予降级或者撤职处分，情节严重的给予开除处分。

（8）责令辞去领导职务。根据《公务员法》的规定，煤矿安全行政执法机构领导成员在组织开展行政执法活动中，因工作严重失误、失职造成重大损失或者恶劣社会影响的，或者对重大事故负有领导责任的，应当引咎辞去领导职务。领导成员应当引咎辞职，本人不提出辞职的，应当责令其辞去领导职务。

（9）行政追偿。煤矿安全行政执法机构的执法人员在实施执法活动中，对公民、法人或其他组织造成侵害需要进行赔偿的，赔偿主体为煤矿安全行政执法机构。煤矿安全行政执法机构赔偿损失后，根据《国家赔偿法》的规定，应当责令有故意或者重大过失的工作人员承担部分或者全部赔偿费用。

（10）法律法规规定的其他责任形式。

二、民事责任

（一）民事责任的概念和特征

民事责任是指平等的民事主体之间因违反法定的民事义务而应当承担的民事法律后果。民事责任具有如下特征：

1. 主体之间的法律地位平等。在民事法律关系中，主体之间的法律地位是平等的，行政机关在民事法律关系中没有也不应当有特权，煤矿安全行政执法机构也不例外，煤矿安全行政执法机构在执法活动中实施了侵权行为，应当依法承担民事法律责任。

2. 产生的前提是存在民事法律义务。没有民事法律义务就不会产生民事法律后果，也就不存在承担民事法律责任的问题。同样，煤矿安全行政执法机构及其执法人员在执法活动承担民事法律责任的前提是要有相应的民事义务存在。

3. 主要为财产责任。民事责任的形式包括财产责任和非财产责任，但是恢复名誉、赔礼道歉等非财产责任不是民事责任的主要形式，民事责任一般以赔偿损失、返还原物、恢复原状、支付违约金等等财产责任形式为主。

（二）行政执法中产生民事责任的缘由及民事责任的形式

在煤矿安全行政执法活动中，由于各种原因，可能会产生职务侵权行为，给公民、法人或其他组织造成损害，侵犯了他们的合法权益，这时，根据我国《民法通则》及相关民事法律的规定，煤矿安全行政执法机构应当承担民事法律责任。

按照我国《民法通则》的规定，民事责任的形式有：停止侵害；排除妨碍；消除危险；返还财产；恢复原状；修理、重做、更换；赔偿损失；支付违约金；消除影响、恢复名誉；赔礼道歉。

三、刑事责任

（一）刑事责任的概念和特征

刑事责任是指行为人因违反刑事法律规定而应承担的不利法律后果。刑事责任具有如下特征：

1. 是一种最为严厉的法律制裁。刑事责任针对的是严重违法行为，即犯罪行为，所以惩处也最为严厉。按照我国《刑法》规定，一般的犯罪行为即可判处拘役、管制，严重的犯罪行为可以判处有期徒刑、无期徒刑，直至死刑。

2. 产生的前提是存在犯罪行为。追究刑事责任，应当以行为人的行为构成犯罪为前提，如果行为人的行为不构成犯罪，就不应当追究其刑事责任。煤矿安全行政执法机构及其执法人员在执法活动中，如果触犯了刑律，构成犯罪的，应当依法追究其刑事责任。

3. 坚持罪刑相当原则。由于刑事责任是一种十分严厉的法律制裁，为准确打击犯罪，我国《刑法》规定追究刑事责任应当坚持罪刑相当原则，使刑事责任的承担与犯罪行为的危害程度相适应，做到不枉不纵。

（二）行政执法中产生刑事责任的缘由及刑事责任的形式

如果煤矿安全行政执法机构及其执法人员在执法活动中，违反相关法律规定实施了依法应当受到刑罚处罚的危害社会行为，也即犯罪行为，就会产生刑事责任。在执法活动中实施的犯罪行为属于职务犯罪，职务犯罪的主体既可以是煤矿安全行政执法机构，也可以是煤矿安全行政执法人员。按照我国《刑法》的规定，如果犯罪主体是单位，实行“两罚制”，即对单位判处罚金，并对其直接负责的主管人员和其他责任人员依法判处刑罚。

按照我国《刑法》的规定，我国刑事责任的形式分为主刑和附加刑两种，主刑有拘役、管制、有期徒刑、无期徒刑和死刑，附加刑有罚金、剥夺政治权利、没收财产和驱逐出境等。

（三）与煤矿安全行政执法活动有关的犯罪行为

根据我国《刑法》及相关刑事法律规定，煤矿安全行政执法机构及其执法人员在执法活动中有滥用职权、玩忽职守、徇私舞弊不移交刑事案件、侵犯商业秘密、报复陷害、侵占、故意毁坏财物、私分罚没财物、不报或者谎报事故等违法行为，情节严重，应受刑罚处罚的，应当依法追究其刑事责任。

第三节　煤矿安全行政执法责任的追究

一、追究煤矿安全行政执法责任的范围

根据相关法律法规的规定，煤矿安全行政执法机构及其内设部门、执

法人员在执法活动中有下列情形之一的，应当根据情节轻重，依法追究其相应法律责任。

（一）不履行法定职责

根据法治政府建设的基本要求，每一个依法设立的行政执法机构都有其法定的工作职责，依法设立的行政执法机构自成立之日起，应当积极主动履行好自身的职责，煤矿安全行政执法机构也不能例外。如果煤矿安全行政执法机构及其内设部门、执法人员不履行法定职责，就构成了行政失职，应当依法追究其相应的法律责任。需要在这里特别指出的是，按照《国务院关于预防煤矿生产安全事故的特别规定》的要求，煤矿企业特种作业人员持证上岗情况，应当由驻地国家煤矿安全监察机构进行监督检查；而煤矿企业其他从业人员的安全生产教育和培训情况，则应当由县级以上地方各级人民政府煤矿安全监管机构进行监督检查。上述煤矿安全行政执法机构应当积极履行好各自的执法职责。

认定煤矿安全行政执法机构及其内设部门、执法人员不履行法定职责，应当具备两个要件：一是违法主体负有相应的法定职责；二是违法主体确实存在行政不作为。两个要件应当同时具备，否则不能认定违法主体不履行法定职责。违法主体行政不作为的具体表现形式也有两种：一是拒不履行法定职责；二是拖延履行法定职责。

（二）超越法定权限履职

顾名思义，超越法定权限履职就是指煤矿安全行政执法机构及其执法人员在执法活动中超越法定的行政执法职权范围实施了执法行为。超越法定权限履职具有以下特征：一是判断是否超越权限的标准是煤矿安全行政执法主体法定的执法权限；二是超越权限的行为表现形式是作为，不作为不可能超越权限；三是只要煤矿安全行政执法主体的执法行为在客观上超越了法定权限，即构成超越法定权限履职，也即是否超越法定职权履职主要以煤矿安全行政执法主体已经实施的行政行为结果为衡量标准，而不考虑执法主体实施行为时的主观心理状态，即便执法主体实施行为时的主观心理状态是正当、合法的，只要客观上超越了法定职权履职，也不能因此而免责。

根据不同的标准，超越法定权限履职的具体表现形式可以做不同的分类：

1. 空间上越权和事务上越权。

（1）空间上越权。就是指煤矿安全行政执法机构及其执法人员超越规定的管辖权区域行使了煤矿安全行政执法职权。比如，云南煤矿安全监察局行政执法人员就不能到河北省的煤矿企业以云南煤矿安全监察局的名义实施行政处罚活动，因为云南煤矿安全监察局规定的执法区域就是云南省行政区域范围内。当然，国家层面可以组织各产煤省之间进行煤矿安全生产工作交叉督查，但是，如果涉及行政处罚等执法活动，应当交付当地煤矿安全行政机构依法实施，而不能跨区域执法，因为跨区域实施的执法行为是没有法律效力的。

（2）事务上越权。就是指煤矿安全行政执法机构管辖了依法应当由其他行政执法机构管辖的事务或者管辖了不应当由行政执法机构管辖的事务。比如，煤矿企业的工商营业执照依法由工商行政管理部门负责颁发和监督管理，如果煤矿安全行政执法机构在执法活动中作出了吊销煤矿企业工商营业执照的行政处罚决定，就是在事务上越权执法。当然，其他行政执法机构来管辖依法应当由煤矿安全行政执法机构管辖的执法事务，也属于越权执法，煤矿安全行政机构应当予以制止，执法相对人也可以拒绝接受和执行。对于依法属于煤矿企业自主决定的事务，煤矿安全行政执法机构也不应当管辖。比如，煤矿企业购买相关安全生产设备过程中，只要该设备符合煤矿生产安全要求，煤矿企业就可以自主选择产品及卖家，煤矿安全行政执法机构不能要求煤矿企业购买由其指定的厂家的设备。

2. 纵向越权和横向越权。

（1）纵向越权。就是指有行政隶属关系的上下级煤矿安全行政执法机构之间的相互越权，包括上级煤矿安全行政执法机构越级行使下级煤矿安全行政执法机构的职权和下级煤矿安全行政执法机构越权行使上级煤矿安全行政机构的职权两种表现形式。

（2）横向越权。就是指相互之间没有行政隶属关系的煤矿安全行政执法机构之间行使了依法应当由对方行使的煤矿安全行政执法职权。比如，云南省曲靖市煤矿安全监管部门行使了云南省大理白族自治州煤矿安全监管部门的职权。

（三）滥用行政执法职权

滥用行政执法职权，就是指在行政自由裁量权限范围内，煤矿安全行政执法机构不正当地行使行政执法职权超过一定限度的违法行为。滥用行政执法职权具有下列特征：一是往往发生在行政自由裁量权限范围之内；二是表现形式为不正当地行使行政执法权；三是行为的性质已经达到行政违法程度，属于行政违法行为。

在煤矿安全行政执法活动中，滥用行政执法职权的具体表现形式主要有以下几种：

1. 执法动机不纯正。所谓执法动机不纯正，就是指煤矿安全行政执法机构及其执法人员在实施执法活动中，受不正当的执法动机和目的的支配，致使执法结果背离了法定的目的。比如，执法人员为了报复泄愤恶意执法，损害了执法相对人的合法利益。

2. 执法行为违反同一性。所谓同一性就是指同等情形同等对待，也即要求煤矿安全行政执法机构及其执法人员在执法活动中，对不同煤矿的相同违法行为应当给予相同的处理，而不应该反复无常，随意执法，对不同煤矿予以区别对待。当然，对于不同煤矿的同一安全生产违法行为，有的煤矿存在应当从轻、减轻、免除处罚或者从重、加重处罚的情节，而有的煤矿可能并不存在这些情节，这时，应当根据违法情节的轻重作出不同的处罚，而不能作简单划一的处理，否则就违背了“同一性”的真正内涵。

3. 执法决定违背客观性。执法的目的是建立和维护法律秩序，而行政执法机构作出的执法决定只有得到执法相对人严格的执行，才能实现执法的目的。这就要求行政执法机构所作出的执法决定本身能够被执行，也即要具备客观性，否则，执法目的就不可能实现。由此可见，这里所谓客观性就是指煤矿安全行政执法机构作出的执法决定要符合实际，有可操作性，执法相对人实际能够执行。在执法实践中，如果煤矿安全行政执法机构作出的执法决定缺乏客观性，本身就不可能实施，却执意要求执法相对人执行，即强人所难，那就是滥用执法职权了。比如，某煤矿安全行政执法机构的执法人员在对辖区内某煤矿矿井进行现场检查过程中发现该煤矿矿井主回风巷内有约50米长的巷道出现顶板冒落，巷道已被堵塞，不能正常通风。对此重大事故隐患，现场执法人员作出现场处理决定，要求煤矿企业在1个小时之内将该隐患处理完毕，否则将予以严惩。这就是执法决定缺乏客观性，强人所难的具体表现，因为煤矿企业在1个小时之内是根本不可能处理完毕这一事故隐患的。

4. 故意延迟履职。这种情形主要发生在行政许可领域，比如，某煤矿企业向具有行政许可职权的某煤矿安全行政执法机构提出有关煤矿安全行政许可事项的申请，但是该煤矿安全行政执法机构以各种理由，故意迟迟不予作出是否准予许可的决定，致使煤矿企业不能正常开展生产建设活动，侵犯了煤矿企业的合法权益。

（四）认定的事实依据错误

事实依据错误，就是指煤矿安全行政执法机构作出行政执法决定所凭借的已经认定的事实根据不符合相关条件和要求。

认定的事实依据错误的具体表现形式主要有以下几种：

1. 所认定的事实依据根本就不存在，比如，煤矿安全行政执法机构不对煤矿企业生产现场进行监督检查，而是以道听途说或主观猜测的安全生产违法事实为依据，对煤矿企业作出行政处罚决定。

2. 所认定的事实不清，比如，某煤矿安全行政执法机构对辖区内某煤矿矿井进行现场检查过程中发现，该矿井井下瓦斯牌板已填写中班检查记录，但当班瓦斯检查员未在井下，据此认定该煤矿未执行瓦斯巡回检查制度，并作出了行政处罚决定；事实上，当班瓦斯检查员未在井下，并不必然得出煤矿未执行瓦斯巡回检查制度的唯一结论，可能当班根本就没有瓦斯检查员下井检查瓦斯，瓦斯记录是假的，也可能是瓦斯检查员检查完瓦斯后临时有事出井了，真实的情况到底是什么样的，还需要做进一步的调查核实。而某煤矿安全行政执法机构在事实尚未查清的情况下，就作出了行政处罚决定，这就是典型的认定违法事实不清的表现，非常容易导致执法纠纷的发生。

3. 所认定的事实缺乏充分的证据支撑，也即待证事实与证据之间缺乏关联性、证据本身缺乏客观性或者证据之间不能形成一个完整的证据链。比如，某煤矿安全行政执法机构对辖区内某煤矿企业作出的行政处罚决定中认定的煤矿企业存在的违法事实为“煤矿未建立入井检身制度和出入井人员清点制度”，但是，从立案调查过程中收集的相关证据材料来看，实际情况应当是煤矿企业未严格执行“入井检身制度和出入井人员清点制度”，并非“未建立入井检身制度和出入井人员清点制度”。

（五）适用法律法规错误

适用法律法规错误，就是指煤矿安全行政执法机构在作出行政执法决定时，所引用的法律法规依据不符合相关要求。

适用法律法规错误的具体表现形式主要有以下几种：

1. 适用的法律法规依据与认定的煤矿安全生产违法事实之间不相对应。比如，认定的违法事实是煤矿特种作业操作人员无证上岗，但是适用的法律法规却是关于煤矿井下掘进工作面空顶作业方面的规定

2. 适用了已经被废止的法律法规。

3. 对于已经被修正过的法律法规，仍然适用修正前的法律法规条文。

4. 适用法律法规时未引用到具体的条、款、项、目。

（六）执法程序违法

执法程序违法，就是指煤矿安全行政执法机构及其执法人员违反法定的步骤、顺序、方式和时限等执法程序方面的要求而实施的执法活动。

执法程序违法的具体表现形式主要有以下几种：

1. 执法主体不具备执法资格。比如，执法人员未取得执法资格证而从事行政执法活动。

2. 省略了法定的执法环节。比如，煤矿安全行政执法机构未经告知程序环节即作出行政处罚决定

3. 执法程序次序错误。比如，煤矿安全行政执法机构作出行政处罚决定后，再进行调查取证。

4. 违反法定执法时限规定。比如，煤矿安全行政执法机构对煤矿企业

作出责令停产整顿的行政处罚决定后，未按规定自煤矿被责令停产整顿之日起3日内在当地主要媒体上进行公告。

（七）行政侵权

行政侵权，就是指煤矿安全行政执法机构及其执法人员侵害执法相对人财产权和人身权，依法应当承担行政赔偿责任的执法行为。行政侵权不同于行政违法，行政违法也会发生侵害相对人合法权益的后果，但行政违法并不一定导致行政侵权后果的发生。

在煤矿安全行政执法活动中，认定执法行为已经造成行政侵权，应当具备下列条件：

1. 侵权的主体是煤矿安全行政执法机构。行政侵权的主体只能是具有行政主体资格的组织，其他组织或者单位不构成行政侵权。侵权责任的承担者也只能是实施了具体侵权行为的行政主体，煤矿安全行政执法机构在执法活动中造成的侵权责任，也只能由实施了侵权行为的煤矿安全行政执法机构承担。

2. 实施了实际的行政侵权行为。行政行为人没有付诸实施的主观臆想不能构成行政侵权，只有在行政活动中实施了实际的侵权损害行为，才会造成行政侵权。行政侵权行为包括作为和不作为两种，在煤矿安全行政执法活动中，作为就是煤矿安全行政执法机构主动实施了具体的行政侵权行为，不作为就是煤矿安全行政执法机构因不履行法定职责而损害了行政相对人合法权益。

3. 给行政相对人造成了损害。如果行政行为没有给行政相对人造成实际的损害后果，也就不存在行政赔偿的问题，所以，损害后果对认定行政侵权具有十分重要的意义。一般来讲，行政相对人在行政主体实施行政活动中所造成的损害主要指的是实际的、直接的损害后果，也即这些损害是已经客观存在的，而不是预期的损害，更不是虚构出来的损害。

4. 侵权行为与损害之间存在因果关系。只有煤矿安全行政执法机构在执法活动中实施的侵权行为与执法相对人所造成的实际损害后果之间存在必然的因果关系，煤矿安全行政执法机构才会构成行政侵权，才需要依法承担相应的赔偿责任。如果执法相对人受到了实际的损害，但损害后果不是由煤矿安全行政执法机构的行政侵权行为造成的，也即行政侵权行为与损害后果之间没有因果关系，那就不会产生行政赔偿问题。

（八）行政不当

行政不当，就是指煤矿安全行政执法机构及其执法人员在合法的基础上，不客观、不合理、不适当地行使行政自由裁量权的执法行为。

在煤矿安全行政执法活动中，行政不当具有以下特点：一是发生在煤矿安全行政执法活动中，非执法行为不构成行政不当；二是所实施的执法行为符合相关法律法规的规定；三是所实施的执法行为不合理；四是所实施的执法行为发生在行政自由裁量活动中；五是产生的法律责任是补救性质的，不具有惩罚性；六是与行政违法行为的效力为自始全部无效不同，行政不当的法律效力可能是部分无效，也可能是全部无效，而且不当行政行为的部分无效和全部无效是从该行政行为被变更或撤销之时起才开始无效的，不溯及既往。

在煤矿安全行政执法活动中，行政不当的表现形式主要有以下几种：

1. 执法对象不当。比如，对于煤矿安全行政执法机构在现场检查中发现的某煤矿企业生产作业中存在的某一安全生产违法行为，按照相关规定对该煤矿企业予以行政处罚更为适当，但煤矿安全行政执法机构却对煤矿现场违章作业人员进行了行政处罚。当然，如果是执法对象选择错误，对不该处罚的执法对象进行了处罚，那就是行政违法，而不是行政不当了。

2. 执法内容不当。执法内容不当主要是指煤矿安全行政执法机构作出的现场处理决定、行政强制措施、行政处罚决定等的内容不适当。比如，某煤矿安全行政执法机构到辖区内某煤矿企业生产现场进行检查，发现煤矿井下运输大巷有一处顶板冒落未处理，就作出了责令限期整改的现场处理决定。一般情况下，处理这一事故隐患约需要 10 天的时间才能处理完毕，但是该煤矿安全行政执法机构却责令煤矿 5 天内处理完毕。实际上，在指定的期限内，煤矿企业是不可能整改完毕的。又如，根据《国务院关于预防煤矿生产安全事故的特别规定》，煤矿存在严重水患，在未采取有效措施的情况下，仍然组织生产的，煤矿安全行政执法机构应当责令煤矿停产整顿，并处50万元以上200万元以下罚款的处罚。但是某煤矿安全行政执法机构只要发现煤矿企业存在上述安全生产违法行为，不论情节轻重，对煤矿企业统统予以责令停产整顿、并处150万元罚款的行政处罚。这样的行政处罚难以实现煤矿安全行政执法的目的。

3. 执法时间不当。按照《行政处罚法》的规定，一般情况下，违法行为发生时间超过2年的，不再给予行政处罚。如果煤矿安全行政执法机构对现场发现的煤矿安全生产违法行为，长期不作出处理，从违法行为发生之日起超过2年后才作出行政处罚决定的，就属于在不适当的时间实施了执法行为。

4. 执法地点不当。执法地点不当就是指煤矿安全行政执法机构实施执法行为时所选择的地点不适当。比如，某煤矿安全行政执法机构在对辖区内某煤矿企业井下生产现场进行检查过程中，发现某作业人员违章作业，决定给予该作业人员罚款20元的行政处罚，并要求该作业人员在井下现场当场缴纳罚款。其实，煤矿从业人员在入井作业过程并不一定携带有现金，应当是该作业人员下班出井后再要求其缴纳罚款。

对于不适当的煤矿安全行政执法行为，根据实际情况，依法可以予以变更、撤销，并重新作出行政执法行为。

二、追究煤矿安全行政执法责任的主体和程序

仅仅规定有明确的责任还不够，还得有追究责任的主体和明确的追究责任的程序，否则任何责任都不可能得到落实。不能落实的责任，没有任何意义。那么，负责追究煤矿安全行政执法责任的主体是谁，追究责任的具体程序又是如何规定的呢？我们知道，在煤矿安全行政执法活动中，可能产生的行政执法责任有民事责任、刑事责任和行政责任三类，而这三类责任的追究主体和程序都有较大差异。所以，实际追究煤矿安全行政执法责任的主体和程序要具体情况具体分析，如果是民事责任就按照相关民事法律的规定实施，如果是刑事责任就按照刑事法律的规定实施，如果是行政责任就按照相关行政法律法规的规定实施。由于民事责任和刑事责任的

追究主体和程序在相关法律中都有系统而明确的规定，所以，这里就重点阐述追究行政责任的主体和程序。

（一）追究行政责任的主体

煤矿安全行政执法责任的承担主体包括煤矿安全行政执法机构、煤矿安全行政执法机构的内设部门和煤矿安全行政执法人员，承担责任的主体不同，负责追究责任的主体也有所区别。而且，由于煤矿生产活动中安全问题较为突出，极易发生重特大生产安全事故，为了强化煤矿安全执法效果，确保煤矿生产安全，我国煤矿安全行政执法机构的设置与其他行业安全生产行政执法机构有所不同，在国家层面设置有国家垂直管理的国家煤矿安全监察机构，在地方县级以上人民政府设置有地方煤矿安全生产监督管理机构，因此，追究责任的体系也较为复杂一些。

对于国家煤矿安全监察机构来讲，按照相关规定，煤矿安全监察机构及其负责人在煤矿安全行政执法活动中所产生的行政责任，按照干部管理权限，由其上级煤矿安全监察机构负责追究；煤矿安全监察机构内设部门及其行政执法人员在煤矿安全行政执法活动中所产生的行政责任，由所在煤矿安全监察机构负责追究。

对于县级以上地方人民政府煤矿安全生产监督管理机构及其负责人在煤矿安全行政执法活动中所产生的行政责任，按照干部管理权限，由其上级煤矿安全生产监督管理机构或者本级人民政府行政监察机关负责追究；县级以上地方人民政府煤矿安全生产监督管理机构内设部门及其行政执法人员在煤矿安全行政执法活动中所产生的行政责任，由所在煤矿安全生产监督管理机构负责追究。

（二）追究行政责任的程序

由于煤矿安全行政执法机构的组成较为复杂，全国各地千差万别，追究煤矿安全行政执法活动中产生的行政责任的程序也较为复杂，特别是由专门的行政监察机关或者地方政府对所属煤矿安全行政执法机构及其执法人员追究行政责任，程序更为复杂。而在煤矿安全行政执法实践中，较为常见的责任追究往往发生在煤矿安全行政执法系统内部。所以，这里就重点介绍煤矿安全行政执法系统内的行政责任追究程序。在煤矿安全行政执法系统内追究煤矿安全行政执法活动中产生的行政责任，一般情况下，应当按照下列基本程序进行，法律法规对行政处分等行政责任的追究程序另有规定的，从其规定：

1. 发现煤矿安全行政执法机构及其内设部门、执法人员存在违法或者不当的行政执法行为。

2. 煤矿安全行政执法机构负责法制工作的部门对是否存在违法或者不当行政执法行为进行确认，对确实存在违法或者不当行政执法行为的，将相关单位（部门）或者执法人员违法或者不当实施行政执法行为的情况，以书面形式通报本单位负责行政监察工作的部门。

3. 负责行政监察工作的部门自收到法制工作部门通报或者直接收到有关行政执法行为违法、不当的举报之日起 60 日内对相关情况进行调查核实。

4. 行政监察部门经调查核实，对于确实需要追究行政责任的，提出责任追究的建议，报本单位领导班子集体讨论决定；对于认为不需要追究行政责任的，行政监察部门也要形成调查报告报本单位领导班子讨论决定。

5. 单位领导班子按照相关程序召开班子会议进行集体讨论，并作出是否予以追究行政责任的初步决定。

6. 单位领导班子集体讨论决定追究行政责任的，本单位负责行政监察的部门将追究责任的有关行政违法或者不当的事实、追究责任的理由和依据告知当事人，并听取其陈述和申辩；行政监察部门对当事人在陈述、申辩中提出的合理意见应当及时向单位领导班子报告，单位领导班子应当予以采纳。

7. 单位领导班子再次召开会议集体讨论，作出最终的是否予以追究行政责任的决定。

8. 对于单位领导班子最终决定追究行政责任的，负责行政监察的部门草拟《行政执法责任追究决定书》，并由本单位下达《行政执法责任追究决定书》；《行政执法责任追究决定书》应当写明存在的违法或者不当行政执法行为的事实、追究责任的依据、承担责任的方式、批准机关、责任追究决定生效时间、当事人的申诉期限及受理机关等方面的内容；对于责令离岗培训和暂扣行政执法证件的，还应当写明参加培训和证件暂扣的具体期限等。

9. 负责行政监察的部门将《行政执法责任追究决定书》按照相关规定送达当事人，以及当事人所在的单位和内设部门。

10. 作出责任追究决定的煤矿安全行政执法机构派人与当事人进行谈话，掌握当事人思想动态，做好当事人思想工作，督促其做好工作交接等相关后续工作。

11. 作出责任追究决定的煤矿安全行政执法机构负责人事工作的部门自本单位作出责任追究决定之日起 15 日内落实决定事项。

12. 当事人对责任追究决定不服的，可以依照《公务员法》等规定申请复核和提出申诉，但申诉期间，不停止责任追究决定的执行。

13. 作出责任追究决定的煤矿安全行政执法机构负责人事工作的部门将责任追究的有关材料记入当事人个人档案，并作为其考核、奖惩、任免的重要依据。

14. 作出责任追究决定的煤矿安全行政执法机构负责行政监察工作的部门将案卷材料归档保存。

第六章　煤矿安全行政执法监督

没有监督的权力极易滋生腐败，这已经成为全社会的共识。煤矿安全行政执法权，作为一种行政权力，应当自觉地接受来自各方的监督。对煤矿安全行政执法权的监督，从广义上讲，包括权力机关的监督、司法机关的监督、上级行政机关的监督、行政机关内部专门监督部门的监督、专门行政执法监督机关的监督、专门行政监察机关的监督、媒体舆论的监督以及人民群众的监督等等。但是，本章所要讨论的行政执法监督，仅限于行政执法机关内部的自我监督，即狭义上的行政执法监督，包括上级行政执法机关对下级行政执法机关实施行政执法情况的监督及行政执法机关内部专门的监督部门对执法活动的监督。当然，本章所称行政执法监督也有别于行政执法监察，行政执法监察的着力点是对违反行政纪律的行政执法机关及其行政执法人员依法依纪追究行政责任，而行政执法监督仅仅是一种对违法或不当行政执法行为的内部纠偏工作，不属于行政责任追究。

第一节　煤矿安全行政执法监督概述

一、煤矿安全行政执法监督的概念和特征

煤矿安全行政执法监督是指煤矿安全行政执法机构依照法定职权对下级煤矿安全行政执法机构或本单位内设行政执法部门及执法人员的违法或不当的行政执法行为进行纠偏的内部行政约束活动。

煤矿安全行政执法监督具有以下特征。

（一）内部行政行为性

本章所指煤矿安全行政执法监督属于煤矿安全行政执法机构内部行政行为范畴。不管是上级煤矿安全行政执法机构对下级煤矿安全行政执法机构的监督，还是煤矿安全行政执法机构对内设负责行政执法部门及执法人员的监督，都没有超出行政系统内部，所采取的监督措施也是一种特殊的行政组织内部行政行为，所以，煤矿安全行政执法监督是一种典型的内部行政行为。

（二）自我约束性

作为狭义上的行政执法监督，从监督的主体和内容来看，煤矿安全行政执法监督是煤矿安全行政执法系统内部自觉、主动地对行使煤矿安全行政执法权的过程进行自我约束、自我规范，及时纠正违法或不当执法行为的一项活动，其本质就是以行政权制约行政权。比如，上级煤矿安全行政执法机构监督下级煤矿安全行政执法机构所凭借的仍然是行政权力。这与来自外部的对行政机关的监督有着根本的区别，比如，人大对行政机关的监督是权力机关的权力对行政权的制约；人民法院和人民检察院对行政机关的监督是司法权对行政权的制约；新闻媒体对行政机关的监督是社会舆论对行政权的制约。

（三）主体和对象的相对性

由于我国煤矿安全行政执法系统内部有多个行政层级，煤矿安全行政执法监督的主体和对象也有一定的相对性。比如，省级煤矿安全监察机构对于各监察分局来说，是行政执法监督主体，但同时，对于国家煤矿安全监察局来说，又是被监督的对象；地方州（市）一级煤矿安全生产监督管理机构对于县一级煤矿安全生产监督管理机构来说是行政执法监督主体，但同时，对于省级煤矿安全生产监督管理机构来说，又是被监督对象。对于既是监督主体，又是被监督对象的煤矿安全行政执法机构，应当在加强对下一级煤矿安全行政执法机构的监督的同时，还要自觉接受上一级煤矿安全行政执法机构的监督。

（四）直接性

煤矿安全行政执法监督工作往往比较直接，在实施煤矿安全行政执法监督工作过程中，上级煤矿安全行政执法机构发现下级煤矿安全行政执法机构或本单位行政执法部门及执法人员有违法或不当行政执法行为时，可以直接责令予以改正或直接实施行政执法行为，而且，由于监督者对被监督对象的情况比较熟悉，监督的针对性往往比较强、监督效率也比较高。这与权力机关、司法机关对行政机关执法行为的监督有很大不同，权力机关、司法机关可以监督行政机关的执法行为，但不能直接实施行政执法行为，从这一方面来看，他们对行政机关执法行为的监督是间接的。

二、煤矿安全行政执法监督的原则

组织开展煤矿安全行政执法监督工作，应当遵循下列原则。

（一）依法监督的原则

首先，煤矿安全行政执法监督的主体和对象要合法，监督主体只能是具有监督权的煤矿安全行政执法机构，监督对象只能是符合条件的煤矿安全行政执法机构、执法部门及其执法人员。其次，监督的内容、程序、方式等要符合相关法律法规的规定。

（二）内部监督的原则

这里所称执法监督仅限于上下级煤矿安全行政机构之间及煤矿安全行政执法机构内部，因此，煤矿安全行政执法机构既不能对其他行业行政执法机构进行执法监督，也不能对煤矿安全行政执法对象实施执法监督。对于其他行业的行政执法机构，煤矿安全行政执法机构可以提出批评与建议；对于执法对象，煤矿安全行政执法机构应当依法实施行政执法活动，并自觉接受其监督。

（三）有错必纠的原则

执法监督的主要目的是确保依法行政、合理行政，所以，对于在执法监督过程中发现的问题，应当依法采取各种措施予以纠正，让整个执法活动在法定的轨道上运行；对于严重的执法过错，应当移送相关部门追究相关责任。

（四）监督与促进工作相结合的原则

对于在执法监督过程中发现的过错负有责任的执法单位及执法人员，应当坚持教育与惩处相结合的原则，着力于让其从思想上深刻认识到过错所在，避免再犯。对于在执法监督过程中发现的问题，应当明确指出问题的所在、严重性及解决问题的方式方法，着力于促进执法水平及执法质量的提升。

三、煤矿安全行政执法监督的意义

（一）执法监督是实现依法行政的重要保障

随着中国特色社会主义建设事业的不断向前推进，我们党的治国理政理念也在与时俱进地发生着变化，明确提出了要依法治国，建设社会主义法治国家。依法治国，对于行政机关而言就是依法行政，就是行政行为必须于法有据，并严格按照法律法规的规定实施。执法监督就是通过对行政行为权限、主体、内容、程序等方面是否符合法律法规的规定进行监督检查，及时纠正违法和不当的行政行为，促进依法行政、合理行政。因此，执法监督是实现依法行政的重要保障。

（二）执法监督是不断提升执法质量和执法效能的重要措施

通过开展有效的执法监督活动，积极推动煤矿安全执法机构及其执法人员不断增强执法能力和水平，努力实现严格执法、规范执法、公正执法、文明执法，就能够不断提升执法质量和执法效能，真正实现煤矿安全行政执法目的，促使煤矿企业依法办矿、安全办矿，杜绝生产安全事故的发生。

（三）执法监督是维护执法相对人合法权益的重要手段

通过执法监督，煤矿安全行政执法机构能够及时发现本单位或下级煤矿安全执法机构违法或不当的行政执法行为，如果这些违法或不当的行政执法行为侵犯了执法相对人的合法权益，通过采取各种有效措施，能够及时予以纠正，以充分保障执法相对人的合法权益。通过执法监督来维护执法相对人的合法权益，既减少了当事人的维权成本，又便于树立煤矿安全行政执法机构良好的执法形象和执法权威。

第二节　煤矿安全行政执法监督的主体和对象

一、煤矿安全行政执法监督的主体

煤矿安全行政执法监督主体就是指有资格组织实施执法监督活动的煤矿安全行政执法机构。执法监督主体必须是具有独立的煤矿安全行政执法主体资格的单位，而不能是煤矿安全行政执法机构的内设部门或执法人员。目前，我国主要的煤矿安全行政执法机构有三类：一是国家煤矿安全监察机构（包括国家局、省级局及其分局）；二是县级以上地方各级人民政府；三是县级以上地方各级人民政府煤矿安全生产监督管理机构。因此，当前，各级国家煤矿安全监察机构、县级以上地方各级人民政府、县级以上地方各级人民政府煤矿安全生产监督机构都可以成为煤矿安全行政执法监督主体。

当然，煤矿安全行政执法监督主体的地位是相对的，对于某下级煤矿安全行政执法机构来说，其上级煤矿安全行政执法机构是行政执法监督主体，但是，如果其上级煤矿安全行政执法机构上面还有更高层次的煤矿安全行政执法机构，那么，这个煤矿安全行政执法机构本身也是被监督的对象。另外，如果某煤矿安全行政执法机构对其内设执法部门及执法人员的行政执法活动进行执法监督，那么这个时候，这个煤矿安全行政执法机构本身也是行政执法监督主体。因此，任何一个煤矿安全行政执法机构都可以成为行政执法监督主体，同时，任何有上级的下级煤矿安全行政执法机构都会成为行政执法监督对象。

需要进一步明确的是，当前，按照依法治国、依法执政、依法行政的总体要求，各级煤矿安全行政执法机构都加强了内部行政执法监督工作，大都设立了执法监督工作部门或者明确了承担执法监督工作职责的部门，并配备了相应的从事执法监督工作的人员。那么，这些煤矿安全行政执法机构内部负责具体执法监督工作职责的部门及其工作人员，是否为独立的执法监督主体呢？答案是否定的，对此，我们应当有清晰的认识。这些承担具体执法监督职责的部门及其工作人员，在开展执法监督活动中只能以所在执法机构的名义进行，而不能以该部门及其工作人员的名义进行，他们都不是独立的执法监督主体，而只是具体执法监督工作的承办者。

二、煤矿安全行政执法监督的对象

煤矿安全行政执法监督的对象就是指被监督者。煤矿安全行政执法监督的对象包括煤矿安全行政执法机构、煤矿安全行政执法机构的内设部门、煤矿安全行政执法人员三类。

当上级煤矿安全行政执法机构对下级煤矿安全行政执法机构进行执法监督时，下级煤矿安全行政执法机构就是被监督者，也即监督对象。当煤矿安全行政执法机构对其内设执法部门及执法人员的执法活动进行监督时，这些内设执法部门及执法人员就是被监督者，也即监督对象。有人认为，行政执法监督仅限于上级行政执法机构对下级行政执法机构的监督，行政执法机构对其内设执法部门及执法人员执法活动的监督不属于行政执法监督，其实这种理解是错误的，因为我们这里所讨论的行政执法监督本身就是内部行政行为，它是为了更好地履行好外部行政执法行为服务的，只要是有利于促进外部行政执法行为的有效进行，各种内部行政行为都应当予以肯定，而从当前我国煤矿安全行政执法的实践来看，煤矿安全行政执法机构加强对其内设执法部门及执法人员执法活动的监督，对促进煤矿安全行政机构外部行政执法行为的质量及执法效能的不断提高，大力推动煤炭行业实现安全发展，具有十分重要的意义。当然，需要明确的是，煤矿安全行政执法机构内设执法部门及执法人员本身都不是独立的行政执法主体，他们都只能以所属煤矿安全行政执法机构的名义开展执法活动，但是，这并不影响煤矿安全行政执法机构对他们的执法活动进行监督，因为执法监督属于内部行政行为，而行政执法行为属于外部行政行为，两者的性质不同，具体操作要求也有着根本的区别。

第三节 煤矿安全行政执法监督的内容

组织开展煤矿安全行政执法监督活动，首先要明确的是监督的具体内容是什么，否则监督工作无从开启。从行政执法监督工作的内部行政行为性及服务于煤矿安全行政执法机构外部行政行为的特点可知，煤矿安全行政执法监督的内容是紧紧围绕煤矿安全行政执法行为的合法性和合理性来展开的，具体来讲，主要包括下列内容：

1. 执法主体及其执法人员是否牢固树立了依法行政理念。执法监督的根本目的是确保煤矿安全行政执法机构及其执法人员依法行政，正确履行法定职责，既努力推动建立有效的煤矿安全生产法律秩序，又尽力维护好执法相对人的合法权益。而牢固树立依法行政理念是坚持依法行政的思想基础，所以，煤矿安全行政执法机构应当加强执法人员依法行政理念教育，不断增强其依法行政的自觉性。牢固树立依法行政理念的具体表现，一是是否认真学习并准确把握依法行政及行政执法的基本理论、基本原则、基本要求和基本方式等，并在行政执法实践中认真予以执行；二是是否认真学习并准确把握煤矿安全生产相关法律法规和安全生产标准，不断提升行政执法的能力和水平；三是是否按照规范、严格、公正、文明的要求实施每一项具体的煤矿安全行政执法活动。

2. 执法主体是否具备法定资格。执法主体资格的合法性是煤矿安全行政执法行为合法性的基础，主体资格不合法，其所实施的行政执法行为的合法性就无从谈起。煤矿安全行政执法主体资格的合法性包括两个方面，一是执法机构应当具备的法定的、独立的执法资格；二是具体负责实施执法行为的每一个执法人员都应当具备执法资格，依法取得由相关部门颁发的有效执法资格证。比如，煤矿安全监察机构的执法人员应当取得国家安全生产监督管理总局颁发的煤矿安全监察执行证，地方各级人民政府煤矿安全生产监督管理行政执法人员应当取得地方人民政府颁发的行政执法证。

3. 是否全面履行了法定职责。依法成立的每一个煤矿安全行政执法机构从成立之日起，都会有明确的法定职责，而且其职责往往不限于一项或两项，一般都是承担着多项职责。对于每一个煤矿安全行政执法机构来说，不管承担着多少项法定的职责，都必须不折不扣地将每一项职责落实到位，少了任何一项都属于履职不到位。比如，对于煤矿安全监察机构来说，必须将法定的“三项监察”（重点监察、定期监察、专项监察）、煤矿安全及职业卫生行政许可、事故调查处理、检查指导地方煤矿安全监管工作等项职责全部履行到位。所以，各级各类煤矿安全行政执法机构在执法活动中要学会运用十个手指“弹钢琴”，全面履行好各项法定职责。当然，更不能超越法定权限执法。

4. 是否认真落实了计划执法制度。所谓计划执法就是根据预先编制好的执法计划实施行政执法活动。计划执法有利于使执法工作有条不紊地进行，增强执法工作的科学性。根据《安全生产法》的规定，煤矿安全行政执法机构应当根据辖区内煤矿安全生产状况以及执法机构人员配备、人员构成、人员素质、执法装备等实际，制定年度煤矿安全行政执法计划，并按照执法计划组织开展监督检查工作。执法计划的编制应当客观、科学，既要能通过执法计划的实施，有效促进煤矿企业实现生产安全，又要充分考虑到执法机构的实际能力，使执法计划能够真正落实得下去。执法计划一旦编制确定，煤矿安全行政执法机构应当严格、规范地予以实施；如果执法计划不能按期完成，应当予以说明；如果需要变更执法计划，应当按照制定执法计划的程序予以变更。

5. 执法程序是否合法。煤矿安全行政执法相关法律法规对各项煤矿安全行政执法活动都规定了具体的执法程序要求，在现场检查、现场处理、行政处罚、行政强制等煤矿安全行政执法活动中，煤矿安全行政执法机构及其执法人员必须严格遵守相关执法程序规定，使每一项执法活动的程序都做到完整、合法、闭合。

6. 认定的违法事实是否清楚。对于煤矿安全行政执法过程中认定的违法事实，必须做到清楚、明确，特别是事故隐患的认定，应当使用专业术语，表述要准确、具体、清晰，比如，认定的违法事实为“煤矿井下风门设置不符合要求”，必须说清“不符合要求”的风门所在的准确位置、其在矿井通风系统中发挥的作用、“不符合要求”的具体表现等，而不能只是简单地表述为“风门不符合要求”，这样容易产生歧义和执法争议。

7. 执法证据是否确实、充分。证据是整个执法案件的基础，在现场执法过程中，收集相关证据是非常重要的一个环节。收集执法证据，第一要充分；第二要真实、客观；第三要能够形成有逻辑联系的证据链；第四，要与执法中认定的违法事实相对应，第五要做到证据形式符合相关要求。

8. 采取的执法措施是否合理。根据执法工作实际，作出的现场处理决定应当准确、具体、到位，能够有效消除事故隐患；作出的行政处罚决定应当合法、到位，足以产生惩戒的效果；采取的行政强制措施应当合法、准确、到位，能够促进执法活动的顺利进行；行政处罚自由裁量应当避免出现畸轻畸重、显失公正的情况；查出的违法行为逾期未整改或者整改不合格的，应当依法予以处理。

9. 法律法规的引用是否准确、规范。所引用的法律法规应当与认定的违法事实相对应，避免出现引用法律法规错误情形。引用法律法规应当规范，必须引用到条、款、项、目，而不能在有多个款、项、目的情况下只引用到条，更不能只提及法律文件名称，没有引用具体的法律条文。

10. 执法文书的适用是否规范。在煤矿安全行政执法活动中，应当使用规定的执法文书。执法文书的格式应当符合相关规范，每一种执法文书的适用应当准确，执法文书项目的填写应当符合相关要求，不能存在缺项、漏项，语言表述应当准确、规范、清晰。

11. 是否依法实施行政许可项目。由煤矿安全行政执法机构负责实施的各项行政许可项目，煤矿安全行政执法机构都应当具备法定的实施主体资格，没有法定实施和体资格的，不得实施行政许可项目。在实施行政许可项目过程中，应当严格按照法定的条件、程序、时限和相关要求办理各项行政许可事项，不得擅自增设行政许可条件或提出与行政许可事项办理无关的要求。对于国家已经明确取消的行政许可项目，应当自取消之日起停止实施。煤矿安全行政执法机构应当创造条件，为当事人办理行政许可事项提供方便，具备条件的，应当推行网上行政审批。

12. 事故调查处理活动是否规范。煤矿生产安全事故调查组的组成要符合相关法律法规规定，事故调查处理应当按照法定程序和要求进行，事故调查组应当在规定期限内提交符合规范的事故调查报告，事故原因分析应当准确、清晰，事故责任划分和处理应当准确到位，事故防范措施应当明确具体并督促落实到位，事故调查报告附件材料应当齐全有效。

13. 是否存在假公济私行为。在执法活动中，煤矿安全行政执法机构及其执法人员应当主动接受监督，自觉维护好执法相对人及执法相关人员的合法权益，不得利用职权对控告人、申诉人、举报人进行打击报复、陷害，更不得利用职权谋取私利。

14. 执法案卷管理是否规范。煤矿安全行政执法活动中形成的现场处理决定、行政处罚、行政强制、行政许可等案卷材料，都应当按照相关要求及时归档保存，并加强对案卷的管理，执行借阅管理制度，未经许可不得外借执法案卷及相关执法材料。

第四节　煤矿安全行政执法监督的方式

一、执法监督的环节

有人认为，执法监督就是一种事后监督，是跟在执法行为后面走的，其实，这种观点是错误的。因为执法监督的目的就是促进依法行政、规范执法，只要是有利于促进依法行政、规范执法的，执法监督工作就应当积极介入其中。所以，根据执法监督工作的实际需要，执法监督的工作环节应当包括事前监督、事中监督和事后监督三个环节，也即执法监督是一种全方位的监督，而不仅仅是事后监督，执法监督的工作范围覆盖实际执法活动的准备阶段、实施阶段以及后续相关事项的处理阶段。

（一）事前监督

事前监督，就是在具体的执法活动实施前，执法监督部门针对特定的与执法活动有关的事项，采取相应执法监督措施，提前防范违法违规执法行为的发生。具体来讲，就是对煤矿安全行政执法机构的执法主体资格及执法人员的执法资格、规范性文件的制定、执法计划的制定与审批、现场检查方案的制定以及执法业务知识的学习和执法业务能力的培养等方面进行监督。事前监督是一个十分重要的执法监督环节，有效的事前监督能够积极防范违法违规执法行为及执法纠纷的发生。比如，在目前我国地方各级人民政府中承担煤矿安全监管行政执法职责的单位比较多样的情形下，提前对某个煤矿安全行政执法机构的行政执法主体资格进行监督检查，可有效避免出现没有执法主体资格的单位实施了执法行为或者有执法主体资格的单位没有履行执法职责的情况，确保依法执法；又如，提前对煤矿安全行政执法机构执法人员的执法资格进行监督检查，可有效避免没有执法资格的人员参与实施具体的行政执法活动；再如，对煤矿安全行政执法业务知识的学习和业务能力的培养方面进行监督检查，可督促执法机构及其执法人员不断提升执法水平，为依法行政、规范执法打下坚实的基础。

（二）事中监督

事中监督，就是在执法行为实施过程中，执法监督人员采取相应执法监督措施，对具体执法行为的实施情况进行现场同步或者跟踪监督，以便及时制止违法违规执法行为的发生。具体来讲，就是对现场检查的过程、现场处理的过程、行政处罚的过程、行政强制的过程、行政许可的过程、事故调查处理的过程等现场同步或者跟踪监督检查，对发现的违法违规执法问题及时采取相应的监督措施予以制止或者处理，及时有效避免执法错误和执法纠纷的发生。比如，对煤矿企业生产现场的检查执法活动进行现场同步监督，对执法人员未能发现的重大事故隐患及时指出来，并要求煤矿企业认真履行安全生产主体责任，及时按照相关规定予以排除，有效避免生产安全事故的发生；又如，对煤矿安全行政许可项目的实施情况进行现场同步监督，对行政许可申请人提交的申请材料不符合要求的，如果行政许可受理人员未一次性告知申请材料存在的全部问题的，及时责令予以改正，要求一次性告知申请人申请材料存在的全部问题，确保依法办理各项行政许可事项，充分保障行政许可申请人合法权益；再如，在现场跟踪监督过程中，发现现场处理、行政处罚等执法行为有遗漏或者不到位的，及时予以纠正，确保履行煤矿安全行政执法职责准确、到位。

（三）事后监督

事后监督，就是在行政执法活动结束后，执法监督部门通过查阅行政执法活动过程中形成的案卷及相关材料或者组织相关人员召开座谈会等方式，对已经完成的执法行为进行监督检查，总结好的做法和经验，对发现的问题采取相应的措施或者责令引以为戒。事后监督是较为常见的一种执法监督方式，也是非常重要的执法监督方式。严格的事后监督，能够深刻总结出执法过程中积累的经验、教训和存在的不足，能够及时、准确地判断出执法机构及其执法人员的实际执法状况，为有针对性地提升执法水平和执法质量提供明确的努力方向，大力推进执法水平、执法质量的提升和执法效能的增强，促进煤矿企业不断强化和改进安全生产工作，实现安全发展。

二、执法监督的形式

在煤矿安全行政执法监督活动中，执法监督的形式主要有以下几种。

（一）上级对下级实施监督

上级对下级实施监督，就是指上级煤矿安安全行政执法机构采取一定的执法监督措施，对下级煤矿安全行政执法机构的煤矿安全行政执法活动情况实施的监督。上级对下级实施监督是最为常见、也是最为有效的煤矿安全行政执法监督形式。

一般情况下，上级对下级实施监督，在煤矿安全行政执法领域包括两种情形：一种情形是在地方各级人民政府煤矿安全生产监督管理部门之间，上级政府煤矿安全生产监督管理部门对下级政府煤矿安全生产监督管理部门实施的监督；另一种情形是上级国家煤矿安全监察机构对下级国家煤矿安全监察机构实施的监督。上级煤矿安全行政执法机构可以对下一级煤矿安全行政执法机构实施监督，也可以越级实施监督，下级煤矿安全行政执法机构都应当自觉接受监督。

上级煤矿安全行政执法机构对下级煤矿安全行政执法机构实施执法监督，应当组成执法监督组，配齐相关符合工作要求的执法监督人员，制订详细的工作方案，对下级煤矿安全行政执法机构及其执法人员履行执法职责情况，依法依规实施监督。

（二）单位内部实施监督

单位内部实施监督，就是指煤矿安全行政执法机构内部设立的执法监督部门，采取一定的执法监督措施，对本单位内部有关负责煤矿安全行政执法工作的部门开展执法活动情况实施的监督。单位内部实施监督是一种十分重要的执法监督形式，也是一种重要的内部自我纠偏途径，能够及时发现和纠正执法活动中存在的问题。

要做好单位内部执法监督工作，首先，要认识到位，明确执法监督工作在推进依法行政、规范执法中的重要意义，由主要领导担任本单位执法监督工作的主要负责人，全力推进执法监督工作；其次，要建立健全执法监督相关工作制度，规范有序开展好各项执法监督工作；第三，要明确具体的承担执法监督工作的部门，并根据工作需要确定相应的工作人员；第四，要抓好执法监督人员业务知识及能力培训，不断提升其工作水平；第五，对执法监督工作开展情况本身也要进行监督检查，确保执法监督到位、有力、有效；第六，对执法监督过程中发现的问题要及时依法依规予以处理，让执法部门及执法人员引以为戒。

（三）开展交叉监督活动

交叉监督，就是上级煤矿安全行政执法机构组织下级煤矿安全行政执法机构相互之间开展执法监督活动。交叉监督是一种特别的执法监督形式，一般情况下，下级煤矿安全行政执法机构之间开展执法监督活动都会以共同的上级煤矿安全行政执法机构的名义进行，因为它们本身并没有对其他同级别煤矿安全行政执法机构进行执法监督的职权，它们只能是受共同的上一级煤矿安全行政执法机构的委托而进行，如果没有受委托，它们相互之间是不可能开展执法监督活动的。比如，国家煤矿安全监察局可以组织各省级煤矿安全监察机构开展交叉监督活动，让各省级煤矿安全监察机构以国家煤矿安全监察局名义对其他省局进行监督检查，但各省级煤矿安全监察机构之间不可能自行开展相互监督活动，因为它们都没有这个职权。

交叉监督有利于促进各个煤矿安全行政执法机构在对其他煤矿安全行政执法机构进行监督的过程中，通过总结其他执法单位好的做法、经验和存在的问题，达到相互学习、相互交流、共同提高的目的。

组织开展交叉监督活动的上级煤矿安全行政执法机构，应当制定详细的活动方案，明确开展监督活动的具体时限、内容、工作任务等，并加强对监督活动开展情况的指导及督促，避免流于形式、走过场，确保交叉监督活动顺利进行、取得实效。

三、执法监督的方法

由于在不同的执法监督环节，执法监督工作的内容有所不同，具体的执法监督方法会有所差异，而且，每次组织开展执法监督活动的目的不同，所采用的执法监督方法也会有所不同。煤矿安全行政执法机构在组织开展执法监督活动过程中，应当根据执法监督工作的实际需要，确定所采用的具体执法监督方法，确保监督活动取得实效。在煤矿安全行政执法监督活动中，主要的执法监督方法有以下几种，这些方法可以单独使用，也可以结合在一起使用。

（一）综合监督

综合监督，就是指煤矿安全行政执法监督主体对被监督对象履行煤矿安全行政执法法定职责情况进行全面的监督活动。可以说，综合监督是对被监督对象履行行政执法职责情况的一次全面考核，监督主体要对被监督对象履行各项法定职责情况逐一进行检查，并对整体履职情况作出客观的评价。由于综合监督涉及的工作内容较多、工作任务较重，监督主体应当组成专门的执法监督组，配备能够满足工作需要的工作人员，安排足够的时间，并制定详细的工作方案，确保监督活动顺利进行。由于综合监督事实上是一次对被监督对象执法情况的全面考核和评价，而执法工作的效果往往要经过一段较长的期限才能体现出来，所以，综合监督的次数不宜太多，一般以一年组织开展1～2次综合监督活动为宜，否则综合监督的意义就难以体现出来。

（二）专项监督

专项监督，就是指煤矿安全行政执法监督主体对被监督对象履行某一方面或者某一项煤矿安全行政执法职责情况进行的专门监督活动。专项监督的具体内容可以由执法监督主体根据年度执法监督工作重点或在执法活动中反映出来的突出问题确定，可以是上级机关交办的事项，也可以根据人民群众或执法相对人反映的执法中存在的问题确定。比如，执法监督主体认为，被监督对象在一定时期内行政处罚自由裁量权的行使方面问题较多，可以对被监督对象行使行政处罚自由裁量权情况组织开展专项执法监督活动；又如，行政执法相对人反映某被监督对象在煤矿安全行政执法活动中存在滥用职权行为，煤矿安全行政执法监督主体可针对反映的问题组织进行专题调查，并对调查中发现的问题及时依法依规予以处理。一般来说，专项监督的内容比较单一，便于对相关问题进行深入剖析，有利于解决一些煤矿安全行政执法活动中存在的深层次问题，所以，煤矿安全行政执法监督主体应当充分运用这一种监督方法，着力解决煤矿安全行政执法活动中存在的突出问题。

（三）现场同步监督

现场同步监督，就是指煤矿安全行政执法监督主体安排执法监督人员现场参与被监督对象具体的现场行政执法活动，同步监督检查被监督对象现场实际履行执法职责情况的活动。现场同步监督，一方面能够直接、准确地观察被监督对象现场执法实际情况，掌握第一手资料；另一方面，由于有监督人员在场，被监督对象会更加严格地要求自己，同时，对现场监督中发现的问题，监督人员也可以及时要求予以纠正或处理，有利于提升被监督对象现场执法的质量。现场同步监督的优点在于，能够在现场及时发现并处理被监督对象在执法活动中存在的问题，而且这些问题一般都可以在执法行为生效前就得到相应的处理，能够有效防范违法或者不当执法行为的发生。所以，如果执法主体决定对被监督对象的现场执法情况进行监督，采取现场同步监督方法是一种理想的选择。

（四）现场跟踪监督

现场跟踪监督，就是指煤矿安全行政执法监督主体安排执法监督人员，在不告知被监督对象的情况下，对被监督对象在一定期限内实施过现场执法活动的煤矿企业的生产现场进行跟踪监督检查，以确定被监督对象实际履行执法职责情况的活动。现场跟踪监督的优点在于，监督主体与被监督对象都是独立开展工作的，被监督对象事先也不知道自己的执法行为会被跟踪监督。所以，监督主体通过现场跟踪监督，能够发现被监督对象最真实的执法状况。需要强调的是，由于煤矿企业井下生产活动的动态性，现场跟踪监督的时间与被监督对象实施执法行为的时间之间的间隔不宜过长，一般不宜超出一周的时限，如果间隔时限过长，煤矿井下实际生产活动场所和状态都可能已经发生变化，难以确定被监督对象当时实施执法行为的客观性，也即难以准确了解被监督对象实施执法行为时煤矿生产现场的实际状况，这样也就难以对被监督对象的执法行为作出准确、客观的判断，执法监督的目的难以达到。当然，只要间隔时限比较短，这一缺陷是可以避免的。

还要注意的是，由于现场跟踪监督与被监督对象的执法行为之间不是同步的，而监督主体本身也是煤矿安全行政执法机构，所以，在对煤矿企业进行现场跟踪监督之后，存在一个实施跟踪监督过程中发现的煤矿企业存在的安全生产违法行为如何处理的问题。这时，煤矿安全行政执法监督主体承担着两项工作职责，一方面，对于被监督对象来说，是执法监督活动；另一方面，对于煤矿企业来说，也是一个现场执法活动。所以，在现场跟踪监督过程中发现的煤矿企业存在的安全生产违法行为，监督主体应当依法予以处理。至于发现的煤矿安全生产违法行为是在被监督对象对煤矿企业实施执法活动时就已经存在，还是在执法活动结束后才出现的，执法监督主体也应当根据实际情况进行认定。如果有足够的证据证明现场跟踪监督过程中发现的煤矿安全生产违法行为在被监督对象实施执法活动时就已经存在，只是被监督对象未能发现，那就说明被监督对象的执法行为至少是有瑕疵的。

（五）案卷评查

案卷评查，就是指煤矿安全行政执法监督主体通过查阅、比较被监督对象在实施煤矿安全行政执法活动中形成的案卷材料，对被监督对象履行法定职责情况进行监督的活动。煤矿安全行政执法活动中形成的案卷材料，主要有现场处理案卷、行政处罚案卷、行政强制案卷、生产安全事故调查处理案卷、实施煤矿安全行政许可项目案卷等，执法监督主体可以根据监督工作需要对上述案卷材料进行评查。案卷评查是一种事后监督，而行政执法案件一旦结案，形成的案卷材料是不能更改的，所以，对于在案卷评查中发现的问题，监督主体只能要求被监督对象今后不再出现相同的错误，而不能要求更改案卷材料。当然，在案卷评查中发现被监督对象确实存在违法或不当的执法行为，应当依法作出相应的处理。

为保证案卷评查效果，案卷评查一般采取案卷评比的方式进行，也即将多个被监督对象的同类案卷进行评比，通过评比让多个被监督对象看到相互之间的差距，以督促各个被监督对象不断提升执法水平和执法质量。为保证案卷评比的客观性，使各单位参评案卷能真实反映该单位执法实际情况，参评案卷应当采取随机抽取的方式确定。而且在案卷评比活动中，应当成立独立的案卷评审组，制定科学的评审标准，对每一份案卷进行认真评审，确保评比结果的客观性、公正性。

当然，案卷评比不是案卷评查的唯一方式，案卷评查也可以采取直接评查的方式，对某个被监督对象的某类案卷进行评查，并将评查结果及时反馈被监督对象，同时对在案卷评查中发现的问题作出相应的处理。

（六）执法评议

执法评议，就是指煤矿安全行政执法监督主体通过查阅资料、召开座谈会、个别询问等措施，全面了解、掌握被监督对象实施煤矿安全行政执法活动实际状态，并对被监督对象履行法定职责情况进行评定的监督活动。执法评议应当坚持客观、公平、公正、公开的原则。实际上，执法评议是煤矿安全行政执法监督主体对被监督对象履行煤矿安全行政执法职责情况所进行的综合性评定，被评议的对象可以是单位、部门，也可以是行政执法人员。执法评议也是一种事后监督，但是，执法评议的范围比案卷评查的范围要广泛得多，执法监督主体可以对被监督对象的所有与执法活动有关的行为进行评议，而案卷评查的范围仅限于执法案卷材料。执法评议可以采取的具体措施也比案卷评查多，案卷评查一般只能查阅已经结案归档的案卷材料，而执法评议不但可以查阅书面材料，还可以通过采取召开座谈会、个别询问等措施，直接了解有关情况。

一般情况下，执法监督主体应当根据被监督对象制定和实施执法计划、现场检查、现场处理、行政处罚、行政许可、检查指导地方煤矿安全监管工作、事故调查处理情况和组织听证、行政复议、行政诉讼结果等，结合辖区内煤矿安全生产实际情况，定期组织开展执法评议活动。当然，组织开展执法评议活动的频率也不宜太高，一个年度组织开展一次或两次即可，否则执法评议的效用就难以体现出来。

由于执法评议是执法监督主体对被监督对象履行法定职责情况所进行的一次综合性评定，执法监督主体应当制定可行的工作方案和科学的评议标准，并组成专门的执法监督工作组，对被监督对象履行法定职责情况进行全面、客观的评议。执法监督主体每次组织开展执法评议活动都应当形成评议结果，并针对发现的问题和存在的不足提出改进意见和建议。评议结果应纳入单位、部门绩效和执法人员年度考核的范围。当然，如果在组织开展执法评议活动中发现被监督对象确实存在违法或不当的执法行为，应当依法作出相应的处理。

（七）实施重大执法决定法制审查制度

根据依法行政及建设法治政府的基本要求，煤矿安全行政执法机构应当建立健全重大行政执法决定法制审查制度，并认真予以实施。法制审查，就是指煤矿安全行政执法机构在作出重大行政执法决定前，由法律专业人员对拟作出的行政执法决定是否符合相关法律法规的规定进行审查，并根据法律专业人员提出的审查意见作出相应决定的活动。对重大煤矿安全行政执法决定进行法制审查是一种特殊的执法监督活动，属于事前监督。事前进行法制审查能够确保重大执法决定的法制，有效防范违法或不当执法行为的发生。

为保障重大行政执法决定法制审查工作的规范进行，确保审查质量及效果，煤矿安全行政执法机构应当配备或者聘请法律专业人员负责承担法制审查工作，并为法律专业人员开展相关工作提供必要的条件。比如，规定重大执法决定讨论会议必须有法律专业人员参加、法律专业人员有权调阅相关执法资料等。负责重大执法决定法制审查工作的法律专业人员应当从拟作出执法决定的主体、内容、程序、证据材料收集等方面进行严格、细致的审查，并提出明确的审查意见。煤矿安全行政执法机构应当根据法制审查意见作出相应的执法决定。

（八）严格执行重大行政处罚集体讨论决定制度

按照煤矿安全生产相关法律法规的规定，煤矿安全行政执法机构对煤矿企业或煤矿安全服务机构及其从业人员存在的严重安全生产违法行为拟给予责令停产停业整顿、责令停产停业、责令停止建设、责令停止施工、吊销有关许可证、撤销有关执业资格或者岗位证书、5 万元以上罚款、没收违法所得、没收非法开采的煤炭产品或者采掘设备价值 5 万元以上等行政处罚的，应当由煤矿安全行政执法机构的负责人集体讨论决定。集体讨论决定，就是指当煤矿安全行政执法机构拟对行政相对人给予上述重大行政处罚时，不能由执法机构主要负责人或其他负责人单独决定，而应当组织召开执法单位所有负责人或多数负责人参加的会议，经负责人集体充分讨论后作出相应的行政处罚决定。一般情况下，集体讨论决定，应当按多数负责人的意见作出决定。这里需要注意的是，我们说重大行政处罚应当集体讨论决定，并不是说其他行政处罚就不能集体讨论决定，如果煤矿安全行政执法机构根据执法实际认为其他行政处罚需要集体讨论决定的，也可以由执法单位负责人集体讨论决定。

重大行政处罚集体讨论决定也是一种特殊的执法监督活动，也是一种事前监督。事实上，要求煤矿安全行政执法机构在作出重大行政处罚决定前进行集体讨论，其主要目的就是要在事前对拟作出的行政处罚决定所认定的违法事实、所引用的法律法规、所收集的证据材料、所存在的各种违法情节等进行充分的讨论和审查，以确保作出的行政处罚决定做到事实清楚、证据确凿、处理恰当、引用法律法规准确，尽量避免执法纠纷的发生。由此可见，所谓集体讨论决定的本质就是一种十分有效的煤矿安全行政执法机构内部自我监督检查活动。需要注意的是，集体讨论决定一定要做到由执法单位负责人集体充分讨论决定，让所有负责人都充分发表意见，要坚决避免主要领导一言堂，当然，也要避免议而不决，影响执法活动的时效性。

（九）严格执行重大行政处罚备案制度

重大行政处罚备案，就是指县级以上煤矿安全行政执法机构作出规定的重大行政处罚决定后，在一定期限内将行政处罚决定相关内容报上一级煤矿安全行政执法机构备案，主动接受上级煤矿安全行政执法机构监督的活动。行政处罚备案是一种事后监督，上级煤矿安全行政执法机构发现下级煤矿安全行政执法机构备案的行政处罚决定违法或者不当的，应当依法采取相应措施予以处理。

按照煤矿安全相关法律法规的规定，在煤矿安全行政执法活动中，重大行政处罚采取分级备案的方式进行备案。县级煤矿安全行政执法机构作出给予 5 万元以上罚款，没收违法所得，没收非法生产的煤炭产品或者采掘设备价值 5 万元以上，责令停产停业、停止建设、停止施工、停产停业整顿，吊销有关资格、吊销岗位证书或者许可证的行政处罚决定的，应当自作出行政处罚决定之日起 10 日内报设区的市级煤矿安全行政执法机构备案。设区的市级煤矿安全行政执法机构或煤矿安全监察分局作出给予 10 万元以上罚款，没收违法所得，没收非法生产的煤炭产品或者采掘设备价值 10 万元以上，责令停产停业、停止建设、停止施工、停产停业整顿，吊销有关资格、吊销岗位证书或者许可证的行政处罚决定的，应当自作出行政处罚决定之日起 10 日内报省级煤矿安全行政执法机构备案。省级煤矿安全行政执法机构作出给予 50 万元以上罚款，没收违法所得，没收非法生产的煤炭产品或者采掘设备价值 50 万元以上，责令停产停业、停止建设、停止施工、停产停业整顿，吊销有关资格、岗位证书或者许可证的行政处罚决定的，应当自作出行政处罚决定之日起10日内报国家煤矿安全监察局备案。对上级煤矿安全行政执法机构交办的案件给予行政处罚的，由作出行政处罚决定的煤矿安全行政执法机构自作出行政处罚决定之日起10日内报上级煤矿安全行政执法机构备案。

执行重大行政处罚备案制度要避免流于形式，下级煤矿安全行政执法机构必须在规定期限内将已经作出的重大行政处罚决定相关内容报上一级煤矿安全行政执法机构备案，以便上级煤矿安全行政执法机构及时掌握和监督下级煤矿安全行政执法机构实施重大行政处罚活动情况；上级煤矿安全行政执法机构应当认真审核下级煤矿安全行政执法机构备案的重大行政处罚决定相关内容，对发现的问题及时依法依规作出相应的处理。

（十）实施规范性文件审查制度

这里所称规范性文件，是指由有权的煤矿安全行政执法机构制定并发布实施的，在一定范围、时间内对执法相对人具有普遍约束力的文件。所谓规范性文件审查，就是指煤矿安全行政执法机构在出台规范性文件之前，对规范性文件从必要性、可行性、合法性等方面进行严格的审议和评定的活动。由于煤矿安全行政执法机构出台的规范性文件往往涉及执法相对人权利和义务的调整，稍有不慎，容易引发执法纠纷，所以，规范性文件的审查一般由煤矿安全行政执法机构的法制部门负责，其主要目的是确保规范性文件符合相关法律法规的规定，提前防范执法纠纷的发生。由此可见，规范性文件审查也是一种内部执法监督活动，且属于事前监督。

从煤矿安全行政执法实践效果来看，随着国家煤矿安全法律制度体系的逐步完善，在煤矿安全行政执法活动中，规范性文件的作用和价值在逐步减弱，煤矿安全行政执法机构应当尽量减少制定和出台规范性文件的数量。对于在行政执法实践中发现的确实需要予以规范的煤矿安全生产行为，应当按照规定的程序提请立法部门及时修订相关煤矿安全法律制度予以完善。

第五节　煤矿安全行政执法监督的实施

一、建立健全执法监督机构

如果没有具体的组织机构予以实施，任何一项工作都无法落到实处。执法监督工作也一样，如果没有相应的组织机构进行实际实施，执法监督也不过是一句空话而已。所以，要抓好执法监督工作，首先要建立健全相应的组织机构，并配备符合要求的工作人员。根据建设法治政府依法行政的基本要求，凡具有独立法人主体资格的煤矿安全行政执法机构都应当设立执法监督部门，具体包括以下三个层面的内容：一是设立执法监督领导小组；二是设立执法监督工作部门；三是配备相应的执法监督工作人员。

（一）设立执法监督领导小组

由于执法监督工作有其特殊性，涉及所有与煤矿安全行政执法活动有关的工作事项，开展工作难度大，需要协调处理的事项较多，牵涉面往往较大，而且执法监督工作只能以执法主体的名义实施。所以，为保障执法监督工作顺利、有效开展，煤矿安全行政执法机构应当设立执法监督领导小组，加强对执法监督工作的领导，统一安排、协调、处理执法监督工作有关事项，强化执法监督工作力度。一般情况下，执法监督领导小组的组长由煤矿安全行政执法机构的主要负责人担任，其他负责人为副组长，成员为煤矿安全行政执法机构内设与执法工作有关的工作部门相关负责人组成。这样组成的执法监督领导小组，能够充分吸纳各方意见，有助于作出较为科学、客观的执法监督工作相关决定。当然，执法监督领导小组只是一个议事、协调组织，不是专设的机构。一般来说，为保证执法监督领导小组议定事项的落实，执法监督领导小组往往下设办公室在本单位负责履行执法监督职责的工作部门，执法监督具体工作由负责履行执法监督职责的工作部门组织实施。

（二）设立执法监督部门

要做好执法监督工作，仅仅有执法监督领导小组是不够的，还要设立负责履行执法监督职责的具体工作部门，只有这样，执法监督工作才有可能真正落在实处。当然，煤矿安全行政执法机构根据本单位机构编制配置情况及执法监督工作实际需要，可以设立专门负责执法监督工作的部门。比如，执法监督处、执法监督科等，也可以明确由本单位某个内设部门负责承担执法监督工作职责。一般情况下，省级煤矿安全行政执法机构及设区的市级煤矿安全行政执法机构可以设立专门的执法监督部门，因为这两个层级的煤矿安全行政执法机构除了组织开展少量现场执法活动以外，主要的工作任务是检查、指导下级煤矿安全行政执法机构履行好执法职责，执法监督是他们重要工作内容之一，所以，设立专门的执法监督部门也有利于履行好本单位工作职责。而县级煤矿安全行政执法机构则由于现场执法任务繁重，一般不设立专门的执法监督部门，执法监督工作往往由执法机构负责法制工作的部门或综合部门承担，执法监督的主要任务是对本单位内设执法工作部门或派出执法组织及其执法人员履行执法职责情况进行监督检查。

（三）配备执法监督人员

执法监督人员的配备涉及两个方面：一是人员的数量；二是任职条件。一般情况下，省级煤矿安全行政执法机构及设区的市级煤矿安全行政执法机构执法监督部门应当配备 2 名以上专职执法监督人员。县级煤矿安全行政执法机构应当配备 2 名以上专（兼）职执法监督人员。由于执法监督涉及各项煤矿安全行政执法工作，必须熟悉各项煤矿安全行政执法业务，否则难以胜任工作，所以，执法监督工作人员应当具备煤矿安全行政执法业务知识，且依法取得行政执法证件，具备行政执法资格。比如依法取得煤矿安全监察执法证、行政执法工作证等，并具备 3 年以上煤矿安全行政执法工作经历。

二、建立健全执法监督制度

完善的制度是开展好执法监督工作的基础，煤矿安全行政执法机构应当建立健全相关制度，形成完善的执法监督制度体系，为规范、有序开展好执法监督工作提供制度保障。执法监督制度应当包括执法监督部门的设置、执法监督人员的配备、执法监督的内容及方式、执法监督中发现的有关问题的处理等方面的内容。

三、抓好日常监督

根据建设法治政府的要求，煤矿安全行政执法活动延伸到哪里，执法监督工作就应当延伸到哪里，所以，执法监督工作的重点在于抓好日常监督。抓好日常监督也是充分发挥执法监督效用的基本要求，因为只有抓好日常监督，才能及时发现并纠正或处理执法活动中出现的问题，确保依法行政、规范执法，有效防范执法纠纷的发生。

日常监督主要包括下列工作：一是督促执法人员牢固树立依法行政理念，加强煤矿安全行政执法相关法律法规及国家基本法律制度的学习，不断提升法律素养，增强执法能力；二是督促检查全面履行各项煤矿安全行政执法职责情况；三是对年度、季度、每月执法计划的制定及实施情况进行监督检查；四是督促检查实施规范性文件审查制度情况；五是督促检查实施重大执法决定法制审查制度情况；六是适时开展现场同步执法监督活动；七是适时开展现场跟踪执法监督活动；八是督促检查执行重大行政处罚集体讨论决定制度情况；九是督促检查执行重大行政处罚备案制度情况，并对备案的重大行政处罚决定进行审查，发现存在重大问题的，及时作出相应处理；十是结合本单位执法工作实际，采取多种方式，随时开展执法文书抽查点评活动，不断推动提升执法质量及执法效能。

在执法监督活动中，执法监督人员有权调取、查阅、复制和摘抄执法文书、案卷、台账、记录和档案等资料，有权向当事人询问有关情况。被监督单位及其有关人员应当积极配合执法监督人员的工作，如实反映情况，主动接受监督，不得拒绝、阻挠或变相阻挠执法监督工作。

四、实施定期监督

定期监督一般是全面性的执法监督活动或专业特点比较突出的专项执法监督活动。所以，开展的次数不宜太多，时间间隔也不宜太短，否则难以体现出定期监督的效果。

定期监督主要包括下列工作：一是定期组织开展综合性执法监督活动，对煤矿安全行政执法机构履行煤矿安全行政执法职责情况进行全面监督检查，综合性执法监督活动以一年组织开展一次为宜；二是定期组织开展执法评议活动，省级和设区的市级煤矿安全行政执法机构应当每年至少对下级煤矿安全行政执法机构及本单位内部执法部门组织开展一次执法评议活动，县级煤矿安全行政执法机构应当根据执法工作实际定期组织开展执法评议活动；三是定期组织开展执法案卷评查活动，对煤矿安全行政执法活动中形成的现场处理案卷、行政处罚案卷、行政强制案卷、行政许可案卷、事故调查处理案卷进行评查，评查结果应当在一定范围内通报，对发现的普遍性问题应当提出整改措施和要求；四是定期组织开展交叉执法监督活动；五是定期组织开展走访执法对象、下级煤矿安全行政执法机构及煤炭行业管理部门的活动，详细了解本单位执法人员在执法活动中坚持严格执法、规范执法、公正执法、文明执法相关情况，并听取有关执法工作的意见和建议，不断改进执法工作。

五、开展专案调查

对于在日常监督或定期监督中发现的严重执法问题以及执法对象或群众举报反映的严重执法问题，煤矿安全行政执法机构应当组成专门的执法监督组进行专案调查，并根据调查结果作出相应处理。上级机关交办的严重执法问题，也可以进行专案调查。

专案调查一般是由上级煤矿安全行政执法机构针对下级煤矿安全行政执法机构在执法活动中存在的严重执法问题组织开展。专案调查应当组成专门的执法监督组进行调查核实，并形成书面调查核实报告，煤矿安全行政执法机构应当根据调查核实报告作出相应的决定。对于经调查核实不存在违法或不当执法行为的，应当予以澄清；对于经调查核实确实存在严重的违法或不当执法行为的，应当对因其造成的不良后果做妥善处理，同时移送相关部门对有关责任单位和责任人员依法依规追究相应的责任。

六、正确处理执法监督中发现的问题

对于执法监督中发现的问题，应当按下列措施予以处理。

（一）一般性问题的处理

一般性问题是指情节比较轻微、影响较小、没有造成严重后果、容易整改的问题。执法监督中发现的一般性执法问题，可以采取内部书面通报、内部会议通报、面对面反馈意见等方式要求被监督单位引以为戒、对照整改。对于执法监督中发现的执法活动中存在的问题的整改，需要特别强调的是，我们不能直接对已经生效的行政执法文书或已经归档的执法案卷材料进行修改，而只能依法采取补救措施或在以后的执法活动中引以为戒。

（二）严重问题的处理

严重问题是指违法事实认定不清、执法程序不符合要求、适用法律法规错误、收集的证据缺乏客观性等等直接影响执法行为效力的问题。执法监督中发现的严重问题，负责执法监督工作的部门应当制作记载有被监督单位名称、认定的事实和理由、处理的决定和依据、执行处理决定的方式和期限等内容的执法监督意见书，报本单位主要负责人批准后予以下达。执法监督意见书应当下达给具体的某个被监督单位，涉及多个被监督单位的，应当分别下达，同时根据执法监督工作需要抄送其他煤矿安全行政执法机构。被监督单位应当严格按照执法监督意见书的要求予以整改。被监督单位对执法监督中发现的问题不认真整改的，应当对被监督单位或相关执法人员给予通报批评、约谈，情节严重的给予相应的纪律处分。

（三）缺陷执法文书的处理

已经下达的执法文书需要补正、更正的，应当以书面形式补正、更正或重新制作并下达执法文书。煤矿安全行政执法机构在执法活动中有下列情形之一的，应当以书面形式补正、更正或重新制作并送达执法文书：①文字表述错误或者数据计算错误的；②执法文书填写缺项、漏项的；③执法文书类型选择错误的；④其他应当补正或更正的情形。补正、更正通知应当以实施执法行为的煤矿安全行政执法机构的名义作出，并送达执法相对人；重新制作并下达执法文书的，应当按照法定程序实施，原下达的执法文书应当收回。

（四）遗漏或处理失当的违法行为的处理

煤矿安全行政执法机构在执法活动中有下列情形之一的，应当以行政执法方式予以补充处理，并根据需要下达执法文书：①对已经发现的煤矿安全生产违法行为未依法进行处理的；②对煤矿安全生产违法行为的处理措施存在错误、漏项或不当的；③其他应当采取补正措施的情形。这里需要明确的是，虽然只是补充处理，但仍然属于执法行为，必须严格按照法定程序及要求实施，而不能简化处理。补充处理只能由实施原执法行为的煤矿安全行政执法机构作出。

（五）严重违法或不当执法行为的处理

煤矿安全行政执法机构在执法活动中有下列情形之一的，应当予以撤销：①适用法律依据错误的；②违反法定程序的；③主要事实不清、证据不足的；④持有有效执法证件的执法人员不足 2 人的；⑤法律法规规定其他应当撤销的情形。撤销严重违法或不当执法行为的决定，应当由执法监督机构以书面形式作出。严重违法或不当执法行为被撤销后，原执法行为失效，被监督的煤矿安全行政执法机构应当根据执法实际需要，依法处理好后续相关事项。

（六）行政复议决定的执行

从本质上讲，行政复议也是一种执法监督。煤矿安全行政执法机构实施的执法行为被行政复议机关复议决定撤销、变更、确认违法或责令限期履行的，应当严格按照复议决定的要求，依法予以纠正。

（七）相关责任追究的实施

为保证执法监督的效果，在执法监督中发现的严重问题，应当严格追究相关责任单位及责任人员的责任，让相关责任单位及责任人员引以为戒，当然，责任追究应当依法进行。在执法监督中发现被监督单位及执法人员涉嫌违纪违法的，应当依照相关规定移交有关部门处理。比如，涉嫌违纪的移送纪检监察部门处理，涉嫌其他行政违法的移送其他有权的行政管理部门处理，涉嫌犯罪的移送司法机关处理。移送应当制作书面文书。对被监督单位及执法人员的责任追究，应当按照干部管理权限，依法依规实施。

七、推进煤矿安全行政执法相关制度建设

执法监督的目的是促进依法行政、规范执法、廉洁执法，所以，通过执法监督发现被监督单位在煤矿安全行政执法活动中存在的问题，只是执法监督工作的第一步，执法监督的重点在于通过分析和总结执法监督中发现的共性问题和突出问题，提出具体的、有针对性和操作性的改进意见，推进建立和完善各项煤矿安全行政执法工作制度并认真督促落实，不断提升执法质量和执法效能。

第七章　煤矿安全行政执法文书制作与管理

执法文书是煤矿安全行政执法活动的真实记录，对煤矿安全行政执法机构及其执法人员具有十分重要的意义。执法活动一旦结束，执法过程中形成的相关材料，特别是执法文书就有了其独立的存在价值，因为人们判断煤矿安全行政执法机构及其执法人员开展执法活动情况的唯一依据就是这些执法文书及相关材料。所以，煤矿安全行政执法机构要高度重视执法文书的制作工作，每个执法人员都要以高度的责任心精心制作好每一份执法文书，准确全面地记录好执法过程，使每一件执法案卷都经得起来自各方的监督。

第一节　煤矿安全行政执法文书概述

一、煤矿安全行政执法文书的概念

煤矿安全行政执法文书是煤矿安全行政执法机构及其执法人员在行政执法活动中，依照法定程序，并根据相关事实依据和法律法规的规定所制作的具有法律效力的公文。行政执法文书是连接煤矿安全行政执法机构与执法对象之间的纽带，是煤矿安全行政执法机构及其执法人员实施行政执法活动的具体体现和重要载体。规范制作和使用行政执法文书，对依法行政，严格执法，公正处理和有效遏制煤矿安全生产违法行为，防范煤矿生产安全事故的发生，提高煤矿安全行政执法水平等都能起到积极的促进作用。

二、煤矿安全行政执法文书的特征

煤矿安全行政执法文书具有下列特征。

（一）形成过程的特殊性

每一个煤矿安全行政执法机构都会在日常行政管理活动中形成很多公文，但是，煤矿安全行政执法文书是一种特殊的公文，它只能产生于行政执法活动过程中，且具有法律效力，能产生法律效果。当然，执法过程中形成的公文并不一定都是执法文书，但执法文书肯定是在行政执法活动中形成的。

（二）表现形式的规范性

煤矿安全行政执法文书的格式一般是由国家有权机关根据行政执法工作特点统一设计下发使用的，规定了每一种执法文书的适用范围、基本样式及需要填写的主要内容。所以，执法文书的形式一般都比较规范，能充分体现执法特点，并满足执法工作的需要。比如，全国各级国家煤矿安全监察机构使用的是国家煤矿安全监察局统一印发的执法文书格式；又如，地方煤矿安全监督管理机构所使用的执法文书格式一般也是由省级煤矿安全监督管理机构统一印发的。

（三）制作次序的固定性

一次煤矿安全行政执法活动中形成的各种执法文书并不是随意制作出来的，而是有着严格的次序规定，违反了规定的次序制作并下达的执法文书肯定难以实现执法目的。比如，除按简易程序实施的行政处罚外，煤矿安全行政执法机构对煤矿企业作出行政处罚决定时，应当先制作并下达行政处罚告知书，再制作并下达行政处罚决定书；如果未先下达行政处罚告知书即下达处罚决定书，煤矿企业即可以违反执法程序为由，申请行政复议或者提起行政诉讼，要求撤销行政处罚决定，行政处罚的目的就无法实现。

（四）表述内容的合法性

顾名思义，行政执法就是行政机关对行政相对人执行相关法律法规规定的情况进行监督检查。所以，作为行政执法载体的执法文书所表述的内容应当符合相关法律法规的规定，也即执法文书所认定的违法行为和据以作出现场处理、行政处罚或行政强制等行政决定的依据，都应当有相关法律法规明确的规定，否则会导致执法纠纷的发生。

（五）执行要求的强制性

从总体上看，煤矿安全行政执法文书的主要内容是煤矿安全行政执法机构依法对行政执法对象权利和义务作出的一种处置，这种处置是煤矿安全行政执法机构及其执法人员行政执法意志的具体体现，也是实现执法目的需要，所以，执法对象应当严格执行执法文书中作出的各项行政决定，否则将承担不利的法律后果。由此可见，执法文书的执行具有强制性，执法对象必须执行。

（六）执行后果的宣传性

执法文书的下达和执行的过程，本身就是一个宣传煤矿安全生产法律制度的过程，执法文书就是法制宣传教育的活素材，执法对象通过执行执法文书中作出的各项行政决定，明确了哪些是违法行为、哪些违法行为应当承担什么样的法律责任，必然对其及社会公众产生震慑、引导和教育示范的作用，能够产生很好的宣传教育效果。

三、煤矿安全行政执法文书的种类

目前，由国家煤矿安全监察局印发样式，并在全国各级国家煤矿安全监察机构执法活动中使用的执法文书有《国家煤矿安全监察现场检查笔录》《国家煤矿安全监察现场处理决定书》《国家煤矿安全监察撤出作业人员命令书》《国家煤矿安全监察复查意见书》《国家煤矿安全监察立案决定书》《国家煤矿安全监察调查取证笔录》《国家煤矿安全监察听证笔录》《国家煤矿安全监察行政处罚告知书》《国家煤矿安全监察行政处罚决定书》《国家煤矿安全监察行政处罚（行政复议）送达收执》《国家煤矿安全监察强制执行申请书》《国家煤矿安全监察涉嫌犯罪案件移送书》《国家煤矿安全监察移送书》《国家煤矿安全监察加强和改善安全管理监察意见书》《国家煤矿安全监察加强和改善安全管理建议书》《国家煤矿安全监察行政复议申请笔录》《国家煤矿安全监察行政复议调查笔录》《国家煤矿安全监察行政复议决定书》《国家煤矿安全监察案件结案报告》《国家煤矿安全监察档案卷内目录》《国家煤矿安全监察行政执法案卷（首页）》等21种，另外还印发了执法文书续页的样式。当然，并不是说国家煤矿安全监察行政执法文书只有这21种，将来国家煤矿安全监察局还可以根据执法工作的需要，印发新的执法文书种类，对现行执法文书也可以根据执法情况的变化，做相应的调整和完善。对于上述执法文书，负责对煤矿安全生产情况进行日常监管的地方各级人民政府煤矿安全生产监督管理机构，可以根据执法工作需要参照使用。

对于执法文书，我们可以根据不同的标准进行各种分类，上述21种煤矿安全行政执法文书，根据各种执法文书的用途，可以分为笔录性文书、决定性文书、通知性文书、公函性文书和档案性文书五类。比如，《国家煤矿安全监察现场检查笔录》属于笔录性文书，《国家煤矿安全监察行政处罚决定书》属于决定性文书，《国家煤矿安全监察行政处罚（行政复议）送达收执》属于通知性文书，《国家煤矿安全监察强制执行申请书》属于公函性文书，《国家煤矿安全监察案件结案报告》属于档案性文书。

第二节　煤矿安全行政执法文书的制作

一、制作煤矿安全行政执法文书的基本要求

制作执法文书是一项非常严肃的执法活动，为了保证执法文书的制作质量，确保执法目的的实现，煤矿安全行政执法机构及其执法人员制作煤矿安全行政执法文书应当严格遵循下列基本要求，以高度负责的态度，精

心制作每一份执法文书。

（一）文书适用要准确

每一种煤矿安全行政执法文书都有各自明确的适用范围，不能随意使用。在执法过程中，煤矿安全行政执法机构及其执法人员要严格按照各种执法文书的适用范围，准确使用好每一种执法文书，否则会影响到执法行为的效力。比如，我们不能用《现场处理决定书》作出行政处罚决定，因为《现场处理决定书》只能在作出非处罚性行政决定时使用；又比如，我们不能用《行政复议决定书》替代《行政处罚决定书》。

（二）文书种类要齐备

这里需要明确的是，文书种类齐备并不是指每一项执法活动中，都要使用所有种类的执法文书。我们知道，在执法活动中，不同种类的执法行为，其所要遵循的执法程序是不一样的，相应地，所要使用到的执法文书的种类也会有所不同。所以，在执法过程中，某种执法行为所应当使用的执法文书，必须全部使用，不能有遗漏，也即该有的执法文书必须有，但是，不该使用的执法文书，我们也不能使用。由此可见，不同种类的执法行为，对文书齐备的要求是不一样的。比如，某煤矿安全行政执法机构对某煤矿企业进行检查后只作出了现场处理决定，该执法行为中，只要有了《现场检查笔录》《现场处理决定书》和《复查意见书》，执法文书种类就已经齐备了。

（三）文书内容要真实

执法文书是执法活动的记录，是从属于执法活动而存在的，真实性是其最根本的特性。真实性要求，执法文书所记载的违法事实必须是客观存在的，而不能是执法人员猜测臆想得来的，更不能是故意虚构捏造出来的。为了佐证执法文书所认定违法事实的真实性，执法人员还应当根据需要，收集其他相关的证据材料，作为执法文书的附件一并予以保存。真实性还要求，执法文书中所引用的处罚依据，应当有明确的法律规定。

（四）文书语言要精练

执法文书是用语言文字形式把整个执法过程记录下来的，文书语言表述的质量和水平直接影响着执法活动的质量和效果。所以，执法文书的语言表述，一定要做到精准、简练，具体来讲，就是要做到语句通顺、文字简练、表达精准，不使用含义模糊的词语，不使用非专业术语和非法定计量单位。当然，要求语言精练，并不是一味地对语言文字进行精减，执法文书的内容还是要完整、全面，比如，违法事实应当表述完整，引用的法律法规应当清楚明确，执法对象的单位名称应当写明全称，等等。

（五）文书要素要完整

每一种执法文书都有很多要素要填写，如果这些要素填写错误或填写不完整，同样也会影响到执法文书的效力。所以，一份有效的执法文书，除了要做到使用准确、内容真实以外，还要做到要素填写完整。比如，在煤矿安全行政执法活动中使用最为普遍的《现场检查笔录》，除了准确记录现场检查过程中发现的事故隐患和安全生产违法行为以外，还要认真记录执法人员的姓名、现场检查时间、检查路线、陪同人员、单位相关证照号码以及被检查单位负责人签署的意见和签名等各项要素。特别是被检查单位负责人签署的意见和签名，直接影响《现场检查笔录》的证明力，必须填写清楚。

二、现场检查笔录的制作

（一）适用范围

现场检查笔录是煤矿安全行政执法机构依法对煤矿企业进行现场检查以后，专门记录煤矿企业现场安全生产实际情况时所采用的执法文书。现场检查笔录是一种十分重要的执法文书，是煤矿安全行政执法机构对煤矿企业现场检查情况的真实记录，具有重要的证据价值，所以，煤矿安全行政执法机构及其执法人员要高度重视该文书的制作。

（二）制作要求

1. 现场检查笔录应当在现场检查完毕后及时制作；进行现场检查的人员必须是具有行政执法资格的执法人员，而且人数不得少于两名；参加现场检查的执法人员和陪同检查人员都应当在现场检查笔录上签字。

2. 被检查单位或人员的名称要写明全称，不能用简称替代；被检查人员如果有曾用名，也要予以记明并附注身份证号码，以便准确认定身份。

3. 如果被检查单位是正常生产或改扩建的煤矿企业，经查证属实后，应当记明采矿许可证、安全生产许可证等有关行政许可证证号；如果被检查单位是新建的煤矿企业，经查证属实后，应当记明采矿许可证等有关行政许可证证号；对于没有依法取得相关行政许可或行政许可证过期、证照不全的，应当予以注明。

4. 进行现场检查的地点或路线要填写具体、准确，特别是井下检查路线，要准确记明所经过的主要检查地点，不能过于简略。

5. “检查情况”一栏，首先可以简要概述执法程序有关事项，比如执法人员表明身份情况等；其次要记明被检查人员或被检查单位的基本情况，比如被检查单位是生产矿井还是建设矿井，是否为高瓦斯或煤与瓦斯突出矿井，井下有几个采煤或掘进工作面，是否已经被有关执法机构责令停产整顿或停止建设等；第三要记明现场检查中发现的问题。

6. 对于现场检查中发现的违法行为或事故隐患，应当采用白描的方式，在现场检查笔录中予以客观、准确、具体的记录。既不能有意夸大违法行为或事故隐患的严重程度，也不能故意隐瞒事实，更不能虚构并不存在的违法行为或事故隐患；凡是能够用数字予以说明的违法事实，应当用具体的数字予以说明。

7. 被检查人员或被检查单位的负责人应当对现场检查情况以及在检查中发现的问题表明意见，同意的要写明“情况属实”，不同意的要说明理由，并签名；对于在现场检查中被检查单位的代表人不到场的，应当在现场检查笔录中予以注明，同时记明有无见证人的情况。

8. 现场检查笔录中所有被涂改过的地方，都应当由被检查人员或被检查单位负责人进行押印。

9. 针对现场检查笔录中涉及的一些重要问题，现场检查笔录可以附有其他材料，对上述问题做进一步的补充说明。

10. 现场检查笔录需要使用续页的，应当在续页上记明是第几页，并由被检查人员或被检查单位负责人押印。

（三）常见错误

1. 现场检查中发现的违法行为或事故隐患，在现场检查笔录中没有记录齐全。

2. 没有对煤矿企业的基本情况做简要说明，只记录现场检查中发现的问题，从现场检查笔录记录的内容中难以判断出煤矿企业生产或建设的基本情况。

3. 对现场检查中发现的违法行为或事故隐患的描述不具体、不全面，认定的违法事实不清。

4. 被检查人或被检查单位负责人对执法人员在现场检查中发现的问题不表明意见，对此未作说明。

5. 利用计算机、打印机等现代化工具制作的现场检查笔录，现场检查执法人员的姓名直接进行打印，而没有签字。

6. 现场检查笔录中涂改过的地方及续页页码处未由被检查人员或被检查单位负责人押印。

三、现场处理决定书的制作

（一）适用范围

现场处理决定书是煤矿安全行政执法人员依法对煤矿企业进行现场检查以后，针对检查中发现的煤矿企业不符合国家法律法规、国家安全标准、行业安全标准和行业技术规范等要求的违法行为，依法作出责令立即改正、停止作业、停止使用、限期整改等现场处理决定时采用的一种执法文书。

（二）制作要求

1. 要编填文书文号，文书文号是现场处理决定书的编号，文书文号一般按照“地区简称＋文书简称＋年份＋序号”的规则进行编填。

2. 被处理的行政执法相对人的名称要写明全称，不能简写。

3. 要记明现场检查中发现的煤矿企业存在的安全生产违法行为或事故

隐患，而且，认定的违法事实要与现场检查笔录相一致。

4. 现场处理决定的内容要具体、明确，比如责令立即停止作业、立即停止使用、某月某日前改正、某月某日前达到要求等，而且要有针对性，要能够达到纠正违法行为或消灭事故隐患的目的；对于某些违法行为，采用一种现场处理措施不能达到执法目的的，可以组合采用多种现场处理措施。

5. 要记明作出现场处理决定的日期，并加盖行政执法机构印章；现场执法人员要在现场处理决定书上签名。

6. 应当交付行政执法相对人，并由收件人在现场处理决定书上签名。

（三）常见错误

1. 现场处理决定书认定的违法事实与现场检查笔录不一致，也没有其他证据材料予以证明，违法事实不清。

2. 现场处理措施缺乏针对性，牛头不对马嘴，行政执法相对人无法执行。

3. 对于一些复杂的违法行为，不会组合采用多种现场处理措施，不能彻底解决现场存在的问题。

4. 有些需要限期解决的违法行为或事故隐患，规定的期限不科学，要么过长，要么过短；期限过长影响执法效率，期限过短煤矿企业在规定期限内难以完成。

四、撤出作业人员命令书的制作

（一）适用范围

撤出作业人员命令书是煤矿安全行政执法人员在进行现场检查时，发现煤矿企业生产或建设现场有威胁职工生命安全的紧急情况，需要责令立即停止作业、立即从危险区域撤出作业人员时采用的一种执法文书。

（二）制作要求

1. 要编填文书文号，文书文号是撤出作业人员命令书的编号，文书文号一般按照“地区简称＋文书简称＋年份＋序号”的规则进行编填。

2. 现场检查中发现可能危及职工生命安全的紧急情况时，执法人员要及时果断作出处置，立即制作下达撤出作业人员命令书；来不及下达书面命令的，应当先口头下达，撤出作业人员，事后及时补制执法文书，并交付相对人，执行时间从作出口头命令的时、分算起。

3. 要写明出现紧急情况的地点、紧急情况的具体内容、撤出作业人员的范围、命令生效时间和准许恢复作业的条件及要求。

4. 作业现场负责人要表明意见，同意的要写明“同意撤人”，不同意的要说明理由并签字。

5. 现场执法人员应当在文书上签字；文书应当加盖执法单位印章。

（三）常见错误

1. 发现可能危及职工生命安全的紧急情况时，没有及时下达撤出作业人员命令。

2. 现场口头下达了撤出作业人员命令，但事后没有补制执法文书并交付相对人。

3. 撤出作业人员的范围不明确或没有提出具体的恢复作业的条件。

4. 作业现场负责人没有表明意见，只签字。

五、复查意见书的制作

（一）适用范围

复查意见书是煤矿安全行政执法机构按照规定或依行政执法相对人申请，对行政执法相对人执行煤矿安全行政执法机构依法作出的现场处理决定的情况，进行现场复查并提出处理意见时采用的一种执法文书。

（二）制作要求

1. 要编填文书文号，文书文号是复查意见书的编号，文书文号一般按照“地区简称＋文书简称＋年份＋序号”的规则进行编填。

2. 要简要列出原作出的现场处理决定的主要内容，并写明执法文书编号；复查结果原则上应当与原现场处理决定书所涉及的内容相对应。

3. 应当作出具体、明确的复查结论，已经完成整改的指明已经完成整改，整改不符合要求的指明存在的不足并提出处理意见，完全没有进行整改的提出具体处理意见；对于复查中发现的新问题，也应当提出处理要求。

4. 要注明此次复查是“应你单位申请”还是“现整改期届满”（可画“√”认定）。

5. 行政执法相对人对复查结论应当表明意见，如“情况属实”“同意复查意见”等，并由负责人签名。

6. 复查人员应当在文书上签字，并注明复查时间；文书应当加盖单位印章。

（三）常见错误

1. 没有弄清楚现场处理决定书与复查意见书的区别，用现场处理决定书替代复查意见书。

2. 复查的内容与原现场处理决定书所涉及的内容不相对应。

3. 对经复查发现没有整改或尚未整改完毕的问题未提出处理意见。

4. 对复查中发现的新问题未提出处理意见。

5. 行政执法相对人对复查结论未表明意见。

六、立案决定书的制作

（一）适用范围

立案决定书是煤矿安全行政执法机构对案件进行初步核实后，拟对安全生产违法行为依法予以行政处罚，但还需要办理立案手续，对案件做进一步调查时采用的一种内部文书。

（二）制作要求

1. 除对煤矿及其有关人员违反安全生产法律法规的行为，对个人处以50元以下罚款、对单位处以1000元以下罚款或者警告的行政处罚外，其他应当给予行政处罚的，都应按行政处罚法规定的一般程序立案调查，并制作立案决定书。

2. 要编填文书文号，文书文号是立案决定书的编号，文书文号一般按照“地区简称＋文书简称＋年份＋序号”的规则进行编填。

3. “案由”一栏简要填写对案件的初步定性，如未取得相关行政许可案、隐瞒重大事故隐患案、某某事故案等。

4. “案情摘要”是对案件基本情况的简要描述，是作出是否立案决定的依据，所以，“案件摘要”一栏要写明案件的来源和主要违法事实；对于案件的来源，要写明是执法过程中发现、群众举报、相关机关移送或上级交办等；对于违法事实部分，应当突出重点，但也不能表述得太简单，已经初步认定的主要违法事实以及相关情况应当交代清楚。

5. 指定的案件承办人不能少于 2 人。

6. 审批人要写明是否同意立案的意见以及不同意立案的理由，并签名。

（三）常见错误

1. 按一般程序实施的行政处罚未办理立案手续，未制作立案决定书。

2. “案由”填写含糊不清，定性不明。

3. “案情摘要”中的案件来源部分，对于执法中发现的，未记明开展执法活动的方式、执法人员以及时间、地点等；对于群众举报的，未记明举报人姓名及举报时间等；对于接受移送或上级交办的，未记明移送机关或交办单位等。

4. “案情摘要”中的违法事实部分，主要违法事实未交代清楚，立案依据不明。

5. 指定的案件承办人少于两人。

6. 立案审批人未表明是否同意立案的意见或者对不同意立案的不说明理由。

七、调查取证笔录的制作

（一）适用范围

调查取证笔录是煤矿企业出现安全生产违法案件，煤矿安全行政执法机构为查明案情，依法向案件当事人、见证人等相关知情人员进行调查取证，并对被调查（询问）人的陈述进行记录时采用的一种执法文书。

（二）制作要求

1. “调查事由”一栏简要写明案件名称或调查取证的目的。

2. 调查取证的时间、地点和被调查询问人的基本情况要填写详细。

3. 调查取证人不能少于 2 人。

4. 调查取证的内容必须与案件有关，与案件无关的内容不得询问。

5. 调查询问应当采用一问一答的形式，但是，不得由执法人员对事实进行描述后，要求被询问人作出“是”或“不是”的回答。

6. 调查询问过程中，执法人员不得对当事人的行为是否违法作出评判，而只能对当事人的陈述做客观、准确的记录。

7. 文书涂改处要有被调查询问人的签名或押印予以确认；文书空白处应当以注明“以下空白”等方式予以处理。

8. 被调查询问人应当在笔录上逐页签名，并对笔录内容表明意见，如写明“以上笔录我已看过，符合本人口述”等，不能只签名，不签署意见。

9. 调查取证人和记录人都要在文书上签名。

10. 每调查询问一人，都应当单独制作一份笔录，且只针对当次调查询问。

（三）常见错误

1. 调查取证对象与案件没有直接的关系。

2. 笔录记录的内容与案件没有关系。

3. 笔录记录的事实不清。

4. 笔录涂改处没有被调查询问人的签名或押印。

5. 被调查询问人未对笔录内容表明意见。

6. 调查询问的执法人员只有一名。

7. 对漏记、错记的笔录内容未及时进行补充或更正。

八、行政处罚告知书的制作

（一）适用范围

行政处罚告知书是煤矿安全行政执法机构拟对煤矿企业煤矿安全中介机构及其从业人员的安全生产违法行为给予行政处罚时，在作出行政处罚决定前，将拟作出行政处罚决定的事实、理由、依据等告知行政相对人，并听取其陈述或申辩时采用的一种执法文书。

（二）制作要求

1. 要编填文书文号，文书文号是行政处罚告知书的编号，文书文号一般按照“地区简称+文书简称+年份+序号”的规则进行编填。

2. 要写明行政相对人的全称。

3. 应当全面、具体、准确地写明拟作出行政处罚决定的事实、理由及依据。

4. 行政相对人对煤矿安全行政执法机构拟对其作出的行政处罚决定应当表明并签署意见，如“接受处罚”“不接受处罚”“申请组织听证”等，拒绝接受处罚的应当注明理由。

5. 拟作出行政处罚决定告知人和文书收件人都要在文书上签名；如果收件人和对拟作出的行政处罚决定表明意见的人为同一人的，两处都要分别签名。

6. 对依法可以申请行政处罚听证的，要写明申请听证的期限及组织听证的单位全称。

7. 要写明拟作出行政处罚决定的煤矿安全行政执法机构的地址、邮政编码、联系人和联系电话。

8. 文书应当加盖单位印章。

（三）常见错误

1. 对拟作出行政处罚决定的事实、理由及依据的表述过于简略。

2. 行政处罚告知书和行政处罚决定书同时下达行政相对人。

3. 行政相对人对煤矿安全行政执法机构拟对其作出的行政处罚决定未表明并签署意见。

4. 当收件人和对煤矿安全行政执法机构拟作出行政处罚决定表明并签署意见的人为同一人时，没有在两处分别签字。

5. 行政相对人拒绝接受处罚的，未注明理由。

九、听证笔录的制作

（一）适用范围

听证笔录是煤矿安全行政执法机构针对煤矿企业及其从业人员存在的安全生产违法行为，在作出责令停止生产、停产整顿、吊销有关许可证、较大数额罚款（对个人处1万元以上的罚款，对单位处3万元以上的罚款）等行政处罚决定之前，经行政相对人申请，组织听证并对听证会组织、听证过程及听证内容进行记录时采用的一种执法文书。煤矿安全行政执法机构主动组织听证的，也应当制作听证笔录。

（二）制作要求

1. 在召开听证会前即做好相关准备。主要是提前阅读案件相关材料，分析掌握案情重点和关键，以便记录时突出要点；同时，还要熟悉相关专业术语、地名、人名等。

2. 要准确记明组织听证机关名称，听证的时间、地点、主持人、记录人及听证参加人；听证参加人包括案件承办人、行政相对人及其委托代理人、第三人及其委托代理人、证人、鉴定人、翻译人员等。

3. 要认真记录听证的全过程及参加听证各方的主张和理由，包括主持人核对听证会参加人并告知相关权利和义务的情况，行政相对人及其委托代理人和第三人及其委托代理人申请回避的情况，案件承办人对行政相对人违法事实、证据、处罚建议及依据的陈述，行政相对人及其委托代理人的陈述和申辩，第三人及其委托代理人的陈述，案件承办人、行政相对人及其委托代理人、第三人及其委托代理人之间相互质证和辩论的内容，案件承办人、行政相对人及委托代理人、第三人及其委托代理人的最后陈述，延期听证、中止听证及放弃听证的情况，等等。

4. 记录要反映参加听证各方的真实意思，要尽量记录原话，同时还要突出重点，详细记录各方存在的争议及针对存在的争议所进行的质证和辩论情况。

5. 笔录要交由听证参加人核对，听证参加人要在听证笔录上签名并表明意见，如签署“以上记录已阅，记录属实”“以上记录我已审核无误”等意见，不能只签名而不表明意见；认为记录有遗漏或差错的，可以进行补充或修改并押印确认；对于拒不签字的，应当记明情况。

6. 听证笔录要与听证申请、听证会通知、参加听证人员名单等相关材料一并存档备查。

（三）常见错误

1. 在召开听证会前未作准备或准备不足，未准确记录相关法律用语及专业术语等。

2. 记录内容不完整、不清楚，重点内容记录不详细。

3. 听证参加人没有在笔录上签字，也没有注明原因。

4. 补充修改过的地方未押印确认。

十、行政处罚决定书的制作

（一）适用范围

行政处罚决定书是煤矿安全行政执法机构及其执法人员针对煤矿企业煤矿安全中介机构及其从业人员存在的安全生产违法行为，作出行政处罚决定时采用的一种执法文书。

（二）制作要求

1. 要编填文书文号，文书文号是行政处罚决定书的编号，文书文号一般按照“地区简称 + 文书简称 + 年份 + 序号”的规则进行编填。

2. 被处罚单位（人）要认定清楚并写明全称，被处罚单位（人）的地址（住址）要填写清楚。

3. 认定的违法事实应当做到事实清楚、证据确凿充分。

4. 引用的法律依据要准确，要具体写明违反了哪部法律法规的哪一条、哪一款、哪一项、哪一目，不能只是简单地引用到“条”。

5. 要有明确的行政处罚种类（可能是一种，也可能是数种并处）、幅度、数额。

6. 行政处罚罚款的数额应当用中文大写表述，交纳罚款的期限、银行、地址、账号等要写清楚。

7. 要写明申请行政复议的期限和具体的申请行政复议的单位；要写明提起行政诉讼的期限。

8. 行政处罚决定书一经送达不得随意变更处罚决定内容。

9. 行政处罚告知书、行政处罚决定书和行政处罚送达收执等执法文书要正确结合使用。

10. 文书应当加盖单位印章。

（三）常见错误

1. 被处罚单位认定不清，不具有独立的主体资格。
2. 认定的违法事实不完整、不清楚。
3. 认定的违法事实没有证据支撑或证据不足。
4. 引用的法律法规不准确或引用错误。
5. 行政处罚罚款的数额没有用中文大写表述。
6. 没有写明申请行政复议和提起行政诉讼的期限。
7. 行政处罚告知书与行政处罚决定书关于处罚的内容不一致。
8. 行政处罚决定书送达后随意改变处罚内容。

十一、行政处罚（行政复议）送达收执的制作

（一）适用范围

行政处罚（行政复议）送达收执是煤矿安全行政执法机构作出行政处罚决定或行政复议决定后，向行政相对人送达行政处罚决定书或行政复议决定书时采用的一种执法文书。行政处罚（行政复议）送达收执记录的是

煤矿安全行政执法机构向行政相对人送达行政处罚决定书或行政复议决定书的情况。

（二）制作要求

1. 送达收执只有在送达行政处罚决定书或行政复议决定书时使用。

2. 要编填文书文号。

3. 要写明送达文书的名称和文书字号。

4. 送达地点要填写详细、具体。

5. 送达方式要写明是直接送达，还是委托送达、邮寄送达、留置送达、公告送达等。

6. 受送达人是单位的，应当由单位主要负责人或其他收件人在送达收执上签名，并注明收到时间；受送达人是个人的，应当由本人或受其委托的人在送达收执上签名，并注明收到时间。

7. 送达人也要在送达收执上签名，并注明送达时间。

8. 文书应当加盖单位印章。

9. 送达收执应当与行政处罚决定书或行政复议决定书一并交付行政相对人。

（三）常见错误

1. 没有编填文书文号。

2. 送达收执上记明的送达文书名称、文号与实际送达的文书名称、文号不一致。

3. 没有记明具体的送达方式。

4. 受送达人没有在送达收执上注明收到时间。

5. 送达人没有在送达收执上签名并注明送达时间。

十二、强制执行申请书的制作

（一）适用范围

强制执行申请书是煤矿安全行政执法机构在作出行政处罚决定后，行政相对人到期既不执行处罚决定，又不申请行政复议或提起行政诉讼，需要申请人民法院强制执行时采用的一种执法文书。煤矿安全行政执法机构申请人民法院强制执行的一般都是罚款的行政处罚。

（二）制作要求

1. 要编填文书文号，文书文号是强制执行申请书的编号，文书文号一般按照“地区简称＋文书简称＋年份＋序号”的规则进行编填。

2. 申请单位要写全称，法定代表人和委托代理人姓名和职务要写明。

3. 要写明被申请强制执行单位（人）的基本情况和详细地址。

4. 申请强制执行的项目要具体、明确，且属于人民法院受理案件的范围。

5. 正确选择管辖的法院，要向有管辖权的法院提出申请。

6. 强制执行申请书要附有申请执行的行政处罚决定书。

7. 强制执行申请书一般由煤矿安全行政执法机构的主要负责人签发。

8. 应当在规定的期限内向人民法院提出强制执行申请。

9. 文书应当加盖单位印章。

10. 执行结果要在结案报告中予以注明。

（三）常见错误

1. 申请强制执行的事项不属于人民法院受理案件的范围。

2. 被申请强制执行单位（人）的基本情况不明。

3. 申请强制执行的项目不明确。

4. 向没有管辖权的人民法院提出强制执行申请。

5. 强制执行申请书未附有申请执行的行政处罚决定书。

6. 超过法定期限后才提出强制执行申请。

十三、涉嫌犯罪案件移送书的制作

（一）适用范围

涉嫌犯罪案件移送书是煤矿安全行政执法机构在执法过程中发现煤矿

企业及其从业人员存在涉嫌犯罪行为，需要移送司法机关追究刑事责任时采用的一种执法文书。

（二）制作要求

1. 要编填文书文号，文书文号是涉嫌犯罪案件移送书的编号，文书文号一般按照“地区简称＋文书简称＋年份＋序号”的规则进行编填。

2. 不能与“移送书”相混淆。

3. 要明确移送的对象，写明被移送单位全称或被移送人员姓名和所属单位。

4. 要写明煤矿企业及其从业人员存在的涉嫌犯罪的主要违法事实及法律依据。

5. 要写明附件材料有几份几页，同时要在附件材料上注明移送文书的文号。

6. 要写明文书签发人及签发时间。

7. 要注明文书发送方式及发送时间。

8. 被移送单位的收件人要在文书上签名，并注明收件时间。

9. 文书应当加盖单位印章。

（三）常见错误

1. 用“移送书”替代“涉嫌犯罪案件移送书”。

2. 涉嫌犯罪的主要违法事实及法律依据不清。

3. 文书签发人没有在文书上签名。

4. 没有跟踪处理结果。

十四、移送书的制作

（一）适用范围

移送书是煤矿安全行政执法机构在执法过程中发现煤矿企业存在违法行为或不具备法定的安全生产条件，需要移送相关部门吊销采矿许可证、工商营业执照等许可证或者做其他行政处理时采用的一种执法文书。

（二）制作要求

1. 要编填文书文号，文书文号是移送书的编号，文书文号一般按照“地区简称＋文书简称＋年份＋序号”的规则进行编填。

2. 不能与“涉嫌犯罪案件移送书”相混淆。

3. 要明确移送的对象，写明被移送单位全称。

4. 要写明煤矿企业存在的主要违法事实、法律依据及具体的处理建议。

5. 移送单位的地址、邮政编码、联系人、电话等基本情况要写清楚。

6. 送件人和被移送单位的收件人都要签字，并注明送件和收件时间。

7. 要写明附件材料有几份几页，同时要在附件材料上注明移送书文号。

8. 文书应当加盖单位印章。

（三）常见错误

1. 文书适用不准确，有些告知性材料的发送，也制作移送书移送。

2. 对煤矿企业存在的主要违法事实表述不清。

3. 没有提出具体的处理建议。

4. 附件材料上未注明移送书文号。

十五、加强和改善安全管理建议书的制作

（一）适用范围

加强和改善安全管理建议书是国家煤矿安全监察机构在执法过程中发现煤矿企业存在的安全生产问题涉及有关地方人民政府，需要向有关地方人民政府提出加强和改善煤矿安全管理工作的重要建议时采用的一种执法文书。

（二）制作要求

1. 要编填文书文号，文书文号是加强和改善安全管理建议书的编号，文书文号一般按照“地区简称＋文书简称＋年份＋序号”的规则进行编填。

2. 要注意文书下达的对象，一般是地方人民政府。

3. 文书指出的问题，应当是涉及煤矿安全生产方面的重要问题。

4. 文书提出的建议应当是地方人民政府职责范围内应办理的工作内容。

5. 提出建议要及时，建议内容要有针对性，表述要准确、具体，语气要恰当。

6. 文书签发人应当在文书上签字，并注明签发日期。

7. 文书送件人及主送单位收件人都要签字，并注明送件和收件日期。

8. 文书附件上要注明建议书文号。

9. 文书应当报送上级煤矿安全监察机关。

10. 文书应当加盖单位印章。

（三）常见错误

1. 文书适用错误，用“加强和改善安全管理监察意见书”替代“加强和改善安全管理建议书”。

2. 文书指出的问题并不是煤矿安全生产方面的重要问题。

3. 文书提出的建议缺乏针对性，内容不具体，操作性不强。

4. 文书附件上没有注明建议书文号。

5. 没有跟踪落实情况。

十六、加强和改善安全管理监察意见书的制作

（一）适用范围

加强和改善安全管理监察意见书是国家煤矿安全监察机构在执法过程中发现煤矿企业存在的安全生产问题涉及有关地方人民政府煤矿安全监督管理部门或国有大型煤矿企业，需要向有关地方人民政府煤矿安全监督管理部门或国有大型煤矿企业提出加强和改善煤矿安全生产管理的监察意见时采用的一种执法文书。

（二）制作要求

1. 要编填文书文号，文书文号是加强和改善安全管理监察意见书的编号，文书文号一般按照“地区简称＋文书简称＋年份＋序号”的规则进行编填。

2. 要注意文书下达的对象，一般是地方人民政府中承担煤矿安全监督管理职责的部门和国有大型煤矿企业。

3. 文书指出的问题，应当是涉及煤矿安全生产监督管理方面存在的问题。

4. 文书提出的监察意见要有针对性，内容表述要准确、具体。

5. 文书签发人应当在文书上签字，并注明签发日期。

6. 文书送件人及主送单位收件人都要签字，并注明送件和收件日期。

7. 文书附件上要注明意见书文号。

8. 文书应当报送上级煤矿安全监察机关。

8. 文书应当加盖单位印章。

（三）常见错误

1. 文书适用错误，用“加强和改善安全管理建议书”替代“加强和改善安全管理监察意见书”。

2. 文书提出的监察意见缺乏针对性，内容不具体，操作性不强。

3. 文书附件上没有注明意见书文号。

4. 没有跟踪落实情况。

十七、行政复议申请笔录的制作

（一）适用范围

行政复议申请笔录是当有行政相对人对下级煤矿安全行政执法机构对其作出的行政决定不服，口头向上级煤矿安全行政执法机构申请行政复议，需要记录行政复议申请相关内容时采用的一种执法文书。

（二）制作要求

1. 凡是行政相对人向行政复议机关口头提出行政复议申请的，行政复议机关负责受理行政复议的部门应当制作行政复议申请笔录。

2. 文书应当填写清楚申请行政复议的时间、地点和行政复议申请人的姓名、单位、住址、联系电话等基本情况。

3. 文书应当记明申请行政复议的事实、理由和依据，以及具体的复议要求。

4. 文书记录内容应当经申请人审核，对记录内容申请人应当表明意见，如“以上记录属实”“以上记录符合我的口述”等，并签名，不能只签名而不表明意见；使用续页的，应当在每一页上都签字。

5. 文书记录应当清楚、准确、工整。

6. 记录人要在文书上签字。

（三）常见错误

1. 行政相对人向行政复议机关口头提出行政复议申请的，未作笔录。

2. 申请行政复议的事实、理由和依据，以及具体的复议要求等记录不清。

3. 行政复议申请人对文书记录内容没有表明意见，只有签字；文书续页上没有申请人的签字。

十八、行政复议调查笔录的制作

行政复议调查笔录是行政复议机关对行政复议案件进行调查取证时采用的一种执法文书。行政复议调查笔录的具体制作要求参见调查取证笔录的制作。

十九、行政复议决定书的制作

（一）适用范围

行政复议决定书是行政复议机关在对行政复议案件进行审理后作出行政复议决定时采用的一种执法文书。

（二）制作要求

1. 要编填文书文号，文书文号是行政复议决定书的编号，文书文号一般按照“地区简称 + 文书简称 + 年份 + 序号”的规则进行编填。

2. 行政复议机关应当在规定的期限内作出行政复议决定。

3. 行政复议决定书应当对行政复议申请作出具体明确的结论。

4. 对按照国家赔偿法规定应当给予赔偿的，在决定撤销、变更具体行政行为或者确认具体行政行为违法时，应当同时决定由被申请人依法予以赔偿。

5. 送达文书应当制作送达收执，并按照相关规定送达行政复议申请人。

6. 文书应当加盖行政复议机关印章。

（三）常见错误

1. 没有在规定的期限内作出行政复议决定。

2. 对按照国家赔偿法规定应当给予赔偿的，在决定撤销、变更具体行政行为或者确认具体行政行为违法时，没有同时决定由被申请人依法予以赔偿。

3. 送达文书时没有制作送达收执。

二十、案件结案报告的制作

（一）适用范围

案件结案报告是煤矿安全行政执法机构在案件已经处理终结，由案件承办人员报请本执法机构负责人核准结案时采用的一种执法文书。

（二）制作要求

1. 需要制作案件结案报告的案件，一般是经立案调查处理终结的案件，立案调查处理的案件主要包括现场执法过程中确定立案的案件、需要立案调查的群众举报案件、上级交办的案件、跨执法区域移送的案件、司法机关移送的案件、其他行政机关移送的案件等。

2. 案件结案报告要包括以下主要内容：案发时间、地点及行政相对人基本情况；立案调查、审理情况；主要违法事实；所给予的行政处罚；行政处罚执行情况；结案理由等。

3. 行政相对人的基本情况要填写详细、清楚，行政相对人是自然人的，应当写明姓名、性别、年龄、所在单位、单位地址、家庭住址、联系电话和邮编等；行政相对人是单位的，应当写明单位全称、单位地址、邮编、法定代表人姓名和职务。

4. 案件处理结果应当写明主要违法事实、实施处罚法律依据、具体处罚内容、处罚执行情况等。

5. 案件承办人员要表明是否结案的意见，并签字。

6. 煤矿安全行政执法机构负责人为案件结案报告的审批人，审批人对案件结案报告要明确表明是否同意结案的意见，并签字；对于不同意结案的，应当注明理由并同时提出具体的处理意见。

（三）常见错误

1. 应当写结案报告的案件没有写结案报告。

2. 在结案报告开头未写明案件名称。

3. 行政相对人的基本情况没有交代清楚。

4. 未注明行政处罚执行结果。

5. 案件结案报告审核人只有签字，没有表明是否同意结案的意见。

二十一、档案卷内目录的制作

（一）适用范围

档案卷内目录是煤矿安全行政执法机构在行政执法案件处理结案后，将有关案件材料进行整理归档、填写卷内材料目录时采用的一种执法文书。

（二）制作要求

1. 卷内文件一般按照文件形成的时间顺序进行排列。

2. 目录应当体现卷内所有文件，目录内容应当与卷内文件相对应。

3. 顺序号应当使用阿拉伯数字排列填写。

4. “文件原编号”一栏应当填写该文件形成时的原始编号；文件没有编号的，本栏不用填写。

5. “文件日期”一栏应当填写该文件形成的原始制作日期。

6. “标题”一栏要写明卷内文件的全称。

7. 卷内文件按归档要求排好次序后，应当依次统一编制页码号；“文件所在页号”一栏要写明该文件在案卷中的起止页码号。

8. 有需要说明的其他事项，就在备注栏内填写。

（三）常见错误

1. 案卷归档时，未使用规定的档案卷内目录。

2. 案卷文件排列不符合要求。

3. 目录内容与卷内文件不相对应。

4. 文件标题没有写全称。

5. 文件所在页号只填写起始页码号或终止页码号。

二十二、行政执法案卷（首页）的制作

（一）适用范围

行政执法案卷（首页）是煤矿安全行政执法机构在行政执法案件处理结案后，将有关案件材料进行归档时采用的一种执法文书。

（二）制作要求

1. 案卷要包括案件办理过程中形成的全部材料，不能有遗漏。

2. “案由”一栏要写明案件的内容提要，要用简洁的语言概括违法主体和违法行为，如“XX煤矿瓦斯爆炸事故案”，“XX煤矿主要电器失爆案”等。

3. “处理结果”一栏要写明现场处理决定的落实情况、行政处罚决定书或行政复议决定书中确定的处罚内容及执法情况；有多项处罚内容的，要逐项写明，不能只写一项。

4. 要写明办理案件的起止日期。

5. 要写明案卷保存期限。

6. 要写明本案卷的件数和页数。

7. 要写明本案卷的归档号和归档日期。

（三）常见错误

1. “案由”不简洁或者违法主体不明、违法事实不清。

2. “处理结果”填写不全。

二十三、执法文书续页的使用

（一）适用范围

执法文书续页不是一种独立的执法文书。执法文书续页是煤矿安全行政执法机构在执法过程中统一使用的各种执法文书的续页，可用于现场检查笔录续页、听证笔录续页、行政复议申请笔录续页、行政复议调查笔录续页、调查取证笔录续页、现场处理决定书续页、加强和改善安全管理建议书续页、加强和改善安全管理监察意见书续页、案件结案报告续页等。

（二）制作要求

1. 使用执法文书续页时，主页要在末尾注明“下接续页第 X 页”，同时续页在开头应注明“上接 XXX 笔录第 X 页”或“上接 XXX 文书第 X 页”等字样。

2. 主页与续页要统一连续编填页码号，并注明“共 X 页第 X 页”。

3. 在制作执法文书过程中，如果主页内容填写不下，就应当使用执法文书续页。

（三）常见错误

1. 使用执法文书续页时，未在续页上注明上接的主页的执法文书种类。

2. 未在续页上填写“共 X 页第 X 页”。

第三节 煤矿安全行政执法文书的管理

一、执法文书的使用

煤矿安全行政执法文书是煤矿安全行政执法活动的重要载体，所以，在煤矿安全行政执法活动中使用什么样的执法文书以及如何使用这些执法文书，是个十分严肃的事情。按照国家煤矿安全监察局的规定，各级煤矿安全监察机构在行政执法活动中，应当统一使用国家煤矿安全监察局印发的执法文书样式，各省级煤矿安全监察机构及其派驻监察分局（站），不得擅自创制并使用执法文书。这样的规定体现了国家煤矿安全监察行政执法活动的严肃性和权威性，有利于统一全国各级煤矿安全监察机构的执法行为，有利于树立和不断提升国家煤矿安全监察行政执法活动的整体良好形象，各级煤矿安全监察机构在执法活动中应当予以严格的执行。目前，由国家煤矿安全监察局印发并要求各级煤矿安全监察行政执法机构在执法活动中使用的执法文书样式共有 22 种。地方各级煤矿安全生产监督管理机构也应当在本省范围内印制并使用统一的执法文书样式，努力促进执法行为的规范化，不断提升执法形象和执法效果。比如，云南省各级煤矿安全生产监督管理机构就统一使用由省级煤矿安全生产监督管理部门印发的执法文书样式，取得了很好的效果。

印发统一的执法文书样式后，各级煤矿安全行政执法机构还要通过开展执法监督等方式，加强对本单位和下级执法机构在执法活动中使用执法文书情况进行监督检查，确保在执法活动中正确使用各种执法文书。需要特别注意的是，各级煤矿安全行政执法机构在按照执法文书样式印制本单位执法文书时，各种执法文书文头字体的颜色一般为鲜红色，与执法文书上加盖的本行政执法机构印章的颜色一致。

二、执法文书的归档

煤矿安全行政执法案件处理结案后，执法文书以及在执法活动中形成和收集的其他相关资料，应当一并按相关要求立卷归档保存。行政处罚案件应当在案件执行完毕后及时结案，并按一案一档的形式立卷归档保存。实施行政处罚过程中形成的执法文书都应当归档，包括现场检查笔录、现场处理决定书、复查意见书、立案决定书、调查取证笔录、行政处罚告知书、行政处罚决定书、行政处罚送达收执等。当然，除了执法文书，实施行政处罚过程中形成或收集的相关书证、物证、音像资料、电子数据、停产整顿公告的证明材料、缴纳罚款的证明材料复印件等也要按要求归档保存。另外，在实施行政处罚过程中，如果涉及听证、行政强制、行政复议等，也要将相关材料归在一个案卷里，使案卷材料能够全面地反映出一个行政处罚案件的实施过程。执法案卷材料一般按材料形成的时间顺序排列归档。

需要强调指出的是，有的煤矿安全行政执法机构对只作出现场处理决定，没有实施行政处罚的行政执法案件，没有进行归档保存，这种做法是错误的。对于这类案件，要在对煤矿安全行政执法机构依法作出的现场处理决定按照有关规定进行复查，并确认行政相对人已经完全按要求整改完毕后，也要及时进行归档保存。当然，这类执法案件的归档材料比较简单，一般只有现场检查笔录、现场处理决定书、复查意见书及其他相关材料。

对于在事故调查处理过程中形成的执法文书，应当与其他事故调查处理过程中形成或收集的相关材料一并按有关要求归档保存。

三、执法文书的保管

各级煤矿安全行政执法机构应当建立健全煤矿安全行政执法档案管理制度，对执法过程中形成的执法文书及相关材料予以严格的管理。执法案件处理完毕后，应当及时将执法文书及相关材料按要求归档保存。执法案件相关材料立卷归档后，应当将案卷及时移交本单位档案室统一保管，而不能长期由执法人员个人保管。执法案件材料立卷归档后，任何单位和个人都不得擅自增加、抽取、涂改或销毁案卷材料。对于确实需要借阅执法案卷的，应当执行严格的借阅手续，任何单位和个人借阅执法案卷，必须取得煤矿安全行政执法机构负责人批准，未经批准，不得借阅。

附件：国家煤矿安全监察执法文书格式

国家煤矿安全监察
行政执法案卷（首页）

案由	
处理结果	

立案：_____年_____月_____日　　结结案：_____年_____月_____日

本卷共_____件_____页　　归档号：__________

承办人：________________

归档日期：_____年_____月_____日　　保存期限：_____年

国家煤矿安全监察
档案卷内目录

顺序号	文件原编号	文件日期	标题	文件所在页号	备注
1					
2					
3					
4					
5					
6					
7					
8					
9					
10					
11					
12					
13					
14					
15					

国家煤矿安全监察
现场检查笔录

第　　页　　共　　页

被检查单位（人员）：________检查时间：______年______月______日

检查地点（路线）：____

采矿许可证：____________________矿长安全资格证：____________

安全生产许可证：__________________煤炭生产许可证：____________

检查人（签字）：__________________记录人（签字）：____________

陪同检查人员：____

检查情况：____

____

____

____

____

____

____

____

____

____

____

____

____

____

____（下接续页第　　页）

被检查单位负责人意见：____________签名：　　　　　日期：

____

备注：本文书一式两联，一联存档，一联交被检查单位（或个人）。

国家煤矿安全监察
文书续页

共　　页　　第　　页

国家煤矿安全监察
现场处理决定书

（　　）煤安监____字［　　］第（　　）号

______________：

我局（分局）于______年______月______日现场检查时，发现有下列违法违规行为：____

____

____

____

____

____

____

____

现作出如下现场处理决定：____________________________________

____

____

____

____

____

____

____

现场执法人员（签名）：____________日期：____________

被检单位收件人（签名）：____________日期：____________

年　　月　　日（公章）

备注：本文书一式两联，一联交被现场处理单位（或个人）；一联存档。

国家煤矿安全监察
撤出作业人员命令书

（　　）煤安监____字［　　］第（　　）号

______________：

______年______月______日______时______分，在对你煤矿安全监察时，发现____地点有____等威胁职工生命安全的紧急情况，现命令立即从____危险区内撤出作业人员，待____后，方可恢复作业。

此命令时间从______年______月______日______时______分生效。

作业现场负责人意见：____________（签名）：____________

执法人员（签字）：____________

年　　月　　日（公章）

备注：本文书一式两联，一联存档，一联交被命令单位（或个人）。

国家煤矿安全监察
复查意见书

（　　）煤安监____字［　　］第（　　）号

________________：

我局（分局）于______年______月______日发现有______条违法违规行为，作出了____的决定［（　　）煤安监____字［　　］第（　　）号］。

［1］应你单位申请；［2］现整改期届满，经复查，意见如下：______

____

____

____

____

____

____

____

____

____

____

____

____

____

被复查单位意见：____________（签字）____________

复查人员：____________（签字）____________

年　　月　　日（公章）

备注：本文书一式两联，一联交被复查单位，一联存档。

国家煤矿安全监察
立案决定书

(　　)煤安监____字[　　]第(　　)号

案　　由：________________________________

案情摘要：________________________________

____

____

____

____

____

____

____

____

____

____

____

____

____

____

以上案由案情，决定自______年______月______日起立案调查处理，并指定________________和________________为本案承办人。

承办人意见：__________承办人：__________

审批人意见：__________审批人：__________审批日期：__________

年　　月　　日（公章）

备注：本文书一式两联，一联交承办人，一联存档。

国家煤矿安全监察
调查取证笔录

共　　页　　第　　页

时　　间：＿＿年＿＿月＿＿日＿＿时＿＿分至＿＿时＿＿分

地　　点：＿＿＿＿＿＿＿＿＿＿＿＿＿＿＿＿＿＿＿＿＿＿

调查事由：＿＿＿＿＿＿＿＿＿＿＿＿＿＿＿＿＿＿＿＿＿＿

＿＿＿＿＿＿＿＿＿＿＿＿＿＿＿＿＿＿＿＿＿＿＿＿＿＿＿

被调查人：姓　　名＿＿＿＿＿性　　别＿＿＿＿年　　龄＿＿＿＿

工作单位＿＿＿＿＿职务（职业）＿＿＿＿

政治面貌＿＿＿＿＿文化程度＿＿＿＿电　　话＿＿＿＿

住　　址＿＿＿＿＿＿＿＿＿＿＿＿＿＿＿＿＿

调 查 人：＿＿＿＿＿＿＿＿＿记 录 人：＿＿＿＿＿＿＿＿＿

＿＿＿＿＿＿＿＿＿＿＿＿＿＿＿＿＿＿＿＿＿＿＿＿＿＿＿

＿＿＿＿＿＿＿＿＿＿＿＿＿＿＿＿＿＿＿＿＿＿＿＿＿＿＿

＿＿＿＿＿＿＿＿＿＿＿＿＿＿＿＿＿＿＿＿＿＿＿＿＿＿＿

＿＿＿＿＿＿＿＿＿＿＿＿＿＿＿＿＿＿＿＿＿＿＿＿＿＿＿

＿＿＿＿＿＿＿＿＿＿＿＿＿＿＿＿＿＿＿＿＿＿＿＿＿＿＿

＿＿＿＿＿＿＿＿＿＿＿＿＿＿＿＿＿＿＿＿＿＿＿＿＿＿＿

＿＿＿＿＿＿＿＿＿＿＿＿＿＿＿＿＿＿＿＿＿＿＿＿＿＿＿

＿＿＿＿＿＿＿＿＿＿＿＿＿＿＿＿＿＿＿＿＿＿＿＿＿＿＿

＿＿＿＿＿＿＿＿＿＿＿＿＿＿＿＿＿＿＿＿＿＿＿＿＿＿＿

＿＿＿＿＿＿＿＿＿＿＿＿＿＿＿＿＿＿＿＿＿＿＿＿＿＿＿

＿＿＿＿＿＿＿＿＿＿＿＿＿＿＿＿＿＿＿＿＿＿＿＿＿＿＿

＿＿＿＿＿＿＿＿＿＿＿＿＿＿＿＿＿＿＿＿＿＿＿＿＿＿＿

＿＿＿＿＿＿＿＿＿＿＿＿＿＿＿＿＿＿＿＿＿＿＿＿＿＿＿

＿＿＿＿＿＿＿＿＿＿＿＿＿＿＿＿＿＿＿＿（下接续页第　　页）

备注：被调查人员应在过目笔录后，签署意见，并签名押印。

国家煤矿安全监察
行政处罚告知书

（　　）煤安监____字［　　］第（　　）号

________________：

经查，你单位（或个人）的以下行为________________________________
____
____
违反了____
____
____的规定，
依据____
____的规定，
拟对你单位（或个人）作出____
____行政处罚。

根据《行政处罚法》和《安全生产违法行为行政处罚办法》的规定，你单位（或个人）可进行现场陈述［　　］、申辩［　　］，或自收到本告知书三日内，就拟行政处罚向________________要求组织听证，逾期视为放弃听证要求。

行政相对人对拟行政处罚意见：__________签名：__________
拟行政处罚告知人（签字）：__________收件人（签名）：__________
我局地址：__________邮政编码：__________
我局联系人：__________联系电话：__________

年　　月　　日（公章）

备注：本文书一式两联，一联存根，一联送被处罚单位（或个人）。

国家煤矿安全监察
听证笔录

第　　页共　　页

听证时间：______年______月______日______时______分______

听证地点：______________________________

听证主持人（签名）：__________记录人（签名）：__________

听证记录：______________________________

听证参加人（签名或押印）：______________________________

国家煤矿安全监察
行政处罚决定书

（　　）煤安监____字［　　］第（　　）号

被处罚单位（人）：________________地址：____________________

违法事实：____

____

____

以上事实违反了____

____的规定，

依据____

____的规定，

决定给予下列行政处罚：____________________________________

____

____

罚款于______年______月______日之前缴至__________银行__________分行（分理处），账号______________________________，地址____。

如对本处罚决定不服，可在接到本决定书之日起60日内向__________煤矿安全监察局申请行政复议或6个月内向人民法院提起行政诉讼，但不停止执行本决定。

本决定下达后，逾期15天不履行缴纳罚款，又不申请行政复议、不提起行政诉讼、不履行本处罚决定的，本局将申请人民法院强制执行。

年　　月　　日（公章）

备注：本文书一式三联，一联交被处罚单位（人），一联交银行，一联存档。

国家煤矿安全监察
行政处罚（行政复议）送达收执

编号：________________

送达文书：____

文书字号：____

送达地点：____

送达方式：____

送达时间：______年______月______日

受送达单位（或个人）（签名）：______　　年______月______日

送达人（签名）：______　　年______月______日

年　　月　　日（公章）

备注：1. 本送达收执一式两联，一联交受送达人，一联存档。

2. 被送达人不在时，可由其单位他人或成年亲属代收。

3. 发生拒收情况时，其他人员在场，记明情况，留下送达文书即为送达。

4. 受送达单位（或个人）收下送达文书后，行政处罚（行政复议）送达文书与行政处罚（行政复议）送达收执合并存档。

国家煤矿安全监察
行政复议申请笔录

第　　页　共　　页

申请时间：______年______月______日______时______分

申请地点：______________________________

申请人姓名______________性别______年龄______

申请人单位______________职务______电话______

申请人住址：______________________________

记录人（签名）：__________________________

申请记录：________________________________

____

____

____

____

____

____

____

____

____

____

____

____

____

____

____

______________________________（下接续页第　　页）

以上笔录内容属实。　　申请人（签名）：________

国家煤矿安全监察
行政复议调查笔录

第　　页　　共　　页

时间：_____年_____月_____日_____时_____分至_____时_____分

地点：____

调查人（签名）：____________________记录人（签名）：__________

被调查人：姓名____________________性别__________年龄__________

单位____________________职务__________电话__________

地址____

____

____

____

____

____

____

____

____

____

____

____

____

____

____

____

____

____

____（下接续页第　　页）

本笔录内容属实。　　　　被调查人（签名）：__________

国家煤矿安全监察
行政复议决定书

（　　）煤安监____字［　　］第（　　）号

行政复议申请人：________________

对______年______月______日书面申请（或当场申请），经审查，作出如下行政复议决定：

____
____
____
____
____
____
____
____
____
____
____
____
____
____
____

本行政复议决定一经送达，即发生法律效力。不履行本复议决定的，将申请人民法院强制执行或按有关规定执行。

年　　月　　日（公章）

备注：本文书一式三联，一联交申请复议单位（人），一联交被申请复议单位（人），一联存档。

国家煤矿安全监察
强制执行申请书

（　　）煤安监____字［　　］第（　　）号

申请单位（人）：________________________

法定代理人：姓名__________ 职务__________

委托代理人：姓名__________ 职务__________

被申请单位（人）：________________________

法定代表人：姓名____职务____性别____年龄____民族____

住址________________________

对被申请人________________________

____

一案，我局（分局）已于______年______月______日作出了______书，并送达被申请人。由于其在法定期限内拒绝履行，根据《行政处罚法》第五十一规定，申请贵院强制执行下列项目：________________

____

____

____

____

此致

__________人民法院。

签 发 人：____________签发时间：______年______月______日

发送时间：____________发送方式：________________________

送 件 人：____________送件时间：______年______月______日

收 件 人：____________收件时间：______年______月______日

年　　月　　日（公章）

备注：本文书一式两联，一联送人民法院，一联存档。

国家煤矿安全监察
加强和改善安全管理建议书

（　）煤安监____字［　］年第（　）号

________人民政府：

经我局（分局）检查，在煤矿安全日常性、经常性安全监督管理工作中，存在下列问题（见附件），根据《煤矿安全监察条例》第四条、第十七条之规定，以及煤矿安全监管、监察职能职责规定，提出加强和改善煤矿安全管理的如下监察意见（见附件）。

请将处理意见于______年______月______日前函告我局（分局）。

附件：加强和改善安全管理监察意见______份共______页

年　月　日（公章）

签发人（签字）：__________签发日期：__________

送件人（签字）：__________送件日期：__________

收件人（签字）：__________收件日期：__________

报　　送：____________________

备注：本文书一式三联，一联主送当地人民政府，一联报送上级煤矿安全监察机关，一联存档。

国家煤矿安全监察
加强和改善安全管理监察意见书

（　　）煤安监____字［　　］年第（　　）号

________________：

经我局（分局）检查，你单位在煤矿安全监督管理工作中，存在下列问题（见附件），根据《煤矿安全监察条例》第四条、第十七条之规定，以及煤矿安全监管、监察职能职责规定，提出加强和改善煤矿安全管理的如下监察意见（见附件）。

请将处理意见于______年______月______日前函告我局（分局）。

附：加强和改善安全管理监察意见______份共______页

年　　月　　日（公章）

签发人（签字）：__________签发日期：__________

送件人（签字）：__________送件日期：__________

收件人（签字）：__________收件日期：__________

报　　　送：______________________________

备注：本文书一式三联，一联主送地方人民政府煤矿安全监管部门或国有大型煤炭企业（集团或公司），一联报送上级煤矿安全监察机关，一联存档。

国家煤矿安全监察
移送书

（　　）煤安监____字［　　］第（　　）号

__________：

经我局（分局）检查，__________________________煤矿因
____
____
____
____
____

违反了____的规定，
根据____的规定，
应予____，
现移送贵单位，依法__________________________________。

请将处理结果书面函告我局（分局）。

我局（分局）地址：________邮政编码：________

联系人：________电话：________

送件人（签字）：________送件时间：________

收件人（签字）：________收件时间：________

附：有关材料_____份_____页

年　　月　　日（公章）

备注：1. 本文书一式两联，一联移送有关单位，一联存档。

2. 本文书适用依法移送吊销采矿许可证、依法移送吊销工商营业执照等颁证单位时使用。

国家煤矿安全监察
涉嫌犯罪案件移送书

（　　）煤安监____字［　　］年第（　　）号

________________：

经我局（分局）审查________________________________一案，因
____
____
____
涉嫌____罪，
根据《行政执法机关移送涉嫌犯罪案件的规定》第三条以及____________
____之规定，
现移送贵院（局）依法____。

请将处理结果函告我局（分局）。

附：本案有关材料______份______页

签 发 人：__________签发时间：______年______月______日
发送时间：__________发送方式：__________
送 件 人：__________送件时间：______年______月______日
收 件 人：__________收件时间：______年______月______日

年　　月　　日（公章）

备注：本文书一式两联，一联交移送司法机关，一联存档。

国家煤矿安全监察
案件结案报告

共　　页　　第　　页

主要内容：案发时间、地点及行政相对人基本情况；立案调查、审理情况及主要违法事实；行政处罚执行情况；结案的理由。

承办人意见：__________签字：______年______月______日

审批人意见：__________签字：______年______月______日

主要参考文献

1. 罗豪才主编:《行政法学》，北京大学出版社 1996 年版。

2. 应松年主编:《行政法学教程》，中共中央党校出版社 2006 年版。

3. 薛刚凌主编:《全面推进依法行政实施纲要辅导读本》，人民出版社 2004 年版。

4. 郑传坤主编:《行政法学》，法律出版社 2007 年版。

5. 胡建淼著:《行政法学》（第三版），法律出版社 2010 年版。

6. 张水海、张显伟、尹口著:《行政执法实务与案例指导》，中国法制出版社 2011 年版。

7. 姜明安主编:《行政执法研究》，北京大学出版社 2004 年版。

8. 徐继敏编著:《行政程序证据规则与案例》，法律出版社 2011 年版。

9. 陈界融著:《证据法学概论》，中国人民大学出版社 2007 年版。

10. 阚珂、杨元元主编:《〈中华人民共和国安全生产法〉释义》，中国民主法制出版社 2014 版。

11. 许崇德、皮纯协主编:《新中国行政法学研究综述》，法律出版社 1991 年版。

12. 应松年主编:《当代中国行政法》，中国方正出版社 2005 年版。

13. 杨临宏等著:《行政法学新领域问题研究》，云南大学出版社 2006 年版。

14. 杨海坤、章志远著:《中国行政法基本理论研究》，北京大学出版社 2004 年版。

15. 祁希元主编:《行政执法通论》，云南大学出版社 2008 年版。

16. 何家弘主编：《证据调查实用教程》，中国人民大学出版社 2000 年版。

17. 方世荣著：《论行政相对人》，中国政法大学出版社 2000 年版。

18. 杨海坤、章志远著：《中国行政法原论》，中国人民大学出版社 2007 年版。

19. 杨临宏主编：《信息公开研究》，云南人民出版社 2005 年版。

20. 梁治平编：《法律解释问题》，法律出版社 1998 年版。

21. 陈金钊著：《法律解释的哲理》，山东人民出版社 1999 年版。

22. 尹晋华主编：《法律的真谛——写给执法者的书》，中国检察出版社 2006 年版。

23. 赵铁锤、梁嘉琨主编：《煤矿安全监察执法文书读本》，中国法制出版社 2004 年版。

24. 曹康泰主编：《依法行政典型案例读本》，中国法制出版社 2005 年版。

25. 和尚光：煤矿安全行政法律责任研究［D］. 云南大学，2009。

26. 杨晨、和尚光：安全生产的《刑法》规制探析［J］. 中国安全生产科学技术，2012，08（9）：182－185。

27. 和尚光："建立科学的煤矿安全法律制度"，载中共中央党校分校工作办公室编：《理论学习与战略思考——中共中央党校分校学员论文调研报告选（第 36 辑）》156－165。

后　记

自云南煤矿安全监察局成立以来，作者就一直从事煤矿安全政策法规及规范执法相关业务工作，积极参与了相关重要执法制度的调研起草、煤矿安全现场执法、重特大事故的调查处理、执法中重大法律问题及执法纠纷的处理等工作。在多年的煤矿安全行政执法实践中，作者经常听到基层一线执法人员反映，在具体的执法活动中遇到的很多问题和疑惑，难以在现有的通用执法参考书中找到令人满意的答案，执法中遇到的很多具体问题不知如何处理，渴望能有一本针对本行业执法活动的参考资料，以指导现场执法活动。特别是作者自2006年担任公职律师以来，有了更多机会与基层一线煤矿安全行政执法人员交流和探讨煤矿安全行政执法实践中的一些疑难问题，从建设法治政府及依法行政的角度对煤矿安全行政执法工作作了深入思考，渐渐萌生了为基层一线执法人员编写一本能够真正解决执法中诸多困惑的参考资料的念头。于是怀着一颗“责任心”，不揣浅陋，按照现在时髦的提法，以“问题为导向”，结合具体的煤矿安全行政执法实践活动，利用业余时间及一些零碎的工作时间，开始翻阅、分析、研究有关资料，并记录一些心得体会，数年来不断积累，原来的只言片语竟汇聚成了一本书。本书可以说是作者多年来参与煤矿安全行政执法活动的总结，但是，作者认为，本书更是广大煤矿安全行政执法人员执法实践的产物，因为，如果没有广大执法人员的大胆执法实践，就不会有煤矿安全行政执法水平及煤矿安全行政执法机构影响力的不断提升，也就不会有我国煤矿安全生产状况的不断好转，更不会有这本书的产生了。祈望本书能对广大煤矿安全行政执法人员有所裨益，作者心愿足矣。

本书能够顺利出版，得益于领导和同志们的关心和支持，特别是黄锦生局长在百忙之中为本书作序，给予我很大鼓励。云南人民出版社的编辑也为本书的出版付出了很多心血，在此一并致谢。

当然，囿于作者水平有限，虽然在本书的写作过程中，收集、查阅了大量参考资料，对许多理论界和实践中争论的问题，进行了认真分析和研究，仍然难免存在错误和疏漏之处，敬请各级领导、专家学者和广大读者，特别是广大煤矿安全行政执法人员批评指正。

和尚光

2016 年 2 月 4 日